本专著受中央高校基本科研业务费专项资金和浙江大学文科精品力作出版资助计划资助。

本专著为 2021 年浙江省新型重点专业智库杭州国际城市学研究中心、浙江省城市治理研究中心"钱学森城市学奖"获奖作品（教育类唯一金奖）。

Quality Oriented Balanced Allocation of Compulsory
Education Resources

质量导向的义务教育
资源均衡配置

邵兴江 周谷平 王爱国 等著

ZHEJIANG UNIVERSITY PRESS
浙江大学出版社
·杭州·

图书在版编目(CIP)数据

质量导向的义务教育资源均衡配置 / 邵兴江等著
. —杭州：浙江大学出版社，2022.12
ISBN 978-7-308-23637-9

Ⅰ.①质… Ⅱ.①邵… Ⅲ.①义务教育－教育资源－
资源配置－研究－中国 Ⅳ.①G522.3

中国版本图书馆 CIP 数据核字(2023)第 059449 号

质量导向的义务教育资源均衡配置

邵兴江　　周谷平　　王爱国　等著

责任编辑	陈佩钰
文字编辑	葛　超
责任校对	许艺涛
封面设计	雷建军
出版发行	浙江大学出版社
	（杭州市天目山路 148 号　邮政编码 310007）
	（网址：http://www.zjupress.com）
排　　版	浙江时代出版服务有限公司
印　　刷	广东虎彩云印刷有限公司绍兴分公司
开　　本	710mm×1000mm　1/16
印　　张	19.25
字　　数	248 千
版 印 次	2022 年 12 月第 1 版　2022 年 12 月第 1 次印刷
书　　号	ISBN 978-7-308-23637-9
定　　价	88.00 元

目　录

第一章　绪　论

教育事关国计民生,对国家发展、经济繁荣、政治稳定、文化昌盛有着举足轻重的全局性、基础性和先导性作用。教育关系千家万户,惠及子孙后代。受教育权是人的基本权利,关涉每一个公民。当今时代,国家大力发展教育事业,建设人力资源强国,已经成为世界大国的重大战略主题与关键建设目标。

义务教育属于教育中的基础教育,是国家对适龄儿童、少年实施的一定年限的学校教育,具有强制性、免费性和普及性三大特点。义务教育是国家教育体系的基石,是国家必须保障的公益性事业,也是必须优先发展的基本公共服务,对于提高国民素质和培养大量人才,提升国家的综合竞争力具有十分重要的战略价值与深远意义。

第一节 中国义务教育的进展与成就

改革开放 40 多年来,中国政府大力推进义务教育事业的发展。1985 年 5 月,国家发布《中共中央关于教育体制改革的决定》(中发〔1985〕12 号),明确提出要在全国有计划、有步骤地普及九年制义务教育的目标,并建议立法"实施九年制义务教育"。1986 年 4 月,第一部《中华人民共和国义务教育法》颁布,以法律形式正式明确国家实施九年义务教育,并对义务教育的性质、对象、学制、师资队伍、法律保障等方面作了明文规定。该法的颁布,不仅使中国实施义务教育有了法律保障,而且极大地推动了义务教育的普及。2006 年 6 月,国家通过了新的《中华人民共和国义务教育法》,在总结过去 20 年国家推进义务教育工作所取得的巨大成就与经验的基础上,进一步明确政府举办义务教育的各类责任,并把义务教育办学所需经费全部纳入财政保障范围,提出要不断提高义务教育的办学质量,促进义务教育的均衡发展。

普及九年义务教育取得重大成就。截至 2020 年底,全国共有义务教育阶段学校 21.08 万所,招生 3440.19 万人,在校生 1.56 亿人,专任教师 1029.49 万人。[①] 一方面,小学教育净入学率不断提升。改革开放以来,普及小学教育得到积极推进,全国小学适龄儿童净入学率 1980 年为 93.0%,到 2000 年达到了 99.1%,其中男女学生入学率分别是99.14% 和 99.07%;到 2020 年该指标进一步达到了 99.96%。另一方面,初中教育毛入学率大幅度增长。和小学相比,初中教育的起点要低很多,全国初中教育毛入学率 1990 年仅为 66.7%,2000 年上升到88.6%,2010 年达到 100.1%,首次突破 100%;2020 年则为 102.5%。总体上,不论是小学净入学率指标还是初中毛入学率指标,目前中国九年义务教育均已经实现高水平的普及,甚至高于全球高收入国家的平均水平,体现了我国对义务教育普及的高度重视和积极努力程度。

自义务教育法颁布 30 余年来,九年义务教育的办学质量稳步提高。近年来,国家通过不断加大义务教育的经费投入、完善学校网点布局、规范学校内部办学、加强教师队伍建设等多元途径,推动城乡义务教育学校办学水平不断提升,实现了义务教育阶段的就读学生"进得来""留得住"。截至 2020 年,九年义务教育巩固率达到 95.2%,比 2012 年增长 3

---

① 教育部.2020 年全国教育事业发展统计公报,2021-08-27.

个百分点左右,巩固水平稳步提高,巩固率位居世界前列(见图 1-1)。从教育质量的国际横向比较看,2018 年北京、上海、江苏、浙江 4 个省(市)代表中国参加 PISA 国际学生学业水平评估,中国学生在阅读、数学、科学等三项科目的表现,均取得位居参测国家(地区)第一的好成绩。

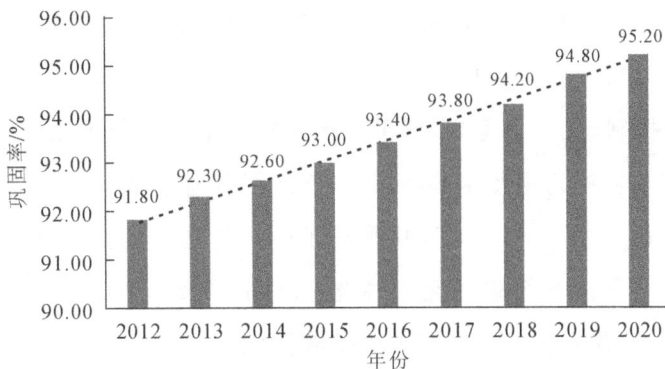

图 1-1 2012—2020 年全国九年义务教育巩固率水平变化

来源:教育部.2012—2020 年全国教育事业发展统计公报.

教师队伍素质不断提高,学历合格率和高学历教师持续增加,并形成良好的新教师补充机制。2000 年,全国小学专任教师学历合格率为 96.9%,生师比为 22.21∶1;初中专任教师学历合格率为 87.0%,生师比为 19.03∶1。[①] 截至 2020 年底,全国小学专任教师学历合格率已达 99.98%,高一级学历教师占 65.99%,生师比为 16.67∶1;初中专任教师学历合格率已达 99.89%,高一级学历教师占 3.98%,生师比为 12.73∶1。[②] 高等院校毕业生报考教师资格证人数持续增加,教师已成为热门职业。教师队伍整体素质不断提升,为义务教育开展优质教学、提高育人质量奠定了良好的基础。

义务教育阶段财政性教育经费不断增长,生均经费公平指标改善明

---

① 教育部.2000 年全国教育事业发展统计公报,2001-06-01.
② 教育部.2020 年全国教育事业发展统计公报,2021-08-27.

显。2006 年,我国建立了义务教育经费保障的新机制,各级政府持续保持对义务教育的高投入,落实教育经费的"三个增长"①,有力改善了义务教育的办学环境,保障了办学质量。2015 年 11 月,国务院发布《关于进一步完善城乡义务教育经费保障机制的通知》(国发〔2015〕67 号),更加重视经费的配置公平,宣布从 2016 年开始在全国实施城乡统一的生均公用经费基准定额制度,由此建立了城乡统一、重在农村的义务教育经费保障机制,文件确定"中西部地区普通小学生均公用经费每生每年 600 元、普通初中每生每年 800 元,东部地区普通小学每生每年 650 元、普通初中每生每年 850 元",并明确了中央与地方的财政分担比例。②到 2020 年,全国义务教育经费总投入已达 24295 亿元,比上年增长 6.55%;义务教育阶段的生均经费指标增长较快,全国普通小学为 14103 元,比上年增长 4.43%;全国普通初中为 20342 元,比上年增长 3.94%。③

第二节 义务教育资源的均衡配置统筹成为改革核心

中国九年义务教育事业总体上取得优良的成绩,但是均衡发展仍然面临很大挑战,学校之间、人群之间、城乡之间、区域之间的发展失衡问题仍然比较突出,资源配置不均衡的深层次矛盾仍广泛存在,人民群众"上好学"的愿望尚没有得到充分满足,"办好人民满意的教育"的目标实现仍然任重而道远。

---

① "三个增长"是指中央和地方政府财政预算内教育拨款的增长要高于同级财政经常性收入的增长,在校学生人均教育费用要逐步增长,保证教师工资和学生人均公用经费逐年有所增长。

② 国务院.关于进一步完善城乡义务教育经费保障机制的通知(国发〔2015〕67 号),2015-11-25.

③ 教育部.2020 年全国教育经费执行情况统计快报,2019-10-10.

一、均衡配置统筹是教育公平的基础

接受义务教育是基本人权，国家有责任为适龄儿童、少年构建公平的教育体系。1948年联合国发布的《世界人权宣言》明确指出"人人都有受教育的权利。……初等教育应属义务性质"。1990年联合国教科文组织的《全民教育宣言》也指出"每个人都应能获益于旨在满足其基本学习需要的受教育机会"。我国义务教育法也明文规定适龄儿童、少年"依法享有平等接受义务教育的权利，并履行接受义务教育的义务"。义务教育是基本公共服务，国家有责任保障每个儿童的受教育权，为他们提供公平的入学机会和就学条件，并有责任为之配置相应的教育资源。

义务教育资源配置公平是教育公平的基石，而教育公平则是社会公平的基础。所谓教育公平，它一般包括起点公平、过程公平和结果公平三大维度。推进义务教育公平，需要为适龄儿童、少年就学创造均衡配置的义务教育资源，包括符合标准的校舍、教学设施器材、教师资源及各类办学经费等。义务教育资源在不同学生、不同学校间的不均衡配置，将致使很多适龄儿童、少年的发展处于不利地位。事实上，体现正义导向的教育公平，应给予处境不利的学生更多的弱势补偿，以确保他们可以获得与其他学生同等的发展机会。只有充分、公平、均衡地配置各类义务教育资源，才能使所有学生普遍获得公平的发展机会与发展可能。

二、均衡配置统筹是国家政策的重大方向

着力保障和改善民生，加快政府职能转换，推进基本公共教育服务均等化，优先解决县域内义务教育的均衡发展，成为我国各级政府高度关注的重大课题和政策重点，也是亟待持续使力解决的重大理论与实践问题。

我国明确确立均衡发展作为义务教育改革的基本方向。2005年5

月,教育部印发《关于进一步推进义务教育均衡发展的若干意见》(教基〔2005〕9号),明确提出"把推进义务教育均衡发展摆在重要位置""把义务教育工作重心进一步落实到办好每一所学校和关注每一个孩子健康成长上来,有效遏制城乡之间、地区之间和学校之间教育差距扩大的势头"。该文件的印发,标志着国家层面推进义务教育均衡发展工作的全面开始。2006年6月,新义务教育法指出"国务院和县级以上地方人民政府应当合理配置教育资源,促进义务教育均衡发展,改善薄弱学校的办学条件"。2007年10月,党的十七大报告明确提出"教育公平是社会公平的重要基础"的重大论断,并确立"优化教育结构,促进义务教育均衡发展"的政策目标。

我国政府不断强化义务教育均衡发展改革,促进资源的均衡配置。2010年1月,教育部颁布《关于贯彻落实科学发展观,进一步推进义务教育均衡发展的意见》(教基一〔2010〕1号),提出"将推进均衡发展作为义务教育改革与发展的重要任务","以提高教育质量、促进内涵发展为重点"。同年7月颁布的《国家中长期教育改革和发展规划纲要(2010—2020)》(以下简称《中长期纲要》),明确提出"将促进义务教育均衡发展和扶持困难群体作为确保教育公平的重点领域",把"切实缩小校际差距、加快缩小城乡差距、努力缩小区域差距"作为三大改革重点。2012年9月,国务院颁布《关于深入推进义务教育均衡发展的意见》(国发〔2012〕48号),提出了义务教育均衡发展的阶段性指标,并于次年5月启动义务教育均衡发展督导评估认定工作。2013年11月,党的十八届三中全会明确提出"统筹城乡义务教育资源均衡配置"。2013年12月,教育部公布《关于全面改善贫困地区义务教育薄弱学校基本办学条件的意见》(教基一〔2013〕10号),提出"全面改善贫困地区义务教育薄弱学校基本办学条件",拉开了"全面改薄"的序幕。上述重大政策无一不把"均衡资源配置"作为改革的重点。

更高水平实现义务教育资源的均衡配置成为政策目标。2015 年以来,指向教育过程公平及资源均衡配置的义务教育"优质均衡"成为新标尺。2016 年 7 月,国务院发布《关于统筹推进县域内城乡义务教育一体化改革发展的若干意见》(国发〔2016〕40 号),提出"统筹推进县域内城乡义务教育一体化改革发展""统筹城乡教育资源配置"等改革举措,目标是基本实现"县域义务教育均衡发展和城乡基本公共教育服务均等化"。2017 年 4 月,教育部印发《县域义务教育优质均衡发展督导评估办法》(教督〔2017〕6 号),标志着我国义务教育的改革发展开始由"基本均衡"向"优质均衡"迈进,进入全面提高基础教育质量的新阶段。

纵观 20 余年来,我国政府越来越重视义务教育的均衡发展问题。均衡统筹范畴由中西部农村地区为主扩展到了全国所有义务教育学校,在国家层面对义务教育均衡发展的目标、路径、措施和时间安排等给出了比较明确的路线图,并具有很强的计划性、节奏性、可操作性与强推进度。但也要客观认识到,实现义务教育的均衡发展及其资源的均衡配置,任务极其艰巨,覆盖范围量大面广,涉及全国 20 万余所学校,1.5 亿左右的中小学生,资源均衡配置过程复杂并动态变化,不同群体的利益需求多样且多变,改革难度实属巨大。总之,义务教育资源的均衡配置统筹,将是我国未来相当长一个时期义务教育改革发展的重大关键领域。

第三节 质量导向的资源均衡配置统筹问题亟待重视

目前,针对义务教育的资源均衡配置统筹,国内外学者已开展多方面的研究。一些研究从义务教育均衡发展的视角开展分析,另有不少研究则从基本公共教育服务均等化的视角展开探讨。两者含义相近但又有本质差别,其中基本公共教育服务均等化相对义务教育均衡发展,内涵更为丰富,还涉及普惠性学前教育、学生营养改善与奖助金等内容。总体上,不同学者主要在上述两大类研究视角下,开展了多种分专题的研究。

一、均衡发展为视角的资源配置研究

统筹城乡义务教育资源的均衡配置,更好促进教育公平,已是近年来学界关注的热点课题。从全球视野看,促进教育公平仍是普遍挑战,需要各国建立优质又公平的教育体系。[①] 在我国,对教育部年度工作要点 30 年的计量分析显示,义务教育的城乡差异和区域差异也是政策热点。[②] 普遍的共识是实现县域内城乡义务教育均衡发展是当代义务教育改革的核心基石。[③] 事实上,推进义务教育均衡发展是当代我国教育历史与现实的双重选择,并成为教育事业改革发展的"重中之重"。[④] 有鉴于此,不少研究对义务教育不均衡发展的现状及原因、资源实现均衡配置的理念与政策设计等开展了体系化的研究。

一是相当数量的研究关注不均衡现状及其原因分析。在经济合作组织国家,同样面临教育不均衡难题,有研究发现由于学校教育体系缺乏公平性和包容性,近五分之一的学生面临学业失败。[⑤] 在美国同一个学区中,普遍存在教育资源的配置往往是形式上的平等而非真正公平配

① Ainscow, M. Moving knowledge around: Strategies for fostering equity within educational systems. Journal of Educational Change, 2012(13).

② 周谷平,余源晶. 近 30 年来政策话语对教育公平的关注——基于《教育部工作要点》的实证研究. 教育研究,2012(2).

③ 纪德奎. 乡村振兴战略与城乡义务教育一体化发展. 教育研究,2018(7).

④ 翟博. 均衡发展:我国义务教育发展的战略选择. 教育研究,2010(1).

⑤ OECD. Equity and quality in education: Supporting disadvantaged students and schools. Paris:OECD,2012.

置的情况。^① 当前,我国城乡义务教育在办学条件、师资力量、教育经费
和育人质量等方面还存在较大的水平差距,资源配置不均衡现象还比较
突出。^② 我国城乡义务教育之间巨大差距的深层次原因包括多重因素,
长期实施的"重城轻乡"二元发展战略^③,师资分配的城市中心导向^④,教
育财政制度的过度分权及城市中心导向^⑤,特别是省域内财政分权是城
乡义务教育公平水平差异的最主要决定因素^⑥。同样,在韩国,地方政
府对教育经费的校际分配不均衡也是公共教育资源配置不公平的最大
因素。^⑦ 亦即,作为资源配置主体的地方政府,在城市教育名片、城市利
益集团、权钱交易等因素考虑下,通过财政手段实施资源促均衡的"逆
向"配置是导致教育不均衡的主因,^⑧薄弱学校往往更为艰难。在美国,
较为贫困的地区和少数族裔学生比例较高的学校,低经验的师资往往比

① Darden,E. C. , Cavendish, E. Achieving resource equity within a single school district:
Erasing the opportunity gap by examining school board decisions. Education and Urban Society,
2012(1).

② 此类研究成果比较多,如:鲍传友.中国城乡义务教育差距的政策审视.北京师范大学学报
(社会科学版),2005(3);袁振国.缩小差距:中国教育政策的重大命题.北京:人民教育出版社,
2005;曾满超,丁延庆.中国义务教育资源利用及配置不均衡研究.教育与经济,2005(2);国家教育
督导团.国家教育督导报告 2005(国教督〔2006〕18 号),2006-02-23;吴春霞.中国城乡义务教育经
费差距演变与影响因素研究.教育科学,2007(6);崔盛.从教育经费投入上统筹城乡义务教育.中国
教育学会教育经济学分会论文集,2008;邓泽军.统筹推进西部城乡义务教育均衡研究.北京:人民
出版社,2016;康文彦,李德显,刘辉.义务教育均衡发展的现实困境和超越路径.教育科学论坛,
2021(34);等.

③ 王元京.我国城乡义务教育差别的制度障碍分析.财经问题研究,2009(9).

④ 张雷,张茂聪.城乡义务教育师资配置不合理诱因及破解策略——以山东省为例.中国教
育学刊,2010(1).

⑤ 肖军虎,范先佐.县域城乡义务教育发展失衡的原因分析——基于对山西省四县(市)的调
研.河北师范大学学报(教育科学版),2012(7).

⑥ 田志磊,袁连生,张雪.地区间城乡义务教育公平差异研究.教育与经济,2011(2).

⑦ Jeong,D. ,Kim,Y. , Hong, J. The inequitable distribution of public education resources
across schools:Evidence from Korea. Asia Pacific Journal of Education,2013(4).

⑧ 杨公安.县域内义务教育资源配置低效率问题研究.重庆:西南大学,2012.

例更高。① 在我国,民族地区、革命老区等在推进义务教育均衡发展方面往往面临更大困难。② 显然,农村地区、民族地区和偏远地区的薄弱学校更容易存在资源不均衡问题,由此更应成为政府实施资源均衡配置统筹的扶弱补强重点。③

二是不少学者从系统层面聚焦不均衡的破解途径,开展了多项促进资源优化配置的研究。不少学者关注以缩小差距为目标的资源配置观研究,有研究认为应树立弱势补偿、倾斜配置的政策观④,认为需推进政府、学校与社会的多方互动与合作⑤,认为需从资源配置的宏观分配正义拓展至儿童在校所需资源的微观配置正义⑥。也有研究认为应按照"缺什么、补什么"的原则优化资源配置⑦,对教学条件、生活设施、师资队伍、学校布局、校额班额和数字资源等方面进行合理统筹,切实整体缩小城乡学校的资源配置差距⑧。同时,不少学者关注促进均衡配置的政策顶层设计研究,有研究认为应建立适合我国国情的义务教育基准和均衡发展指数⑨;通过提升政府的资源统筹能力,更好发挥资源的动员、整合和优化配置功能⑩;通过健全教育监管,建立"以生为本"价值取向和

---

① Knight,D. S. Are school districts allocating resources equitably? The Every Student Succeeds Act, teacher experience gaps, and equitable resource allocation . Educational Policy,2019(4).

② 袁梅,罗正鹏.试论当前民族地区义务教育均衡发展的困难及其应对.教育学报,2017(2).

③ Reimers,F. Educational opportunity and policy in Latin America. MA:Harvard University Press,2000:48.

④ Coleman, J. Equality and achievement in education. British Journal of Educational Studies,1993(4).

⑤ 张雷.论城乡义务教育不平等的诱因及破解策略.当代教育科学,2009(24).

⑥ 唐小俊.分配正义导向下我国义务教育的均衡发展.教育学术月刊,2019(5).

⑦ Ross,K. N. Needs-based resource allocation in education via formula funding of schools. Paris:International Institute for Educational Planning UNESCO,1999:251.

⑧ 纪德奎.乡村振兴战略与城乡义务教育一体化发展.教育研究,2018(7).

⑨ 翟博.教育均衡发展:理论、指标及测算方法.教育研究,2006(3).

⑩ 周谷平,吴华.西部地区教育均衡发展的资源统筹和制度创新研究.杭州:浙江大学出版社,2012:66-71.

"器为人用"工具理性并重的评价与监测制度[1];通过着力加强省级宏观规划与顶层设计,推进区域教育由"注入式推进"转向"内生式发展"[2];通过完善财政和师资两大动力支持体系等途径[3],从而建立促进城乡义务教育资源均衡配置的长效机制。此外,还有一些学者提出实现均衡发展不仅要着眼于教育内部改革,也要重视外部要素的配套改革,包括需加快户籍等外部要素的配套改革[4];需从推进和实现城乡一体化的制度问题入手,破解城乡二元教育制度[5];需要建立与服务型政府相适应的城乡教育一体化财政与管理体制[6];需要将信息效率和激励相容原则运用到城乡一体化的机制设计之中[7];并需建立资源投入与有效利用并驾齐驱的统筹改革机制[8],从而内外协同推动构建动态均衡、双向沟通、良性互动的教育体系和机制,有力地促进城乡教育资源共享与优势互补。

三是有不少学者从各类资源要素如何实现优化统筹的层面开展了深入探讨。学者普遍认为要加强政府权力配置的科学性设计,促进政府责任的明晰可行,从而为受教育者提供公平的教育资源[9],也可通过"教育券"等制度创新促进义务教育资源的配置均衡[10]。首先,很多学者把优化财政要素的均衡配置作为改革的重点,不少研究认为教育经费对促进公平十分重要,需要规范中央和地方各级政府的教育事权,并建立且

---

① 司晓宏,樊莲花.义务教育均衡发展监测的理性困境及其超越.教育研究,2020(11).
② 李云星,李宜江.教育均衡发展的实践反思.教育发展研究,2012(6).
③ Stiefel, L. Determinants of school performance in New York city elementary schools: Results and implications for resource use. New York State Education Finance Research Consortium, 2001.
④ 范先佐.义务教育均衡发展改革的若干反思.教育研究与实验,2016(3).
⑤ 褚宏启.城乡教育一体化:体系重构与制度创新.教育研究,2009(11).
⑥ 邬志辉.城乡教育一体化:问题形态与制度突破.教育研究,2012(8).
⑦ 杨卫安,邬志辉.机制设计理论与城乡教育一体化建设.理论与改革,2012(5).
⑧ 姚永强.乡村振兴背景下中国农村教育发展.北京:科学文献出版社,2021:228.
⑨ 孙梦阳.义务教育均衡发展中政府权力配置的路径优化.社会科学战线,2020(12).
⑩ 吴华.转变公共教育资源配置路径的意义——"教育券"的政策价值分析.全球教育展望, 2003(7).

级以上政府承担更大财政责任的义务教育财政制度[①];需要加大保障投入并拓展财政支持范围,扩大财政转移支付的力度[②];需要推进跨区域的财政投入均衡[③];需要提高地方政府教育财权与事权的匹配度[④]。有研究还认为城乡分割条件下的"逆向投入",应向城乡统筹条件下的"正向非均等投入"转变[⑤]。其次,不少研究重视教师资源的合理配置,有研究认为师资均衡配置是城乡义务教育均衡发展的重要支点[⑥];需要在城乡师资配置上实施供给侧改革[⑦];需要创新乡村教师专业发展和留人机制[⑧];需要重构教师补充机制、教师城乡交流机制与教师培训机制[⑨];提高教师待遇、增加乡村教师编制等[⑩],是促进均衡改革的基本方向。也有研究认为要重视校长队伍建设,要在城乡之间建立有效的义务教育学校校长交流机制,实施校长轮岗制度。[⑪] 再者,需要重视非财政、人力等要素的合理配置,如要着力破解农村学校仍普遍存在的信息化水平不高问题[⑫],事实上教育信息化的独特优势,是促进农村教育均衡发展的重

① 王善迈,袁连生.建立规范的义务教育财政转移支付制度.教育研究,2002(6).

② 成刚.促进城乡教育一体化的投入体制研究.教育科学研究,2011(6).

③ Burke, S. M., White, G. P. The influence of district characteristics on intra-district resource allocations. Journal of Education Finance,2001(26).

④ 胡伶.义务教育财政问题与改进.教育发展研究,2011(5).

⑤ 王元京,崔盛.论城乡义务教育投入分配方式的转变.宏观经济研究,2009(6).

⑥ 赖秀龙,杨杏利.论义务教育师资均衡配置政策问题的内涵与特征.教育理论与实践,2012(3).

⑦ 胡娇.义务教育均衡发展关键在于教师发展——基于教育供给侧改革的研究.中国教育学刊,2016(10).

⑧ 王鹏炜,司晓宏.城乡教育一体化进程中的教师资源配置研究——以陕西省为例.陕西师范大学学报(哲学社会科学版),2011(1).

⑨ 曹原,李刚.城乡教育一体化视野下的教师人事制度重建.教育科学研究,2011(5).

⑩ 安雪慧.县域内城乡义务教育教师资源配置差异和政策建议.教育发展研究,2013(8).

⑪ 庞丽娟,夏婧.建立城乡义务教育学校校长交流机制的政策思考.教育发展研究,2009(12).

⑫ 张伟平,王继新.信息化助力农村地区义务教育均衡发展:问题、模式及建议.开放教育研究,2018(1).

要新技术和新路径[①]；如要认识到乡村中小学合理布局对农村教育长远发展具有至关重要的作用[②]，则十分需要合理统筹规划城乡学校的网点布局[③]。在美国义务教育发展史上，优化乡村学校的校网布局对提升教育质量和促进教育公平具有重要意义。[④] 最后，也要加强互助合作，不少研究认为要加强学校之间、城乡之间教育的互助互动，提出了推进以强带弱的"伙伴共同体"[⑤]"差异合作"[⑥]"名校集团化"[⑦]等多种模式。此外，有研究指出不论是何种义务教育资源，均不可忽视对各类资源特别是教育经费、师资等资源实施"增量配置"。[⑧]

二、基本公共教育服务均等化为视角的资源配置研究

加快推进基本公共服务均等化，是新时代促进社会公平正义、扎实推进共同富裕的客观要求。就教育而言，国家完善基本公共教育服务，推进义务教育均衡发展，确保所有适龄儿童、少年公平接受教育，不断提升国民的基本文化素质，是中国社会改革发展的基本趋势和内生要求。

一是学术界对基本公共教育服务均等化的理论基础已有深入研究。不论是约翰·罗尔斯（John B. Rawls）的"正义论"、保罗·萨缪尔森

---

① 王继新，施枫，吴秀圆."互联网＋"教学点：新城镇化进程中的义务教育均衡发展实践.中国电化教育，2016(1).

② 张旺，郭喜永.城乡一体化背景下乡村义务教育学校布局调整问题研究——以吉林省为例.教育探索，2011(11).

③ 白亮，万明钢.城乡义务教育一体化发展中县域学校布局优化的原则与路径.教育研究，2018(5).

④ 张源源，邬志辉.美国乡村学校布局调整的历程及其对我国的启示.外国中小学教育，2010(7).

⑤ 谢维和.谈"办好人民满意的教育"的政策含义.教育研究，2008(6).

⑥ 吴华.从差距合作到差异合作：宁波市江东区学校合作的创新实践.济南：山东教育出版社，2010：8.

⑦ 马文娟.西湖经验：以名校集团化战略构筑全域教育新格局.中小学管理，2019(3).

⑧ 吴建涛.义务教育教师流动政策进展与完善路径研究——基于教育局长的问卷调查与政策文本分析.中国教育学刊，2015(4).

(Paul A. Samuelson)的"纯公共产品理论"、詹姆斯·布坎南(James M. Buchanan)的"准公共物品理论",以及 20 世纪七八十年代兴起的"新公共管理理论""公共选择理论""福利经济学理论""和谐社会理论"等,此类研究为基本公共教育服务均等化的合理性和必要性提供了多维分析视角,极大丰富了人们对基本公共教育服务的学理认知。在实践中,基于不同公平理念的教育资源配置,主要形成了两种分配导向,一种是为有更大需求的学生提供更多的资源,另一种是为所有学生平等分配资源。[①] 促进基本公共教育服务均等化,成为许多国家的普遍追求。

二是中国学者对我国基本公共教育服务均等化的内涵与范畴,展开了多方面研究。有研究从基本权利的角度,认为所有公民均有公平享有含教育在内的基本公共服务的权利[②];认为所有公民应享有大致相当的医疗、教育等基本公共服务[③];认为国家应努力推进基本公共教育服务均等化[④];认为基本公共教育服务均等化也是教育现代化的基本要求[⑤]。同时,也有研究从基本公共教育服务均等化推进的角度,认为它是一个动态发展的过程,在确保公平的前提下均等化的标准应不断演变[⑥];认为在新时代促进义务教育均衡发展的公共服务,要树立创新、协调、绿色、开放、共享的五大新发展理念[⑦⑧];认为需要推动政府的职能转型[⑨]。对于涉及教育的基本公共服务范畴,相关研究普遍认为义务教育是基本

---

① Allbright,T. N. et al. Conceptualizing equity in the implementation of California education finance reform. American Journal of Education,2019(2).

② 陈海威.中国基本公共服务体系研究.科学社会主义,2007(3).

③ 迟福林.城乡基本公共服务均等化与城乡一体化.农村工作通讯,2008(24).

④ 胡祖才.努力推进基本公共教育服务均等化.教育研究,2010(9).

⑤ 薛二勇等.实现基本公共教育服务均等化.中国电化教育,2019(10).

⑥ 江明融.实现公共服务均等化目标的政策思考.特区经济,2006(8).

⑦ 韩笑,朱德全.中国义务教育均衡发展的新时代特征与治理路径.教师教育学报,2018(4).

⑧ 袁梅.以新发展理念引领民族地区义务教育均衡发展.教育研究,2018(3).

⑨ 赵慧.推进基本公共教育服务均等化——2011 年度上海市教育决策咨询委员会全体会议综述.教育发展研究,2011(1).

公共教育服务的核心和关键领域,同时弱势群体应逐步成为基本公共教育服务的重点对象。[1] 总体上,我国对基本公共教育服务均等化已形成了比较科学且有体系的认知。

三是对基本公共教育服务的不均等现状、原因与对策的研究。在现状研究上,学者们基本认为我国基本公共教育服务在东中西部之间、城乡之间、阶层之间、类别之间仍存在较大失衡。[2] 即便是经济水平相对较好的京津冀区域,离基本公共教育服务均等化仍然有不小差距。[3] 在原因分析上,有研究认为社会经济发展不均衡、教育财政和资源配置不公平、城乡二元结构、等级学校制度等是导致失衡的主要原因。[4] 在对策措施上,有学者对推进基本公共教育服务均等化的机制,以及不同地方推进基本公共教育服务的基本经验进行了总结[5][6];也有学者认为要树立促进均衡发展的合理价值导向[7];要遵循"保基本、强基层、建机制"的基本思路,努力推进基本公共教育服务的均等化[8];要着力破除体制机制障碍,最大程度地增强基本公共教育的活力[9];还要建立可监测县域基本公共教育服务均等化的指标体系与测算方法[10]。在政策实施主体层面,有研究认为促进基本公共教育服务均等化,要重视多方协力,省

[1] 张佳伟,顾月华.基本公共服务均等化视野下新型城镇化与义务教育均衡发展的区域研究.教育发展研究,2017(10).
[2] 袁振国.缩小差距:中国教育政策的重大命题.北京:人民教育出版社,2005:7-44.
[3] 曹浩文.京津冀基本公共教育服务差距缩小了吗?.教育科学研究,2018(9).
[4] 石绍宾.城乡基础教育均等化供给研究.北京:经济科学出版社,2008:15.
[5] Plewis, I. Educational inequalities and education action zones. London:Oxford University Press,2000.
[6] Robert,B. D. , Vinzant, J. D. The new public service:Serving rather than steering. American Society for Public Administration,2002(12).
[7] 于发友.义务教育均衡发展的价值追求.当代教育科学,2008(8).
[8] 胡祖才.努力推进基本公共教育服务均等化.教育研究,2010(9).
[9] 周光礼.改革体制机制,推进基本公共教育服务体系现代化.人民教育,2017(19).
[10] 崔慧广.县域基本公共教育服务均等化:分析框架、评价指标与测算方法.教育理论与实践,2014(31).

级政府是义务教育资源的关键统筹主体,认为不断完善省级政府教育资源统筹的体制与机制是政策改革的核心[①];省级政府要建立促进基本公共服务均等化的准确研判机制、科学决策机制、纵深推进机制以及现代化治理机制等[②];也要重视发挥第三方团体的助力作用,共同促进教育均衡发展[③]。总体上,形成了比较丰富且立体的研究成果。

纵观上述多方面的研究,已有研究成果总体上呈现成果数量丰富,学理性论述多,现状分析多,基于真实情景的机制对策研究相对较少的特征。对义务教育资源均衡配置的价值基石和基本逻辑,对非均衡配置的不良效应等尚缺乏深入的研究,特别是资源均衡配置统筹过程的政策支撑理论、统筹范围、统筹机制等相关研究还缺乏。已有研究更为关注资源统筹的"量化导向",而忽视更具改革本质和价值意义的"质量导向"的资源均衡配置统筹政策研究。面向未来中国义务教育的高质量转型发展,质量导向的义务教育资源均衡配置统筹,是当前与未来很长一个时期,各级政府需要努力建立并贯彻执行的基本政策方向,亟须开展"质量导向"视角下义务教育资源均衡配置统筹的体系化研究。

在实践层面,上述尚未引起足够重视的研究主题,则是未来我国推进城乡义务教育资源均衡配置统筹政策的实践重点,非常有必要开展系统深入又富有政策实践性的基础性研究。一方面,要进一步深入研究各地在推进资源均衡配置统筹方面的落地经验与案例,为相关政策研制提供真实性区域案例基石;另一方面,也要深入研究各地现行资源配置均衡统筹的不良结果,由此从正反两个方面深入剖析地方促进均衡的改革

① 郅庭瑾,尚伟伟.新型城镇化背景下义务教育基本公共服务均等的现实困境与政策构想.华东师范大学学报(教育科学版),2015(2).

② 盛明科.省级政府教育统筹发展的维度及其实现机制研究——以基本公共服务均等化为视域.当代教育理论与实践,2016(9).

③ 石书奇,郑玉飞.第三方助力义务教育均衡发展的可能、困境与出路.当代教育科学,2018(2).

实践,为更科学的资源均衡配置统筹政策的制定奠定学理基础,旨在更好引导不同级别政府义务教育资源均衡配置统筹政策的应用效能。

第四节 质量导向的义务教育资源
均衡配置统筹是改革方向

自 1986 年我国全面实施九年义务教育制度以来,政府如何动用公共资源尽可能为适龄儿童、少年提供更好的教育,实现教育与社会的协同发展,一直以来是历届政府教育改革的核心议题,而义务教育资源的均衡配置则是关键聚焦点之一。

一、资源配置的"相对论"

义务教育资源的均衡配置是一个"相对"的命题。在不同地区、不同时间以及不同类别教育资源之间,其均衡配置程度均具有相对性,并呈现动态性、阶段性与发展性的特点。

第一,这一命题与义务教育资源配置的不均衡相对应,义务教育资源配置存在差异是这一命题存在的前置条件。教育资源配置的公平是教育公平的逻辑起点,资源配置的公平导向是这一命题的社会价值基石。

第二,这一命题存在空间的相对性,并优先追求同一空间区域内的义务教育资源均衡配置。换言之,这一命题是以特定行政区域为考察范围的。在不同视角下,空间范围划定层次会有差别,有些以国家、省域为考察对象,有些以县域为考察对象,有些以城市与乡村为考察对象,有些则以学校为考察对象。

第三,这一命题存在时间的相对性,在不同发展阶段均衡性的内涵与维度会动态变化。由于义务教育资源均衡配置的标准存在差异,其内涵也存在较大的差别,通常会伴随时间的进展和社会发展水平的提升而不断提高均衡配置的标准。

第四,这一命题还存在理念与目标的相对性。注重公平的理念与注重效率的理念,所形成的"均衡"目标和方式会存在较大差异,偏重个体利益与偏重国家利益的均衡方案也会存在区别,以学龄儿童"能上学"为目标与以学龄儿童"上好学"为目标的均衡方案,彼此之间会产生截然不同的政策价值导向和均衡结果。

因此,义务教育资源均衡配置不是一个恒定的命题,它不仅具有相对性,也具有动态性,它是一个因地制宜、因时制宜的动态发展概念。

当前我国以质量为导向的义务教育资源均衡配置,以县域为重点范围,以城乡学校为核心对象,以当前及今后一个阶段的社会经济发展水平为基础,以促进义务教育学校的质量均衡为基本目标。其基本内涵是在国家主导下,发挥政府的主导作用,合理统筹中央、省级以及县级政府的相关资源,积极引导非政府性教育资源的多元投入,多方协力共同为适龄儿童、少年提供必要的、相对均衡的、公平而有质量的基本公共教育服务。不仅保障适龄儿童、少年能公平接受义务教育的权利,而且重视持续提高义务教育的发展水平和服务效能。

以县域为范围是义务教育资源均衡配置统筹的战略重点,消除城乡之间学校办学差距是资源均衡配置统筹的调控核心。一方面,依据《中华人民共和国义务教育法》,我国实施"以县为主"的义务教育管理体制,由此县级政府是义务教育资源均衡配置统筹的责任主体。当前县域内学校的城乡差距、校际差距仍然是推进义务教育资源均衡配置的关键问题。另一方面,同一县域内各乡镇之间社会经济发展水平差距相对较小,各类资源统筹调配相对可行,更具有实现区域内均衡的可行性。换言之,县域范围内的教育制度供给、教育资源供给、教育机会供给等,相对更具有可比性与可调控性。虽然实现全国统一标准的义务教育均衡发展是更为伟大的目标,但从现实国情出发,当前及今后一个时期实现县域内义务教育的优质均衡,则是更为可及和更具可行性的发展目标。也只有率先实现以县域为重点的义务教育均衡发展,才能为未来更大地域范围的义务教育均衡发展奠定扎实的基础。

二、资源配置的"动态渐进"

从 20 世纪 80 年代中期以来,受国家和不同地方的经济、社会和教育发展水平的制约,义务教育资源均衡配置的目标设定也存在差异,并呈现"动态渐进"的发展特征。

第一,在我国经济发展水平较低的情况下,义务教育资源配置的基本目标是开源节流,为更多适龄儿童、少年提供接受义务教育的机会,并逐步实现所有适龄儿童、少年都能接受义务教育。这一阶段,满足有学上是义务教育资源均衡配置的主要指标,强调保底式公平,能为所有适龄儿童、少年提供一个教育场所并尽可能配齐教师,适龄儿童、少年受教育机会的起点公平成为最主要的政策考量。由此,如何让每一个适龄儿童、少年都有机会上学,成为义务教育资源的配置重心。

第二,伴随我国经济发展水平进一步提高,义务教育资源均衡配置进入第二阶段。这一阶段的基本目标是适龄儿童、少年人人都能接受基本均衡的义务教育。义务教育资源配置的重点主要是县域内义务教育的基本均衡,即县级政府要尽力缩小城乡之间、学校之间办学条件的差距,在前一阶段起点公平的基础上进一步推进教育过程公平。包括:广泛设置各类学校,便于就近入学与安全入学;在办学用地、校舍建设、仪器设备和图书配置、办学经费划拨、师资配置等方面要达到政府规定的义务教育基本办学标准,并逐步实现义务教育学校各类教学资源配置的标准化与均衡化。

第三,质量导向是新时代义务教育资源均衡配置的新阶段。伴随我国社会、经济、教育的进一步发展,客观上要求义务教育资源配置策略转向更具育人质量的均衡发展,由此要求推进质量导向的义务教育资源均衡配置统筹,即以促进每一个适龄儿童、少年适性发展为基本目标的义务教育资源均衡配置阶段,并不断缩小区域之间的办学差距。在这个新阶段,各级政府及其他社会投资者将为义务教育提供比较充裕优质的义务教育资源,义务教育学校的设置及各类办学资源的配置将从标准化走向多样化。在基础教育质量有品质的前提下,强调为学生的兴趣与能力发展提供更多选择机会。一些专门的特色学校将逐步产生,更多义务教育学校将根据学生的学习能力和学习兴趣组织相应的教学活动,班级授课制度和学籍管理制度将作相应调整,学生可以选择教学进度与自己学习能力相匹配的课堂,也可以选择与自己学习兴趣相匹配的特色学校进行跨班、跨校修课。这一阶段义务教育资源配置的均衡程度以"充裕、适性"程度为衡量标准,能否减少浪费、提高资源利用率将成为对政府资源均衡配置统筹能力的重要考核指标。与此同时,中央和省级政府不断加强跨区域的义务教育资源均衡配置的统筹力度,从而基本实现区域之间义务教育的均衡发展。

因此,义务教育资源的均衡配置水平,会伴随社会经济发展水平的提升而呈现"动态渐进"的发展特征,是一种持续提升教育绩效的努力。

三、迈向质量导向的资源均衡配置统筹

义务教育资源均衡配置不仅是一个"相对"的命题,也是一个"动态渐进"的命题。在某种意义上,它更是一个"动态"的命题。一方面,随着时代的进步和社会、经济、教育发展水平的变化,义务教育资源均衡配置的目标、内容、标准也将随之发生动态改变;另一方面,实现义务教育资源均衡配置的过程是一个动态的过程,不同地区需要根据自身的条件逐

步推进义务教育资源配置的均衡化,并不断从低层次的均衡向更高层次的均衡迈进。

义务教育的动态均衡不仅是一种现象,也是一种手段,并始终锚定更高质量的均衡。

第一,从微观的角度看,以质量为导向的义务教育资源均衡配置,学校管理者的管理能力和教师的教学水平是影响质量均衡的关键因素,而这种能力和水平不仅受管理者和教师自身素质的影响,还受其主观能动性的影响。在这种情况下,静态的均衡配置很难产生令人满意的效果,只有采取动态配置的方式才能更好地调动管理者和教师的积极性。因此,如何更大程度激活校长和教师的育人活力将是推进义务教育高质量均衡发展的长期性任务。

第二,从较为宏观的角度看,一个区域的义务教育资源均衡配置并不是"一步到位"的,也不可能"一步到位"。区域内各学区学龄儿童、少年的数量动态变化,均衡的目标标准也因时而变。总体上区域内义务教育资源的配置,将始终处于"不均衡—接近均衡—新的不均衡—接近新的均衡"的动态过程中,并不断提升区域义务教育的质量水平。各级政府部门只有充分认识到义务教育资源均衡配置是一个动态渐进的过程,始终树立尽最大可能持续提升质量的发展观,树立动态均衡的过程观,因地制宜尽最大可能分期、分批、分项目逐步推进,才能更好地提升义务教育资源的均衡配置成效。

第五节 研究思路与研究方法

本书围绕中国义务教育均衡发展这一重要战略主题,一方面聚焦义务教育资源均衡配置的"质量导向",另一方面关注具有实然应用价值的

"资源均衡配置的统筹政策",旨在为我国义务教育均衡发展从"基本均衡"向更高质量的"优质均衡",提供理实并茂的研究支撑。

一、核心概念

本书的义务教育资源均衡配置统筹,涉及义务教育的各类办学资源在学校之间、群体之间、城乡之间、区域之间、东中西部之间的整体筹划和合理配置。不仅需要明晰"资源""教育资源""义务教育资源"的内涵,也要关注"资源配置""资源均衡配置统筹"的丰富内涵,并突出政策统筹的"质量"导向,指引中国义务教育更加公平、更具质量的均衡发展,夯实"教育强国"建设的基石。

(一)质量导向

质量是一个含义十分丰富的概念。除了自然科学意义上质量作为量度物体惯性大小的物理量,在社会科学中还代表产品或服务的优劣程度。美国质量管理专家朱兰(J. M. Juran)从顾客角度出发,认为质量"就是产品的适用性";另一位美国企业管理专家克劳斯比(P. Crosby)从生产者角度出发,认为质量"概括为产品符合规定要求的程度"。2005年,国际标准化组织颁布的 ISO9000∶2000 标准中认为质量是"一组固有特性满足要求的程度"。纵观上述有关质量的观点,显然质量具有一定的固有特性,由产品或服务质量、过程质量和质量管控体系等构成,但也具有适用性,会因使用情景、服务对象不同而呈现为不同的质量要求,也会因时间迁移而动态更新。因此,质量具有一定的相对性,并表现出一定的时效性与不同的满足度。

教育领域的质量不仅具有社会科学视角下质量的特点,还有其教育学科的特殊性。第一,教育质量是一个多类别的概念,包括课程与教学、教师与学生、校舍与设施等多个类型。第二,教育质量是一个多层次的概念,涵盖学习者一生中所接受的不同层级的正规或非正规教育。第三,不同人群对教育质量的认知存在差别,鉴于不同教育利益相关者对教育目标有不同期许,对教育质量的理解和侧重点存在明显差异。[①] 正确认知教育质量,不仅要明确"谁的质量""哪些方面的质量""何时的质量",也要关注前置确立的"相关标准",以判定相关教育服务是否达到所应符合的"标准要求"。此外,鉴于教育在人才培养上的滞后性特点,质量还需要响应教育改革与发展的未来方向,体现出一定的前瞻性。

义务教育资源均衡配置的质量导向,是新时代我国教育的改革要求,是在中国更高水平推进义务教育均衡发展的大背景下,结合我国自然、社会、经济、文化特别是教育发展水平在不同区域发展差异较大的客观情况所提出的新的义务教育资源配置观。它强调义务教育资源的配置进一步聚焦不同学校与师生的真实性需求,围绕区域义务教育优质发展的大方向,着力破解办学瓶颈,实现资源因地制宜、因时制宜的更科学合理的配置,最大程度发挥不同类型教育资源的应有价值,提升办学的效能、效果和效率,尽可能提高人民群众的教育满意度,尽可能减少资源的浪费或闲置,让教育资源中的人尽其才、财尽其力、物尽其用。

义务教育资源均衡配置的质量导向,不同于资源配置的量化导向。后者更为关注教育资源指标的数量化表达与分配,关注它们在统计学意义上的平均配置,容易忽视这些指标在当地当校的"资源存量"与"资源效力",也容易忽视这些指标与其他教育资源指标的相互协同关系与综合效能。量化导向的资源配置,尽管在政府操作层面具有相对易实施的优势,但容易忽视现实需求的复杂性。"一刀切"的量化配置,看似让教育资源实现了"公平"配置,而实质是资源的平均配置,容易使教育公平理念被偷梁换柱,在客观上导致资源配置忽视更具本位和价值意义的教育质量。

---

①　中国教科院教育质量标准研究课题组.教育质量国家标准及其制定.教育研究,2013(6).

义务教育资源均衡配置的质量导向,是更高发展阶段的资源配置。它超越学校办学质量的"划一性"与"同质化",聚焦持续提高每一所学校的办学质量,并引导不同学校办学品质的多元性与丰富性,倡导满足不同学生的差异化教育需求。它是推动质量持续改进的引导,引导各地构建适宜不同地区发展水平的"分层次、多模式,渐进均衡、动态优化"的教育资源均衡配置统筹政策,从而更有品质、更有效能地保障义务教育学校的办学质量。

(二)义务教育资源

资源是经济学领域的重要概念。从人类社会变迁史来看,资源最初被认为是满足人类生存需要的自然物质如阳光、水、空气、土地等,现代社会对资源的理解更加丰富化与多样化,特别是具有"社会"意义的资源,其重要性不断提升。《中国资源科学百科全书》把资源分为自然资源和社会资源两大类,前者是指人类可利用的自然生成的物质与能量,后者是指人类通过自身劳动在开发利用自然资源的过程中的物质与精神财富。[①] 资源已经普遍被理解为一个国家、地区或组织机构所拥有的各类物力、财力、人力等各类要素的总称。稀缺性是资源最重要的特点,在一定时期内资源与需求之间的关系往往是"紧张"的,大部分情况下,教育资源的稀缺性是常态,但也是动态变化的,不同类型教育资源会随着人们需求与时空条件的转移而发生变化,如部分资源有时会表现为"充裕"而需要统筹配置。

基于上述对资源的理解,教育资源被认为是用于教育活动的各类人力资源、财力资源和物力资源等的综合。《教育大辞典》把教育资源也称为教育经济条件,即教育过程中所占用、使用和消耗的人力、物力和财力

---

① 《中国资源科学百科全书》编委会.中国资源科学百科全书.北京:中国大百科全书出版社,2000:3.

资源。① 其中人力资源包括教育者人力资源和受教育者人力资源;物力资源包括学校的固定资产、材料和低值易耗物品等;财力资源是指人力、物力的货币形式,包括人员消耗部分和公用开支部分。教育经济学领域的学者如王善迈、范先佐等也把教育资源定义为人、财、物三大方面的总和。"教育资源的完整含义应当包括教育领域通过社会总资源的配置所取得的所有人力资源、物力资源及财力资源的总和。"②"投入教育过程的一般也是人力、物力和财力,它们的总和即教育资源。"③

教育资源的内涵日益丰富化。伴随时代的发展和认知的深化,除人、财、物三大经典资源外,更多的内容被纳入教育资源的范畴。罗·琼斯(Roe L. Jones)关注资源中的"事",认为教育资源指会以某种方式影响学生学习的人、财、物、事等投入的总和,包括教师、家长、管理人员、课本、文具、校舍、教学时间、教育经费等。④ 不少学者把信息资源、课程资源、时间资源、制度资源、文化资源、政策资源等要素也纳入教育资源的范畴,如许丽英认为教育资源指"维持、组成、参与并服务于教育系统的一切资源,包括人力资源、物力资源、财力资源、时空资源、信息资源、文化资源、权力资源、制度资源、政策资源、关系资源等,这些构成了一个完整的教育资源系统"⑤。近年来伴随学校文化建设的兴起,教育理念、教学思想、办学特色、学校品牌等,成为教育资源体系中的研究热点。

教育资源与社会资源的关系愈益亲密化,社会资源对教育发展的配套服务及支撑作用显著加强。一方面,伴随当代社会和教育自身的发展,毫无疑问,教育在国家社会发展中具有先导性、全局性和基础性的作

---

① 顾明远.教育大辞典.上海:上海教育出版社,1998:799.
② 王善迈.教育经济学简明教程.北京:高等教育出版社,2000:122.
③ 范先佐.教育经济学.北京:人民教育出版社,1999:260.
④ Roe, L. J. et al. The economics and financing of education. Upper Saddle River: PrenticeHall,Inc. ,1983:349.
⑤ 许丽英.教育资源配置理论研究.长春:东北师范大学博士学位论文,2007.

用,教育成为一个国家或一个城市综合竞争力的中流砥柱,外部社会系统客观上更加愿意为教育的发展而统筹投入人、财、物等资源。另一方面,公共服务资源如医疗设施、交通设施、体育设施、文化设施等对教育活动的支撑力度显著增加,为保障和提升教育质量起到十分重要的配套支持作用。

义务教育资源是政府和社会用于发展义务教育所投入的各类资源。义务教育依法对适龄儿童、少年实施一定年限的强制性教育制度,具有强制性、免费性和普及性等三大特点,属于典型的公共物品或准公共物品。义务教育既是个体发展的关键基础,也是国家强盛、社会发展和民族兴盛的基石,具有很高的正外部性。有鉴于义务教育的属性,其资源包括政府、社会和个人对义务教育的各类投入,包括人力资源、物力资源、财力资源、时空资源、信息资源、文化资源、权力资源、制度资源、政策资源、关系资源等,特别是来自政府投入的各类资源,以及来自家庭对义务教育可投入的各类资源。加大对义务教育阶段的资源保障与充分投入,不论是对个人还是国家,都具有十分重要的战略价值与深远意义。

(三)资源配置与资源均衡配置统筹

资源配置或配置资源,是指为了实现某种目的,对包括人才、物力和财力在内的不同资源,在不同使用者或不同用途之间展开基于一定原则的分配与安排。资源种类繁多,不同类型资源具有不同的功能性与适用性。要充分认识资源配置的特性,一是资源具有可配置性,绝大部分资源通过一定的技术措施,可实现时空分配的重新安排,旨在将资源用于最具价值或特定用途的任务上。二是大部分资源具有相对的稀缺性,稀缺性是资源需要进行合理配置的前提条件;当资源本身不稀缺,就不存在需要配置的需求。三是资源还具有排斥性,资源仅能用于相对有限的范围,资源被配置用于某种用途或配置给某类主体时,一般难以再被同时用于其他用途或主体。面对绝大部分的资源具有的稀缺性和相对有限性,人们总希望通过合理的配置,从而实现最低限度的资源耗费而获得最大的产出绩效。总而言之,实现资源的合理配置,是人类社会普遍的积极追求。

资源配置的方式,主要有市场机制和计划机制两种基本形式。以市场机制方式开展的资源配置,以供需关系为纽带,一般用资源价格调节影响资源配置的流向与流量,是当今世界资源流动非常普遍的基础性配置方式。在中国,市场在资源配置中具有决定性作用,大部分资源通过市场机制进行调节。另一种是以计划机制方式开展的资源配置,以行政指令来指导资源的分配,即通过政策调控现有资源,以期能促进资源的优化配置或服务特定目的。虽然市场是资源配置的主体,但也会出现"市场失灵"的情况,而计划机制则能对"失灵"情况给予调节与完善,因此往往需要协调发挥两类机制的各自优势。

资源均衡配置统筹,是统筹主体全盘考虑教育内外部关系,教育的过去与未来关系,以义务教育优质均衡发展为目标,通过系统合理安排各类资源,实现资源效能的最佳化。均衡发展是义务教育的根本方向,实现义务教育相关资源的均衡配置是义务教育公平的题中应有之义。相关资源的不均衡配置,也是导致义务教育发展不均衡的重要原因之一。因此,需要通过加强"统筹",实现资源更为有序、有效的配置。所谓"统筹",是整体考虑,统一筹划,不仅要通盘谋划,还要周全兼顾。事实上统筹而兼顾,是中国文化精髓的体现,也是中国共产党以马克思主义世界观和方法论为指导,在社会主义建设的长期实践中形成的特有的科学思想和工作方法,是党治国理政历史经验的宝贵总结。[1] 它不仅体现全面与系统的思维,也体现联系与发展的观点,不仅综合考虑各方面要素的整体兼顾,同时也考虑彼此的协调发展与可持续发展。

---

① 庞元正.论统筹兼顾.学术探索,2009(6).

二、研究思路

质量导向的义务教育资源均衡配置统筹政策研究,涉及义务教育资源多种不均衡类型的统筹,集中表现为区域之间、城乡之间、学校之间和人群之间的资源不均衡统筹。

本书对义务教育资源的均衡配置统筹研究,强调从义务教育发展的整体意义上予以系统研究,即比较全面地关注区域之间、城乡之间、学校之间、人群之间等的资源均衡配置统筹,并适当突出城乡义务教育资源的均衡配置统筹。第一,义务教育资源存在多种不均衡,彼此存在很强的"伴生性"与"共存性"。例如城乡义务教育的不均衡问题,同时也是校际、人群之间不均衡的共同问题。将各种不均衡问题,彼此分割开来加以资源均衡配置统筹,不利于问题的整体性破解,也会降低有限资源本可发挥的资源综合绩效。第二,义务教育的不均衡,现阶段以区域内实现均衡发展为重点,即以消除城乡之间、学校之间、人群之间的不均衡为攻坚重点,并努力缩小区域之间的差距。第三,研究推进城乡义务教育资源均衡配置统筹的政策理论,不论从人口覆盖面、补足短板还是激活农村教育活力,有利于抓住资源均衡配置统筹的核心,从而对最终实现整体均衡具有引领意义。

在技术思路上,本书沿着"客观现状"和"理论分析"两条主线展开梳理,继而探索建立质量导向义务教育资源均衡配置统筹政策的新理念与新机制,寻找适合中国资源均衡配置统筹政策的制定方向。第一,从客观现实层面探讨多年来中国在推进义务教育资源均衡配置的政策进程与多元化实践,深入分析当代中国义务教育资源配置的"显性非均衡"与"隐性非均衡"及其产生的多维效应,揭示资源配置不均衡背后所潜隐的各类影响因素。第二,从理论层面梳理义务教育资源均衡配置的政策逻辑与价值基石,在此基础上,以全新观念对统筹视野下义务教育资源的多维属性展开探讨,并由此进一步建立质量导向的义务教育资源均衡配置的统筹机制及其具有中国特色的实践经验与改革路径。

本书为义务教育资源均衡配置统筹提供了新思路。未来政府要大力转变义务教育资源均衡配置政策的基本理念,即由均等量化导向的资源配置向更具有公平价值的质量导向转变,要以全局性、针对性、可行性和最优性为统筹的四大基本导向,建构适宜不同地区发展水平的"公平优先、质量导向、适度超前、渐进优化"的资源统筹观,构建全周期、全区域、全要素、全社会协调的资源统筹保障机制。由此,本书从理论层面揭示了如何有效保障我国不同地区义务教育资源实现均衡配置统筹的思想与方法,有利于丰富并优化义务教育均衡发展的理论基石;也从实践应用层面为各级政府未来转变职能,提高资源均衡配置的统筹决策和应用提供了良好的学理支撑。

三、研究方法

本书采用多种研究方法。除通常的国际比较研究、统计分析法外,重视多种研究方法的整合汇通,以更为深入地分析义务教育资源均衡配置的统筹理论、统筹方法与统筹路径。

一是历史研究法。重视对政策文本、现象与实践等进行"回归历史"的梳理,并对相关文献、史料进行"那时那地"的梳理分析。义务教育资源均衡配置相关政策的演进,有其时代性,需借助历史的视角去分析当时政策形成的背景与客观实践,描述历史事实并加以客观分析,探寻其内隐的政策逻辑,了解当时政策的实质意图。在研究过程中,广泛收集国内外义务教育均衡发展特别是资源均衡配置的政策文本、历史案例与学术文献,从而了解相关政策改革历程与改革逻辑,分析不同地区的改革实践进展,从而对不同国家不同时期的义务教育资源均衡配置的改革背景、现状与挑战、问题与对策等,建立更为清晰深入的认知。通过对资源配置政策的历史性研究，以史为鉴，能为面向未来的义务教育资源均衡配置统筹政策的设计，提供历史经验，利于研制更具适用性的政策方案。

二是实证研究法。本书以中国国情下的义务教育为研究对象，重视基于调研的实证研究，多维度展开实地调查和个案研究。课题组以具体区县为研究单位，对东、中、西部不同经济发展水平的典型区县，开展了区域义务教育资源均衡配置统筹情况的实地调研。通过行政部门座谈、学校考察、师生访谈、家长走访等多种方式，考察这些区县义务教育资源均衡配置的基本情况，较好了解区县一级在义务教育资源均衡配置方面的政策与改革实践，了解不同利益群体的多元利益需求与冲突，以比较全面深入认知全国不同地区义务教育资源的均衡配置基本情况。此外，课题组还重点对中国西部地区义务教育的优质与均衡展开了专题性调研，旨在深入认知义务教育资源实现均衡配置的现实需求、改革难点与痛点。

第二章　义务教育资源

均衡配置的改革逻辑

　　在当代中国,实现义务教育资源的均衡配置已成为政府和社会各界的共识。2010 年 7 月,国务院印发《国家中长期教育改革和发展规划纲要(2010—2020 年)》,对各级各类教育提出了具体的发展目标和改革任务。义务教育的改革任务共有三个方面,其中一个重要任务就是推进义务教育均衡发展。2012 年 9 月,国务院专门颁布《关于深入推进义务教育均衡发展的意见》(国发〔2012〕48 号),对这一任务提出了更加明确且具有可执行性的要求。2013 年 11 月,"统筹城乡义务教育资源均衡配置"写入了党的十八届三中全会的公报。

　　义务教育资源均衡配置之所以广受政府和社会各界的普遍重视,一方面是因为它是中国长期以来在教育资源配置上的重大挑战和亟待破解的重大问题,另一方面则由于它既是国家基础教育事业发展的重要任务,也是中国社会迈向更高水平发展的重要任务。

第一节　资源均衡配置的公平导向

　　均衡配置义务教育资源的政策逻辑是更好促进义务教育的均衡发展,而促进义务教育均衡发展的主要目的之一是促进教育公平。因此,无论是政府文件还是学术文献,在阐述义务教育资源均衡配置时通常以教育公平作为其逻辑起点。

一、社会公平与教育公平

人们对教育公平的追求,首先来自人类对社会公平的追求。尽管人们还未能清晰了解人类在漫长进化过程中的生存状态,还未能了解史前人类生存环境是否公平,但至少在有证据记录的人类社会中,不公平普遍存在,公平通常只存在于局部或一定阶段,但这并不能阻碍人们对公平的孜孜追求。正因如此,古往今来的思想家们都在呼唤社会公平,尽管这种公平努力大部分只能停留在理念或理论阶段,但也要肯定它对促进人类社会公平的作用。

人类对社会公平的追求始于何时尚很难考据,但中国古代传统文化对公平有持续追求。据《论语·尧曰》记载,尧在把天下禅让给舜时告诫说:"天之历数在尔躬,允执其中。"勉励舜要有"中正之道"。春秋时代是中国思想文化奠基的时期,许多思想家的学说对此后中国社会的发展产生了深远的影响,而在这些学说中,公平正义则是思想家们的共同追求。道家创始人老子在《道德经》说:"天之道,损有余而补不足。人之道,则不然,损不足以奉有余。孰能有余以奉天下,唯有道者。"儒家创始人孔子在《论语·季氏》则曰:"丘也闻有国有家者,不患寡而患不均,不患贫而患不安。盖均无贫,和无寡,安无倾。夫如是,故远人不服,则修文德以来之。既来之,则安之。"《礼记》是中国古代十三经之一,是西汉戴圣辑录、编纂秦汉以前礼仪制度的重要典章书籍,其中《礼记·礼运》有言:"大道之行也,天下为公。选贤与能,讲信修睦,故人不独亲其亲,不独子其子,使老有所终,壮有所用,幼有所长,鳏寡孤独废疾者皆有所养,男有分,女有归。"这一描述清晰表达了古代中国社会对公平正义的追求。古代中国的朝代更迭,除少数朝代外,绝大多数朝代在推翻前朝统治时都将公平正义作为一面旗帜,号召民众为实现这一目标而共同奋斗。

在古代西方,人们也重视公平与正义。古希腊哲学家毕达哥拉斯就提出了公平正义的主张,并把法律作为正义的保障。柏拉图在其《理想国》里也探讨"何谓正义"这一话题,试图解答人们对正义的困惑。他对当时出现的狭隘正义观和错误正义观进行了批判,提出了个人正义和国家正义相统一的正义理论。在柏拉图的《理想国》中,个人正义指以理性管理个人的灵魂的正义,它可以通过公共教育来实现;国家正义的实现,则需要在生产资料公有制的基础上,由掌握善的理念、知识丰富、眼界开阔、高度理性并勇敢的哲学家执政,践行正义的治国准则,使包括统治者、辅助者和生产者在内的社会各阶层各司其职,根据自己的禀赋和能力从事适合自己的工作。在实现国家正义的过程中,统治者是关键,"一个真正的治国者追求的不是他自己的利益,而是老百姓的利益"[①]。

到了近代,公平被众多学者广泛探索。伏尔泰、孟德斯鸠、卢梭等启蒙思想家都探索过公平正义,空想社会主义者更是把公平正义作为理想社会的重要标志。19 世纪以来,许多思想家从不同视角阐述其公平正义观,如边沁、马歇尔等人以功利主义为基础的公平正义观,诺奇克、哈耶克等人的自由主义公平正义观。美国政治哲学家罗尔斯在其《正义论》中,还专门提出了正义的两个基本原则,即"公民自由平等原则"和"差别原则",前者指公民在各种基本权利和义务的分配上实行平等;后者是指在财富和权力不平等的情况下,只有当最少得益的社会成员的利益得到补偿时,才是正义的。

综上所述,社会公平一直是古往今来人类的重要追求。而教育公平则是在这一追求的基础上产生的,也是社会公平的重要内涵之一。

一方面,教育公平作为社会公平的重要组成部分。尽管人们对社会公平有不同的理解,但都必然以人为主体,以事物或活动为客体,注重在

---

① 柏拉图.理想国.郭斌和,张竹明,译.北京:商务印书馆,1986:19.

从事各种活动、处理各种事务的过程中平等地对待有关社会成员，或是从有关社会成员共同的利益出发，合理开展各类社会活动和正确处理各种事务。教育活动是人类最重要的社会活动之一，其公平程度可以作为社会公平的重要标志，因此自然成为人类追求的重要目标。

另一方面，教育公平又是实现社会公平的重要手段或途径。任何社会都必然会形成不同的阶层，所有社会成员都分布在这些阶层中。各阶层社会成员获取利益的大小、途径、便捷程度等存在很大的差异。在文明社会，社会阶层具有一定的开放性和动态性，其程度与社会发展水平、发展能力相关，这为社会成员在阶层之间的流动提供了可能。而低阶社会成员向高阶流动的根本途径则主要是教育。换言之，在现有生产力基础上，人类社会不可能消除阶层，也不可能排除利益差异，而只能尽力为所有社会成员提供相对公平的发展机会和发展条件，尤其是要尽力为低阶层社会成员向高阶层流动提供机会和条件。也正因如此，教育公平作为社会公平的重要基石和主要途径而广受关注。

二、执政党理念与教育公平

在人类追求社会公平的历史进程中，存在着从体力公平向智力公平、阶级内成员公平向全社会成员公平发展的历史趋势。在诸多社会公平的追求者中，中国共产党是目标最清晰、立场最坚定的一支力量。

马克思主义是中国共产党的指导思想，其创始人马克思和恩格斯曾经多次论述过人类教育公平问题。在马克思和恩格斯看来，受教育权是每个社会公民的基本权利。恩格斯曾经提出，"一切人，或至少是一个国家的一切公民，或一个社会的一切成员，都应当有平等的政治地位和社会地位"[①]，正因如此，他提出："国家出资对所有儿童毫无例外地实

---

① 马克思，恩格斯.马克思恩格斯全集：第3卷.北京：人民出版社,1995:444.

行普遍教育,这种教育对任何人都是一样,直到成为社会的独立成员为止。这个措施对我们的穷兄弟来说,只是一件公平的事情,因为每一个人都无可争辩地有权全面发展自己的才能。"①

在马克思和恩格斯的思想中,社会公平并不是抽象的、绝对的,而是现实的、相对的。马克思在《哥达纲领批判》中表示,"离开一定社会的经济基础来谈公正是没有意义的","真正的自由和真正的平等只有在共产主义制度下才可能实现;而这样的制度是正义所要求的"。② 即使到了共产主义社会,其第一阶段还不能做到绝对公平和平等,其分配的公平还需要以劳动作为同一尺度,同时为社会全体成员提供社会福利和为丧失劳动能力的人提供社会救济,来彰显公平正义。与此相应,教育公平也不是绝对的、抽象的,而要受社会生产力发展水平的制约,并反映了一定社会的生产关系。因此,在封建社会和资本主义社会都不会有真正的教育公平,就如恩格斯所说:"只要掌握在资产阶级手中,工人就不可能受到真正平等的教育。"③只有实行社会主义制度,落实社会主义公平原则,才能更彻底、全面地推进教育公平。真正的教育公平则要到共产主义社会,那是一种"以每个人的全面而自由的发展为基本原则的社会形式","在那里,每个人的自由发展是一切人的自由发展的条件",到那时教育不再是把人训练成机器,而是促进"人的自由全面发展",教育公平才能最终实现。

中国共产党自其成立以来,一直把实现共产主义作为自己的奋斗理想,追求社会公平和教育公平也一直是其最重要的执政理念之一。尽管受到生产力发展和教育发展水平的制约,社会公平和教育公平尚很难全面实现,但对其的探索和实践一直没有停止过。

---

① 马克思,恩格斯.马克思恩格斯全集:第2卷.北京:人民出版社,1980:614.
② 马克思,恩格斯.马克思恩格斯全集:第1卷.北京:人民出版社,1980:582.
③ 华东师范大学教育系.马克思恩格斯论教育.北京:人民教育出版社,1979:18.

　　毛泽东是新中国成立后党第一代领导集体的核心,他一直致力于为劳苦大众争取受教育的机会。早在1934年,毛泽东在第二次全国苏维埃代表大会上就提出苏维埃的"一切文化教育机关,是操在工农劳苦群众的手里,工农及其子女有享受教育的优先权。苏维埃政府用一切方法来提高工农的文化水平。为了这个目的,给予群众政治上与物质条件上的一切可能的帮助"[①]。在他的领导下,新中国成立前夕,中国人民政治协商会议通过的《中国人民政治协商会议共同纲领》,将中华人民共和国文化教育的性质确立为"新民主主义的,即民族的、科学的、大众的"文化教育,"其目的是为人民服务,首先是为工农兵服务"。新中国成立以后,执政党取得了教育的领导权,将全国教育收归国有,成为国家的重要事业,废除了干部子弟学校,强调学校必须实行向工农开放的方针,把工农教育问题列入国家教育工作的主要议事日程。1954年,新中国第一部宪法明确规定"中华人民共和国公民有受教育的权利。国家设立并逐步扩大各种学校和其他文化教育机关,以保证公民享受这种权利"。

　　邓小平同志非常重视教育工作,把教育作为提高科学技术第一生产力的根本途径。在他看来,"社会主义建设需要有文化的劳动者,所有劳动者也都需要文化",因此中国的教育"一要普及,二要提高,两者不能偏废","教育普及了,群众的科学文化水平提高了,发明创造就会多起来"。[②] 与此相应,他对教育公平的追求主要从国家建设的需要出发。为了促进少数民族地区的发展,他提出要在少数民族地区举办教育事业,动员一些人到那里去办学校;为了提高国家的科技水平,他提出"科学院要把科技大学办好,选数理化好的高中毕业生进大学,不照顾干部子弟"。[③] 1977年8月召开的科学与教育工作座谈会上,邓小平就表示

①　教育部师范教育司.毛泽东同志论教育工作.北京:人民教育出版社,1992:5.
②　邓小平.邓小平文选:第1卷.北京:人民出版社,1994:280.
③　邓小平.邓小平文选:第2卷.北京:人民出版社,1994:34.

"今年就要下决心恢复从高中毕业生中直接招考学生,不要再搞群众推荐。从高中直接招生,我看可能是早出人才、早出成果的一个好办法"。① 在这一年,在他的领导下,国家恢复高考制度,使民众接受高等教育的机会和权利重新建立在公平竞争的基础上,而开展这项工作的重要原因也是为了更好地培养人才,为国家建设服务。

江泽民同志任总书记期间,进一步强调把"普及九年义务教育,满足基本学习需要和提高劳动者整体素质,要作为教育工作的首要目标,努力提高绝大多数人的教育水准"②,提出要"发展教育科技事业,繁荣社会主义文化,使人人都有受教育的机会和享受文化成果的充分权利,使人们的精神世界更加充实、文化生活更加丰富多彩"③,要求"各级政府都要确保农村教育的投入,并不断加大投入的力度。国务院要继续对贫困地区发展农村义务教育给以必要的资助"④。

胡锦涛同志任总书记期间,重视基本公共教育服务均等化。2007年,他在全国优秀教师代表座谈会上指出"要把促进教育公平作为国家基本教育政策,统筹城乡、区域教育,统筹各级各类教育,统筹教育发展的规模、结构、质量,认真研究解决教育改革发展中的重大问题,不断满足人民日益增长的教育需求"⑤。2010年7月,中共中央、国务院召开全国教育工作会议,胡锦涛就推动教育事业科学发展提出五项要求,其中包括必须促进教育公平,认为要"保障公民依法享有受教育的权利,着力促进公共教育资源配置公平,加快缩小城乡、区域教育发展差距"⑥。

现任中共中央总书记习近平,也在不同场合多次阐述其对教育公平

　① 邓小平.邓小平文选:第2卷.北京:人民出版社,1994:55.
　② 江泽民.江泽民文选:第2卷.北京:人民出版社,2006:333.
　③ 江泽民.江泽民文选:第3卷.北京:人民出版社,2006:295.
　④ 江泽民.江泽民文选:第2卷.北京:人民出版社,2006:333-334.
　⑤ 胡锦涛.在全国优秀教师代表座谈会上的讲话.www.gov.cn,2007-08-31.
　⑥ 胡锦涛.在全国教育工作会议上的讲话(2010-09-08).https://www.chinanews.com.cn.

的期望。2013年5月,他在参加北京市少年宫"快乐童年、放飞希望"主题队日活动时指出:"孩子们成长得更好,是我们最大的心愿。党和政府要始终关心各族少年儿童,努力为他们学习成长创造更好的条件。"①同年9月,他在联合国"教育第一全球倡议行动一周年纪念活动"上发表视频贺词,提出"中国将坚定实施科教兴国战略,始终把教育摆在优先发展的战略位置,不断扩大投入,努力发展全民教育、终身教育,建设学习型社会,努力让每个孩子享有受教育的机会,努力让13亿人民享有更好更公平的教育,获得发展自身、奉献社会、造福人民的能力"。② 2014年,他在全国职业教育工作会议上发表讲话,要求"加大对农村地区、民族地区、贫困地区职业教育支持力度,努力让每个人都有人生出彩的机会"。③ 2016年9月,习近平在北京八一学校考察时指出"教育公平是社会公平的重要基础,要不断促进教育发展成果更多更公平惠及全体人民,以教育公平促进社会公平正义。要加强对基础教育的支持力度,办好学前教育,均衡发展九年义务教育,基本普及高中阶段教育"。④ 在2018年9月召开的全国教育大会上,习近平强调"教育是国之大计、党之大计",提出"培养德智体美劳全面发展的社会主义建设者和接班人,加快推进教育现代化、建设教育强国、办好人民满意的教育"。⑤

　　与此相应,新中国在中国共产党的领导下大力发展教育事业,逐步改变教育落后的面貌。新中国成立初期,在百废待兴、百业待举、教育资源非常缺乏的条件下,国家在全日制学校教育之外积极发展半工半读、

---

① 倪光辉. 让孩子们成长得更好. 人民日报,2013-05-31(1).

② 习近平主席在联合国"教育第一全球倡议行动一周年纪念活动"上发表视频贺词. 人民日报,2013-09-27(3).

③ 倪光辉. 更好支持和帮助职业教育发展 为实现"两个一百年"奋斗目标提供人才保障. 人民日报,2014-06-24(1).

④ 全面贯彻落实党的教育方针 努力把我国基础教育越办越好. 人民日报,2016-09-10(1).

⑤ 张烁. 坚持中国特色社会主义教育发展道路 培养德智体美劳全面发展的社会主义建设者和接班人. 人民日报,2018-09-11(1).

业余教育等教育形式,尽量为广大民众提供接受各级教育的机会。改革开放后,随着国力不断增强和教育事业的发展,1985 年 5 月国家颁布《中共中央关于教育体制改革的决定》(中发〔1985〕12 号),第一次明确提出在全国有计划有步骤地实行九年制义务教育,并于第二年颁布了我国首部《中华人民共和国义务教育法》,首次在法律上保障了每个中国公民公平接受义务教育的权利。1999 年,中国政府开始大力发展高等教育。到 2013 年,中国高等教育成功迈入大众化发展阶段,相比新中国成立初期取得了巨大成就,1949 年中国小学净入学率仅为 20%,初中阶段毛入学率仅为 3.1%,高中阶段毛入学率为 1.1%,高等教育毛入学率仅为 0.26%。[①] 而到了 2015 年,全国学前教育毛入学率为 75%,达到世界中上收入国家的平均水平;小学净入学率为 99.9%,初中毛入学率为 104%,九年义务教育普及率已超过世界高收入国家的平均水平;高中阶段毛入学率为 87%,高等教育毛入学率为 40%。[②] 其中高中阶段毛入学率和高等教育毛入学率这两项,都高于世界中上收入国家的平均水平。在特殊教育学生的教育公平方面,截至 2020 年,国家全面普及残疾儿童少年的义务教育,入学率达到 95%,并有 5 万多名残疾学生进入高等院校学习。

上述现象表明,社会公平的理念引导中国通过大力发展教育事业,为广大民众提供日益公平的接受各级各类教育的机会,中国的教育公平正在由数量公平逐渐向质量公平转变。

---

① 赵秀红.70 年来我国教育事业取得巨大成就.中国教育报,2009-07-25(1).
② 丁峰,袁贵仁.中国教育发展总体水平已进入世界中上行列(2016-03-10).https://www.chinanews.com.cn/gn/2016/03-10/7792526.shtml.

第二节　资源均衡配置是教育强国的基石

义务教育资源的均衡配置，不仅源于人类社会对公平的追求，也源于人类社会对发展的追求，还源于人类需求的不断增长与地球资源相对有限的矛盾。科技水平直接影响全球人类的生存和发展，这使以传承人类知识经验为主要使命的教育成为人类发展的重要领域，成为世界各国持续关注的焦点。其中义务教育是各类教育中的重中之重，它不仅是提升国民素质的基础工程，也为国民经济与社会发展提供重要的人力资源支撑，是促进个人发展、维护社会公平、提高国家竞争力的重要基础。面向所有人的义务教育，需要均衡配置义务教育资源，为全体适龄儿童、少年提供公平发展机会，由此夯实教育强国建设的基础教育基石。

一、教育是提升国家竞争力的基础工程

人类发展的历史表明，教育对一个地区和国家的发展是至关重要的。每一次世界教育中心的转移，都与世界科技中心、世界经济中心的转移密切相关。无论是唐宋时期的中国、文艺复兴时期的意大利、工业革命时期的英国，还是18世纪初至19世纪中叶的法国、19世纪末的德国和20世纪的美国，其经济中心的形成都与科技进步息息相关，而根本因素则是文化与教育的发展，以及国家科学与技术能力的提升。20世纪60年代，美国经济学家舒尔茨和贝克尔创立了人力资本理论，这一理论的最大贡献在于它引发了全球对教育普遍而持续的关注，教育不再是消费而是一种投资，教育不再局限于思想家的话语体系而进入政治家和各国政府的话语体系，教育成为衡量各国国力和竞争力的重要指标之一。

教育对国家、区域经济和个人收益的贡献率成为经济学、教育学的热门研究主题。尽管学者们使用的方法和得到的结论千差万别，但其基本结论完全一致，都认同教育无论对个体发展还是对国家发展都具有重要的影响。张兴茂等运用 ADF 法单位根检验、协整检验、格兰杰因果检验（Granger）等方法，对 1992—2010 年中国的教育投入（以生均教育经费支出为指标）与经济增长（以人均国内生产总值为指标）的关系进行了研究，发现教育水平的提高对于经济增长的促进作用十分明显，两者互为因果；从长时间序列来看，教育部门生均教育经费支出每增加 1%，将会促进中国人均 GDP 增长 0.81%。[①] 廖英成等运用同样的方法，对 1995—2015 年安徽省财政教育支出与经济增长的关系进行研究，得出该省财政教育支出每增加 1%，经济增长就会提高 0.6749 个百分点（长期）或 0.3078 个百分点（本期）。[②] 周红玲对 1995—2008 年广东省高等教育与经济增长的关系进行了研究，得出该省高等教育投资每增加 1%，GDP 上升 0.25%；拥有高等教育学历占就业人数的比重每上升 1%，经济增长率提高 1.52%；高等教育对经济增长贡献高达 40% 以上。[③] 王旭辉运用向量自回归模型（VAR）对福建省高等教育规模与经济增长的协整关系进行研究，得出该省高等教育在校生每增加 1%，会使经济总量增长 1.083%。[④] 郎永杰等运用科布—道格拉斯生产函数模型对山西省 2000—2009 年教育对经济增长的贡献率进行了测算，得出该省教育对经济增长的贡献率为 5.82%，其中高等教育贡献率为

①　张兴茂,赵志亮.1990 年代以来中国教育生产力发展和经济增长的关系——基于 ECM 模型的实证研究.吉首大学学报（社会科学版）,2012(4).

②　廖英成,张克荣.安徽省财政教育支出与经济增长关系的实证研究.阜阳师范学院学报（社会科学版）,2017(4).

③　周红玲.高等教育对经济增长的影响——以广东省为例.华南理工大学学报（社会科学版）,2011(6).

④　王旭辉.福建省高等教育规模与经济增长协整关系研究.长春大学学报,2014(11).

4.7%，基础教育贡献率为1.12%。[①] 张志昂测算了1990—2000年间上海教育对经济增长的贡献率，得出结果为19.07%。[②] 赵修渝等运用相关系数法和生产函数法，测算了1997—2005年重庆教育发展对经济增长的贡献率，得出结果为23%。[③] 姚文韵等对2003—2010年江苏高等教育与经济增长的关系进行了研究，得出江苏教育对该省生产总值年平均增长率的贡献为17.89%，其中高等教育的贡献为3.36%。[④]

事实上，教育对经济发展的影响是全方位的。首先，这种影响体现在投资上。教育投资的增长会拉动当地GDP的增长，尽管拉动的幅度大小不一，会受区域内教育投资的规模与方向、教育投资占区域总投资的比例、区域经济结构等许多因素的制约，学者们使用不同的测算方法也会得到各不相同的结果，但这并不能否认教育投资对当地经济增长的作用。其次，这种影响体现在消费上。通过促进消费拉动经济增长是各国常用的经济手段，而教育消费是社会消费的重要组成部分，各级学生是一个非常大的消费群体，他们的学习消费对相关产业的发展具有决定性的意义。不仅如此，教育对社会消费还存在隐性促进作用，学生群体对新产品的接受能力较强，受教育程度较高者对体面生活方式的追求，也会带动社会的消费升级。最后，这种影响还体现在教育成果对生产力发展的巨大作用上。生产力发展是经济发展的决定性因素，而教育则是推动生产力发展的关键动力。作为继承、传播、创造人类知识经验的基本组织，教育将经过筛选的有用的知识经验传播给受教育者，培养他们的素质，丰富他们的知识，开发他们的智力，提升他们的能力，使他们不

---

① 郎永杰，等.2000—2009年山西省高等教育对经济增长贡献率的实证与比较研究.教育理论与实践,2011(6).

② 张志昂.教育对上海经济增长的贡献测算.现代大学教育,2003(4).

③ 赵修渝,黄仕川.重庆教育发展对经济增长贡献率的测算分析.重庆大学学报(社会科学版),2008(3).

④ 姚文韵,陈飞宇.江苏高等教育对经济增长影响及发展对策研究.华东经济管理,2012(12).

仅能尽快具备适应当前生产的技能和技巧,而且使其中一部分受教育者具备了发现新知识、创造新技术、开发新产品的意识和能力。在劳动力的三大基本要素中,劳动者素质的提高、生产工具的改进、劳动对象的更新,在很大程度上都有赖于教育。马克思在《资本论》中就曾提道"劳动生产力是由多种情况决定的,其中包括:工人的平均熟练程度,科学的发展水平和它在工艺上应用的程度,生产过程的社会结合,生产资料的规模和效能,以及自然条件"[①]。他指出,"为改变一般人的本性,使它获得一定劳动部门的技能和技巧,成为发达的和专门的劳动力,就要有一定的教育或训练"。[②]

　　教育对经济的影响只是教育社会功能的一个方面,与其相比,教育对政治、文化的影响不仅更为直接,也更早地被世界各国所认同。教育把人类个体的生产生活经验集中起来,去其糟粕,取其精华,集为知识。教育把这些知识以其特有的方式高效地传授给下一代,使人类文化得以保存、延续,使人类能摆脱重复摸索,而有时间和精力去寻求新知。教育把特定的思想传播给受教育者,同化其心,凝聚其力,共同为实现特定的目标而努力。可以说,没有教育,人类社会将始终处于纷争之中,人类文明不可能得以进步。

　　正因如此,新中国成立后一直都非常重视教育,把教育作为培养社会主义事业接班人、提高社会生产力、发展社会主义先进文化的重要手段。新中国成立初期,在经济落后,教育供给不足的情况下,国家大力开展扫除文盲工作,积极发展半工半读、业余教育,努力提高广大民众的文化水平,满足社会主义建设需要。1995年,为了改变依赖资源、资金和廉价劳动力的外延式、粗放型经济增长方式,中国调整产业结构向中高端发展,旨在提高劳动生产率和经济增长质量,推动经济持续、快速、健

---

① 马克思.资本论:第1卷.北京:人民出版社,2004:53.

② 马克思.资本论:第1卷.北京:人民出版社,2004:200.

康发展,国家同时颁布实施"科教兴国"战略。到21世纪初,教育被认为在现代化建设中具有先导性、基础性、全局性作用,成为国家优先发展的领域。

二、均衡配置义务教育资源的多重价值

教育对国家经济和社会发展的影响不仅体现在高等教育领域,也体现在义务教育领域,需要国家高度重视基本公共教育服务的均等化,促进义务教育资源的均衡配置。

义务教育对国家社会经济发展具有重要战略意义。实现义务教育均衡发展,让公平而有质量的教育惠及每个适龄儿童、少年,不仅有利于保障受教育权,促进人的全面发展,而且对促进教育公平,落实和谐社会建设,更好提升国民素质,建设人力资源强国,都具有重大的现实意义和深远的历史意义。相关实证研究已清晰表明义务教育的重要性,需要十分坚定地积极推进均衡发展。义务教育对经济发展的贡献突出。秦霞等研究了江苏教育对经济的影响,得出1952—1978年该省经济增长中劳动力贡献大于资本贡献,在教育因子中,初等教育和中等教育的贡献要大于高等教育的贡献;1979—2004年经济增长中资本的贡献相对较大,在教育因子中,前期中等教育贡献较大,后期高等教育的贡献相对较大。[①] 陈晋玲对教育层次结构与经济增长的关系进行了研究,得出2000—2011年,教育水平与地区间经济发展水平呈正相关关系;全国各层次教育中中等教育劳动力对经济增长作用最明显;不同教育层次的劳动力对经济增长的作用呈现明显的地区差异,东部地区高等教育劳动力的产出弹性最大,其次为中等教育和初等教育;中部地区中等教育劳动力的产出弹性最大,其次为高等教育和初等教育;西部地区初等教育劳

---

① 秦霞,周勇.江苏教育拉动区域经济增长的实证研究.江苏教育学院学报(社会科学版),2007(5).

动力的产出弹性最大,其次为中等教育和高等教育。[①] 宋光辉研究了不同文化程度人口对我国经济增长的贡献,认为接受过九年左右教育的初中文化程度劳动力与资本的组合,能够较为接近生产可能性边界。[②] 高蓓等研究了教育对东西部经济增长的影响,其认为在全国范围内,受过初、中等教育的劳动力对经济增长有显著的正向关系,且完整接受九年教育的劳动力的产出弹性(0.203)大于未完整接受九年教育者的产出弹性(0.119)。[③] 上述研究表明,不同层次的教育对当地的经济发展都会产生一定程度的影响,但各层次教育对当地经济的影响程度,则取决于该地区的产业格局和经济增长方式。换言之,在部分经济发展较为落后的地区,在一些对文化水平要求较低的产业或行业内,义务教育的毕业生仍在发挥着重要的作用。而从投资角度考察,义务教育量大面广,对国内所有地区的经济发展都有一定的正面影响,这是高等教育所无法比拟的。

在当代中国,义务教育的重要性主要体现在它的奠基功能,事关千家万户,事关国家发展,事关民族未来。需要始终把发展义务教育作为国家"科教兴国"战略和"教育优先发展"战略的重中之重,全面深入落实政府的主要责任。首先,义务教育是国家必须加以保障的公益性事业。义务教育属于准公共物品,具有十分明显的正外部性。面向所有人提供义务教育,不论是对国家还是社会,都具有十分突出的积极意义,有利于社会的可持续发展,降低社会运营的综合成本。这是全球大部分国家的通行做法,即把发展义务教育作为国家必须持之以恒加以投入的重大公

---

① 陈晋玲.教育层次结构与经济增长关系的实证研究——基于 2000—2011 年面板数据分析.重庆大学学报(社会科学版),2013(5).

② 宋光辉.不同文化程度人口对我国经济增长的贡献——我国经济增长与教育关系的一种实证分析:1981—2000.财经科学,2003(1).

③ 高蓓,沈悦,李萍.教育对东西部经济增长影响的差异.西安交通大学学报(社会科学版),2009(1).

益性事业,并努力提高面向义务教育的投入水平,保障资源的公平配置。其次,义务教育是国民素质提升的基础性工程。义务教育阶段是学生接受广泛且基本的知识,掌握基本的读、写、算等能力,培养基础的学习技能,养成良好的学习习惯的阶段,同时也是学生智力开发、情商养成、价值观培育的关键时期。良好的义务教育,可以为国家培养大量德、智、体、美、劳全面发展的社会主义事业建设者和接班人;而忽视义务教育,则会给国家造成无可估量的损失。需要指出的是,良好的义务教育,也是大幅度降低贫困代际传递,实现全体人民共同富裕的有力武器。最后,义务教育是卓越高等教育的基石。尽管义务教育是基础教育,而学生的专业知识和能力主要依靠高等教育来培养,但人才培养是一个渐进的过程,义务教育阶段学生培养的质量水平,将直接影响到高等教育的发展水平和质量。中国建设人力资源强国,需要统筹协调好包括义务教育在内的基础教育质量与高等教育质量之间的衔接关系,全面夯实人力资源开发的系统基石。在某种意义上,义务教育不仅是教育之根本,也是国之大计的"重中之重"。

正因为义务教育在教育发展与国家发展中具有如此重要的战略地位和功能作用,所以均衡配置义务教育资源就显得十分重要而迫切,它对中国义务教育可持续高质量发展具有多重价值。首先,均衡配置义务教育资源有利于为所有受教育者提供必要且相对公平的教育供给和学习条件,一方面使所有学龄儿童都能获得接受义务教育的机会,不会因教育供给不足或家庭经济困难等因素而失学或辍学;另一方面不断提高受教育过程的均衡水平,不仅可以保障"有学上",还能促进"上好学",努力办好人民满意的公平教育。均衡配置义务教育资源,本质上就是要破解中国义务教育还普遍存在的三大"不一"问题,即硬件配置情况不一、办学经费不一和师资水平不一,从而让每个儿童享受基本一致的基本公共教育服务。其次,均衡配置义务教育资源,有利于激活学校办学活力,提高资源的教育综合效益。统筹推进义务教育学校办学条件的标准化和现代化建设,加强不同资源在校际、城乡之间的合理流动,扩大资源的共享辐射力,有利于提高资源的利用效率,有利于薄弱学校补齐发展短板,提高学校办学的能动性和质量。换言之,实现校际义务教育资源的均衡配置,有利于普遍提升全国义务教育的水平和质量。如果说在教育资源总量不足的情况下强调均衡有可能会影响教育效率,那么在教育资源较为充裕的条件下不注重均衡则会造成教育资源的极大浪费。最后,均衡配置义务教育资源是我国教育社会主义性质的重要表征,是落实我国《宪法》和《教育法》所规定的公民平等受教育权的重要体现,彰显了党和国家对适龄儿童、少年的关心和爱护。

总之,义务教育资源均衡配置不仅能有效促进义务教育阶段的教育公平,也有利于大面积提高义务教育质量,从而为我国教育整体发展奠定更好的基础。而就国家发展而言,义务教育资源的均衡配置,也会进一步提高民众对党和国家的认同度和向心力,提升广大民众的整体素质,为社会主义事业各个领域培养更多更优质的人才,推动国家政治清明、经济繁荣、文化昌盛.生态良好与人民幸福。

第三节　资源均衡配置的多国经验

第二次世界大战以来,对教育公平的追求不再停留在理论上,许多国家为了保障民权,开发人力资源,出台了多方面的改革政策以推进义务教育资源的均衡配置,促进教育公平。

一、欧洲主要国家的追求

其一是英国。该国早在 1870 年就颁布了产生广泛影响的《初等教育法》，按时任教育署长福斯特在相关演说中提出的观点，这一法案的目的是使初等教育置于每个英国家庭所能到达的范围之内，甚至要置于那些无家可归孩子所能到达的范围之内。但直到 20 世纪初，英国中等教育还深受家庭社会经济地位的影响，教育是上层社会和贵族阶级的特权，1902 年出台的《巴尔福法案》仍延续这种格局，只有在竞争性考试中获得优秀即约 25% 的初等学校学生有机会升学。英国著名的经济学家和教育家托尼（Richard H. Tawney）曾经认为"英国教育体系以社会阶级划分，导致初等教育是贫民的教育，中等教育是富人的教育……因此，教育分化始于教育开始之前，与家庭的社会地位密切相关"[①]。

为了解决教育不公平的问题，以托尼为代表的许多学者倡导"人人有机会接受中等教育"的理念。由此英国政府开始改变教育体系的基本结构，1944 年出台的《英国教育法》（又称《巴特勒教育法》）体现了这种努力，教育体系被分为初等教育、中等教育和继续教育三级，其中中等教育又分为文法学校、现代中学和技术高中。学生可以选择升学的方向并通过升学考试实现升学目标。该法案实施后，以能力为基础的精英选拔方式逐渐取代以家庭社会经济地位为标准的选拔方式。尽管如此，问题并没有得到有效解决，直到 20 世纪 60 年代，"那些处于优势地位的孩子依然享受优异的教育，而那些来自贫困家庭的孩子一般会比来自中产阶层或富裕阶层的孩子较早地离开学校，拥有更少的教育机会"[②]。20 世纪 70 年代，在新自由主义思潮的影响下，英国开始大力发展私立学校，试图为民众提供选择教育的机会和权利，教育供给的增加和择校政策在一定程度上有利于教育公平，但私立学校较高的学费，仍使来自贫困家

[①] 托尼.人人接受中等教育//瞿葆奎.教育学文集·英国教育改革.北京：人民教育出版社，1993：24-33.

[②] Department of Social Security. Opportunities for All：Tacking Poverty and Social Exclusion. (2018-03-31). http://dera.ioe.ac.uk/15121.pdf.

庭的学生面临巨大的经济压力。20 世纪 80 年代,英国开始关注教育过程中存在的不公平现象,为了改变教育选拔过程和学习过程的不公平,改变许多学校和教师将教育资源向优秀学生倾斜等现象,英国工党推进建立了综合中学制度。

20 世纪 90 年代以来,英国为推进教育公平作了很多努力。1997 年,英国政府提出教育改革要聚焦每位学生的成长和家庭的发展,英国学校应当为更多学习者提供受教育机会,让每位学生都有公平的成功机会,从而未来都能有较为体面的工作。2003 年英国颁布《关注每个孩子》的法案,提出应当通过学校教育,积极弥补由家庭社会经济地位不同而导致的不公平。2007 年英国颁布《儿童计划》,提出要消除性别差异,给特殊儿童以特别关照,重视每个孩子的潜能,给每位儿童提供更优质的学习机会。2011 年,英国出台了《教学的重要性:学校白皮书》,提出要"建立统一的课程标准",旨在对学生每个阶段的学习提出具体要求;提出"在统一考试和成绩排名基础上,对学校教学质量进行比较和评价",旨在促进学校间的竞争,鼓励优质学校与薄弱学校进行合作;通过公布办学质量不达标学校的办法,调动薄弱学校的办学进取心。

2016 年,英国发布《教育全面卓越》的白皮书,宣告要让不同地区和背景的学生,都能通过良好教育实现自身潜能得以发挥的愿景。针对工人、贫民及少数族裔聚居地区薄弱学校所面临的困难,白皮书提出要延续 2010 年《学院法案》的核心政策,即薄弱学校转型成为"学院类学校"的改革做法[1],并提出要帮助这些学校解决土地问题,提供经费支持,设立多学院信托成长基金以加强学院间资源、员工和专家的共享和流动,

---

[1] 近年来,转为"学院类学校"是英国积极推进薄弱学校转型发展的主要改革途径。通过推动学校向学院转型,学校将获得自身发展的决策权和主导权,且通过与社会力量建立联系得到管理、资金等方面的多样化外部支持,从而打破地方政府的垄断,把学校领导从繁文缛节中解放出来。由此,学院类学校被英国认为是改善学校不良处境的最佳途径。

并鼓励学校与社会力量建立联系，以得到资金、管理等多方面的外部支持。针对薄弱学校管理水平差的状况，英国设立"国家教育服务项目"，使得贫困地区的薄弱学校可以申请获得精英教师和中层领导长达三年的支援。针对贫困地区师资缺乏的问题，英国教育部鼓励杰出毕业生去贫困地区学校贡献智慧，计划到 2020 年为有教师招聘和留任困难的薄弱学校，安排 1500 名优秀教师和领导入校任职，助其提升教育质量，并通过鼓励学校设置兼职教师岗位、实行兼职教师轮班制、构建入职教师培训体系等措施，吸引更多优秀人才进入教师岗位。此外，白皮书还提出构建以杰出领导和优秀学校为核心的学校领导合作体系，使之形成合力，一方面促进领先学校进一步得到发展，另一方面可以为"下滑学校"提供帮助，以强带弱。为了使每个儿童都有权利接受现代教育，掌握基本知识，形成必备技能，为其立足社会做好准备，英国教育部致力于构建新国家课程及配套资源，供学校及自治性学术机构采用，组织或设立有关机构，针对不同儿童、青少年的需要开发相应的教学体系和教学材料，以供家长和孩子选择。英国政府在向学校放权的同时进一步加强评估、督导和问责，建立小学生阅读、写作、数学基准要求和中学生主要学习科目的"进步标准"，加强对表现欠佳学校的督导，构建更加公平有效的问责制以确保学校保持或进入良好的运行状态。[①]

其二是德国。德国把促进教育公平视为民主政治的核心内容之一，历届政府都为推进教育公平做出不懈努力。早在 19 世纪初，德国（普鲁士）在普法战争中失败，德国哲学家费希特就倡导通过普及义务教育和唤醒民族精神来振兴德意志，教育家第斯多惠则主张设立统一的国民学校，让所有的儿童，无论其阶层、宗教信仰、社会地位如何，都可以入学。1808 年，时任教育部部长洪堡对普鲁士的初等学校进行了改革，开创了

---

① 杨明全，张潇.英国新愿景：实现公平的卓越教育.光明日报，2017-03-22(15).

有利于推进义务教育并提高全体民众受教育水平的多向分流学制。普鲁士政府也于 1825 年颁布法令，规定 7—14 岁的儿童必须入校学习。[①] 1850 年，普鲁士颁布《学校法草案》，规定受教育与服兵役一样是公民的义务，同时规定教师享有公职人员的一切权利和义务，学生免交学费。由此，德国成为世界上最早实施强制义务教育的国家，也是世界上最早颁布义务教育法令的国家。

魏玛共和国时期，德国政府在 1918 年颁布了《魏玛宪法》，并在 1920 年颁布《基础学校法》，重申实行普及义务教育，对威廉二世时期确立的双轨制（学生第一次入学即开始分流，且分流的标准是社会阶层、经济地位和宗教信仰）进行改革，撤销了预备学校，设立四年制基础学校并作为统一的初等国民学校，为全体学生提供统一的第一阶段义务教育。[②] 这一改革推迟了学生分轨的时间，促进了德国义务教育的教育公平。

二战前后，德国基础教育经历了战争破坏和战后重建的过程，至 20 世纪 50 年代初，基础教育学制基本上恢复为魏玛时期格局。至 60 年代初，10 岁、13 岁和 16 岁学生的就学率分别达到 99%、98% 和 93.1% 以上。[③] 尽管如此，德国基础教育仍存在诸多公平问题，多轨分流的标准没有切实改变，中学阶段转学难度又很大，造成不同阶层、不同经济地位、不同宗教信仰的民众在受教育水平上存在很大差异。据统计，1960 年德国一般工人、专业工人、一般职员和农民中，毕业于中等学校或完全中学的人员分别只占 7%、12%、26%、10%，而专业职员、领导性职员和企业业主中毕业于上述两类学校者则分别达到 40%、64% 和 38%。[④]

---

① 张可创，李其龙.德国基础教育.广州：广东教育出版社，2005：13-26.
② 李其龙，孙祖复.联邦德国教育改革.北京：人民教育出版社，1991：26-36.
③ 王旭辉.福建省高等教育规模与经济增长协整关系研究.长春大学学报，2014(11).
④ 张卓.德国促进基础教育均衡发展的政策研究.北京：北京交通大学硕士学位论文，2015.

1965年,德国社会学家达伦多夫(Ralf. G. Dahrendorf)出版了《教育是公民的权利》一书,提出德国有四类人在教育方面受到歧视,他们分别是农村儿童、工人子女、女孩子和天主教徒。农村青年进大学者只占大学生总数的3.5%;工人占就业人口的50%,但他们子女读大学者只占大学生总数的5%;女青年占同龄青年的49%,但上大学者只占大学生总数的26%;天主教徒占总人口的44.1%,但进大学的人数只占大学生总数的34.2%。[①]

因此,1964年德国在州长联席会议上通过了《联邦德国各州就教育领域中的统一问题签订的协议》,该协议在一定程度上解决了中学阶段不同轨学生的转学问题,尽管学生转入实科中学或转入上层形式的完全中学都需要特定的录取手续,但至少在制度上给学生提供了机会。进入70年代,德国相继推出了1970年的《教育结构计划》和1973年的《联邦德国教育总计划》,前者首次明确提出教育机会均等的理念,同时对学制结构进行调整,提出构建"初等教育领域"和"中等教育领域",强调在"初等教育领域"和"中等教育领域第一阶段",即从儿童入学至10年级,要为所有儿童提供同等的义务教育机会,提供共同的教育基础。后者不仅提出了多方面改革措施,并明确提出要全面推广综合中学(将原来分轨的三种中学合并起来的学校)。[②] 这两个计划在很大程度上推进了德国义务教育的公平发展。

2000年,国际学生评估项目即PISA测试的结果,引发了德国民众普遍的担忧。该测试结果显示,在阅读、数学和科学方面,参加测试的德国学生成绩在经合组织各国学生中都处于中下水平。后续的调查表明,不同地区、不同社会阶层之间依然存在教育结果不均衡的现象,且不断

---

① 李其龙,孙祖复.战后德国教育研究.南昌:江西教育出版社,1995:29.
② 张卓.德国促进基础教育均衡发展的政策研究.北京:北京交通大学硕士学位论文,2015.

增加的移民,其子女日益成为德国教育体制中新的弱势群体。[①] 为此,德国开展了新一轮教育改革。2003 年,德国开始建立覆盖整个基础教育阶段的国家教育标准,明确规定学生在各年级应达到的最低能力水平;联邦政府计划投入 40 亿欧元新建至少 1 万所全日制学校,为弱势群体儿童提供更多的教育资源;扩建综合中学让更多的学生有机会接受优质的基础教育,消除早期分流造成的教育不均衡现象。[②] 2004 年,德国教育管理部门开始对课程大纲进行修订,制定国家统一的新课程标准;并组建国家教育质量研究所,负责研究、制定适用于德国的教育质量指标体系。[③] 同年,德国文教部长联席会议通过了《教师教育标准》,2008 年又通过《各州通用的对于教师教育的专业学科和专业教学法方面的内容要求》,联邦和各州政府也于 2012 年推出《卓越教师教育计划》,以推动全国教师教育统一标准、提高质量、实现均衡,并为基础教育教师的州际流动奠定基础。2006 年,德国开始建立教育监测制度,不仅对学生是否达到国家教育标准进行全州统一测验,还根据国家教育标准对学生成绩、学校工作绩效进行比较考核。[④] 2007 年,德国文教部长联席会议决定小学二三年级学生须参加全国德语、数学统一测试。[⑤]

其三是法国。该国是一个推行社会融合的国家,希望所有持续生活在法国的民众都能积极参与整个社会活动,不是在内心世界中保存其文化的特殊性,而是在权利与义务的平等中注重相似与趋同。因此,平等对于法国而言尤其重要。在教育领域,1789 年法国大革命发布的《人权与公民权宣言》,明确提出国家保证教育的平等,自此教育平等的理念开

---

① 孙进.德国促进基础教育均衡发展的政策分析.教育发展研究,2012(7).
② 张卓.德国促进基础教育均衡发展的政策研究.北京:北京交通大学硕士学位论文,2015.
③ 徐昌和、柳爱群.质量为本:德国二十一世纪前十年基础教育改革回眸.外国中小学教育,2012(5).
④ 马克思.资本论:第 1 卷.北京:人民出版社,2004:200.
⑤ 王定华.德国基础教育质量提高问题的考察与分析.中国教育学刊,2008(1).

始传播并逐步付诸实践。

1881年和1882年法国政治家费里提出了两项教育法令,统称《费里法案》,该法宣布实施普及义务、免费和世俗的初等教育。规定对所有6—13岁的儿童实施强制、义务的初等教育,对不送孩子入学的父母处以罚款、监禁;初等学校学生免收学杂费,师范学校学生免收学费与膳宿费;要求小学统一开设法语、历史、地理、生物、自然、算术、法政常识、农业常识、卫生、图画、音乐、体育、军训(男生)、缝纫(女生)等课程。但随后的一些研究发现,就职业状况而言,免费的初等义务教育并没有在多大程度上改变平民的社会等级;而就升学状况而言,法国国家人口研究所于1962年对小学毕业班的调查发现,87%的高层管理人员和自由职业者的子女能升入初中,工人子女升初中的只有21%,农民子女只有16%。[①] 为了解决基础教育存在的不平等问题,1963年法国政府开始实施严格的学区制度,即根据学校的层次和接收能力,确定其招生区域,以确保满足每个家庭子女的受教育需求。1981年,法国开始实施"优先教育区"政策,为处境不利社区和学业失败率较高的区域提供更多的支持,其中尤为重要的是师资配备方面的支持,包括增加师资配额、提高配置师资质量、为区域内所有中小学教师提供特别津贴等。[②] 2004年,法国议会通过《学校未来的导向与纲要法》,提出义务阶段学生应当掌握的"必不可少的共同基础",并要求义务教育学校为学生获得这些基础提供途径。2017年,法国政府将非常贫困街区的小学一年级各班班额减半,使教师有精力帮助每个困难家庭学生的成长。[③]

---

① 王晓辉,刘育光.法国民族政策与教育平等.比较教育研究,2013(10).
② 孔凡琴,邓涛.日、美、法三国基础教育师资配置均衡化的实践与经验.外国教育研究,2007(10).
③ 王玉珏.法国贫困街区小学班额减半以确保基础教育公平优质.世界教育信息,2017(21).

二、亚洲部分国家的努力

其一是日本。该国在 1946 年制定的《日本国宪法》中规定，"所有国民在法律规定的范围内，根据自己的能力，享有平等接受教育的权利"。其《教育基本法》也规定，"所有国民必须被平等地赋予接受与其能力相适应的教育机会"，"在教育方面，不能因人种、信条、性别、社会身份、经济地位以及门第而有所差别"。就残障儿童教育问题，该法规定"为了残障者能充分地接受与其残障状况相适应的教育，国家及地方政府必须在教育层面上给予必要的帮助"。就经济困难家庭子女的教育问题，该法要求"国家和地方政府，不论其能力如何，必须为因经济原因而修学困难的学生，创设奖学措施"。①

在实践中，日本政府尝试推行无地区差别的免费义务教育。1958年，日本政府颁布《义务教育设施费国库负担法》，该法律的执行使得日本义务教育学校的基础设施基本一致，师资力量也大体相当。在教学内容方面，日本执行全国统一、规范的教学标准和教学要求，各校的课程设置、培养目标和教学方式也完全一致。为了保障各校师资力量趋于均衡，日本推行教师定期流动制度和校长轮换制度。一个教师在一所学校最多执教 7 年，就必须流动到其他学校任教，政府鼓励教师去农村学校任教。中小学校长 5 年轮换一次，不得在一所学校连任。② 当然，各地的规定有些差异，如东京都规定凡在一所学校连续任教 10 年以上以及新任教师连续 6 年以上者，都需要流动到其他学校。日本的教师定期流动制度具有全员的特征，据日本文部省统计，1996 年日本中小学教师在同一学校任教时间未满 6 年的达到 76.3%，任教 6—10 年的只有

---

① 郑是勇.日本二战后的教育公平保障.宁波大学学报(教育科学版),2014(2).
② 杨威.日本教育公平分析及借鉴.教育导刊,2011(6).

18.1％,任教10年以上的仅5.6％。[①] 为了保障教育机会均等,义务教育阶段的学生按规定就近入学,小学毕业生不需要进行升学考试(私立初中除外)。为了解决贫困家庭子女的受教育机会问题,日本在义务教育阶段除免收学费外,还对困难家庭进行补助,这类补助包括生活补助、教育补助、住宅补助和医疗补助等,同时免收困难学生的教材费和午餐费,并为他们提供交通补贴。[②]

其二是印度。印度是发展中国家,其经济发展水平在相当长一段时间内较为落后。对于一个人口多、种族多、宗教多、语言多,各区域发展又很不平衡的国家而言,推进教育公平尤为艰难。印度在其独立不久所颁布的1950年宪法中,就提出要在10年内为所有儿童提供6—14岁的8年免费义务教育,这一目标并没有如期实现。1992年,印度在其《国家教育政策》中将"使所有年满14岁的儿童受到高质量的免费义务初等教育"这一目标的实现期限推迟到"在进入21世纪前"。尽管如此,印度在发展基础教育、推进教育公平方面的努力是显而易见的。印度在基础教育领域的非均衡状态主要体现为四个方面:一是种姓差异,印度传统上把人分为四个等级,低等种姓出身的儿童往往因为家境贫寒且社会地位较低,而不能获得平等的受教育机会。二是性别差异,印度女性社会地位不如男子,女童的受教育机会也深受影响。1981—1982学年,1—5年级男童的入学率达到99.4％,女童却只有66.9％;6—8年级男童入学率为54.2％,女童入学率则仅为29.1％。[③] 三是地区差异,印度社会结构较为复杂,各邦之间的教育发展水平差异较大,中央直辖区与各邦之间、城乡之间的教育发展水平也存在明显的差距。四是贫富差异,印度

---

① 孔凡琴,邓涛. 日、美、法三国基础教育师资配置均衡化的实践与经验. 外国教育研究, 2007(10).

② 郑是勇. 日本二战后的教育公平保障. 宁波大学学报(教育科学版),2014(2).

③ 胥珍珍. 印度普及义务教育的现状及改革策略. 外国中小学教育,1997(1).

各地都存在大量的贫困家庭,这类家庭子女的受教育机会很难得到有效的保障。为了推进教育公平,印度在宪法中规定"任何公民不得仅仅因宗教、种族、种姓、语言或其中任何之原因,被拒绝进入政府维持的或从政府资金中获得补助的教育机构",并要求"国家应特别注意增进人民中弱势群体的教育与经济利益,特别是表列种姓和表列部落的教育与经济利益"。

在行动上,印度采取了多种措施。为所有 6—14 岁的儿童提供就近入学的便利。开展"免费"计划,各邦公立学校都取消了义务阶段学生的学费,大多数邦还为处境不利群体的学生提供免费服装;1995 年开始,为在政府、地方团体举办的学校和政府资助的私立学校就读的儿童提供免费午餐;不少为贫困地区和偏远地区服务的私立学校,则通过奖学金为贫困学生提供免费教育。大规模开展非正规教育,为辍学者、居住区内无学校的儿童、因工作而不能上日校的儿童提供受教育机会,中央政府为各类非正规教育中心提供 50% 或全额的经费支持。实施"种姓保留"政策,中小学作为该政策的实施领域之一,为表列种姓、表列部落和落后阶层提供一定比例的保留配额;中央和地方政府设置多种奖学金、助学金,帮助处境不利群体改善教育条件,使他们获得公平的受教育机会。[1] 2001 年,印度政府启动了初等教育普及项目,该项目包括全国女童初等教育计划、县域初等教育计划、教育保障计划和创新教育计划、全国小学营养支持计划、教师教育计划等多个计划,旨在缩小性别、社会阶级和地域差距。至 2010 年,印度实现了久未完成的普及 8 年免费义务教育的目标。2006 年,印度在"十一五"规划中对义务教育项目进行调整,提出要保证所有教师都能得到培训,调低生师比,增加一师学校和复式教学学校的教师数量,明确教师的教育教学责任,举行全国和邦教师

---

① 荣黎霞.发展中国家如何致力于更加公平的教育——以印度和南非为例.比较教育研究,2007(2).

资格考试,以保证师资质量;要建立统一的校舍建设邦级标准,建立各级资源中心,确保所有学校都具备基本的教学设施;要在全国实行统一的教学大纲、课程标准与教学方法,使用重新修订的教科书;要加强教学质量评估,提高学生的知识水平。[①] 这些改革措施,对促进印度义务教育的均衡发展起到了积极的作用。

三、北美各国的经验

其一是美国。殖民地时期的美国教育,南部、中部和北部的教育发展格局和发展水平都存在很大差异,很少有人关注教育公平问题。美国独立后,开始构建民主型的国民教育制度,公立学校运动兴起,公立免费教育的思想深入人心,尤其在南北统一后,黑人也在林肯总统颁布的《解放奴隶宣言》的影响下逐步获得受教育的权利。这一时期,随着美国基础教育逐步普及,教育公平也有所进展,但这一时期的教育公平仍然是被动的、局部的、不成体系的,种族之间、城乡之间、地区之间教育权利和教育机会的差异仍普遍存在。

1954年《布朗法案》的判例,催生了美国主动的教育公平进程。1964年,美国颁布了《民权法案》,要求民权委员会监督公立学校取消种族隔离的权力,同时联邦政府获得了更多的教育行政权,其中包括有权向实施取消种族隔离政策的学校给予资金支持,以经济手段推动种族之间的教育平等。1965年,美国通过了《初等教育和高等教育法》,该法重点保障少数族裔儿童和黑人学生的受教育权利。

进入21世纪,美国陆续出台的许多政策法案,都把推进教育公平列为其主要内容之一,如2001年出台的《2001—2005年教育发展战略规划》,其战略目标是"确保教育机会公平,促进教育质量卓越"。2002年

---

① 孙宏愿,谭亲毅.印度初等教育普及项目述介.继续教育研究,2010(8).

出台的《不让一个孩子掉队法》,该法赋予州政府更强的绩效责任,并扩大了家长对子女的教育选择权,建立了面向薄弱学校的辅助和改进机制,关注每一个学生尤其是处境不利的学生。2009 年颁布的《美国复苏与再投资法案》,对农村教育、特殊教育、少数民族教育作了相应的规定。2010 年颁布的《改革蓝图》,专门提出要为少数族裔学校培养优秀的教师和有能力的校长,为少数族裔学生教育提供更多经费资助,增加对美国农村中小学的教育拨款,以满足其招聘或挽留优秀教师的需要,等等。

其二是加拿大。该国是一个以移民为主体,同时拥有包括北美印第安人、因纽特人和梅蒂斯人三个原住民族的多种族国家。根据 1867 年的《加拿大联邦宪法》和 1876 年的《印第安人法案》,联邦政府需保障印第安人权利并划设印第安人保留地。由于经济、环境、文化传统等多方面原因,原住民的教育程度和印第安人保留地的教育水平落后于其他族群和地区,改善原住民的教育状况就成为加拿大追求教育公平的重要内容。

在联邦政府层面,尽管加拿大的教育事务由各省负责,但根据《联邦宪法》《印第安人法案》以及加拿大政府与印第安人各部落签署的协议,北方三个领地的教育事务由联邦政府负责。联邦政府每年在财政预算中列支原住民教育专项经费,为原住民学生提供从小学到大学的免费教育,同时也为原住民学校的基本设施建设、师资培训等提供经费支持。2015 年,加拿大联邦政府原住民事务预算支出达 70 亿加元,主要用于教育事务。[①] 与此同时,加拿大教育部部长联席会、政府高层、原住民领袖也开始关注原住民与非原住民在教育成就上的差距问题,并采取一系列措施以努力消除这种差距,如颁布《原住民教育行动计划》、举行原住民教育峰会、举办原住民教育论坛等。2008 年,在加拿大教育部部长联

---

① 李晓述.关于加拿大教育公平政策及实践研究.科教导刊,2017(14).

席会颁布的《学习型加拿大 2020》中,原住民教育特别是缩小原住民教育成就差距被列为重点领域。[①]

加拿大联邦政府的行动在各省得到了广泛的响应。除北方领地外,安大略省是原住民最多的省份,该省教育厅于 2007 年将原住民教育列为优先发展的重点领域,专门发布《安省第一民族、梅蒂斯人和因纽特人教育政策框架》,计划到 2016 年实现提高原住民学生学业表现、缩小原住民与非原住民学生的学习成绩差距、确保所有学生都能了解原住民文化经历及视角等三大目标。为了实现上述目标,安省通过修订义务教育阶段的教学大纲、增设有关原住民历史与文化的课程和活动、开展教师专项在职培训等方式消除"认知鸿沟",并设立原住民教育专项补助计划支持有关活动。同时对招收原住民学生的机构给予补贴,以改善这些学校普遍存在的资源不足现状。[②]

---

① 张越,常永才.缩小差距:新近加拿大联邦政府原住民教育政策的主题.全球教育展望,2013(3).
② 李晓述.关于加拿大教育公平政策及实践研究.科教导刊,2017(14).

第三章　中国义务教育改革发展的资源配置政策

　　资源均衡配置是衡量教育公平的尺度,而公平则是衡量社会文明水平的重要标尺。改革开放以来,中国义务教育资源的配置,是基于中国国情的现实选择,是政策价值观逐渐转变,公平导向更为深入,不断在更大范围内、更高水平上保障适龄儿童、少年能公平接受义务教育的过程。

　　义务教育资源的配置政策,是各级政府不断深化对教育公平认识的历史发展过程,具有时代性、动态性、地域性与发展性等特征。过去 40 余年中国义务教育资源的配置政策,是国家社会经济发展改革重心与人民群众不断提高的受教育的需求之间持续调适与优化的过程,是在发展中逐步确立教育优先发展战略,更为强调促进公平与提高质量的过程。改革开放初期,为尽快给社会主义现代化建设培养一批优秀人才,国家实施以"效率优先"为主的资源配置政策。进入 21 世纪以来,伴随中国人均 GDP 突破 1000 美元,建设"教育大国"成为国家重大的教育战略目标,更为强调公平配置义务教育资源。进入 2017 年后,伴随全国超八成区县通过了"义务教育发展基本均衡认定"的评估,提供更高质量的义务教育,促进基本公共教育服务优质均衡,成为中国义务教育在新时代的新目标。

第一节　普及阶段效率优先的配置统筹

改革开放初期,为了发展经济,提升中国综合国力,确保改革有效突破,我国推出效率优先的发展原则,包括教育政策在内的各类政策制定倾向于依市场规律而确定,强调教育资源的高效率利用。

一、效率优先兼顾公平

在义务教育领域,国家实施教育资源配置效率优先的政策,即将有限的教育资源分配到非经济收益和经济收益相对最高的教育领域,或边际效用最高的教育生产要素上。通俗地讲是将有限教育资源积聚到教育生产效率较强的地区、学校及师生上,让一部分地区的学校和部分优质学生能早日脱颖而出,为国家改革开放和社会建设加快培育一批人才。该时期我国实行的重点制学校制度、城乡教育费的差异化征收,以及评选示范或窗口学校等做法,都是效率优先的表现。

(一)效率优先下的"重点制"政策

"重点制"是针对学校办学层次而言的,其遵循的原则是"把有限的教育资源配置到基础好、效率高、质量高、成果多、发展潜力大的学校"。而这样的学校往往在经济发展较好的地区,又以城区居多。

1977年至1978年,邓小平希望教育能尽快培养一流水平的科学技术专家,先后十四次谈及要办重点学校。1977年5月,邓小平同志在"尊重知识、尊重人才"的讲话中,提出"办教育要两条腿走路,既注意普及,又注意提高。要办重点小学、重点中学、重点大学。要经过严格考试,把最优秀的人集中在重点中学和大学,以期早出人才、多出人才、快出人才、出好人才"。1978年,在全国教育工作会议的讲话中,邓小平又提出要"早出成果,早出人才",要求"尽快地培养出一批具有世界第一流水平的科学技术专家"。可以说,如何在人才断档的背景下尽可能早培养一批人才,成为改革开放初期的主要人力资源瓶颈。

1978 年 1 月,教育部制定了《关于办好一批重点中小学试行方案》,希望通过"切实办好一批重点中小学,以提高中小学的质量,总结经验,推动整个中小学教育革命的发展",要求全国重点中小学形成"小金字塔"结构,并对办好重点中小学的"目的意义、任务要求、统筹规划、领导管理与招生办法",都作了具体规定。1980 年暑期,教育部在哈尔滨讨论修改了《关于分期分批办好重点中学的决定》,同年 10 月经国务院批准,认为"办好重点中学是迅速提高中学教育质量的一项战略措施。这对于更快更好地培养人才,总结、积累经验,起示范作用,带动一般学校前进,以适应社会主义现代化的迫切需要,具有重要意义"。至此,重点学校政策从办学思想的提出到政策的实施,制度逐步定型,并对未来中国不同基础教育学校的办学水平产生长期影响。

1980 年 12 月,国务院印发《关于普及小学教育若干问题的决定》(中发〔1980〕4 号),明确提出"根据各地区经济、义化基础和其他条件的不同,由各省、市、自治区进行分区规划,提出不同要求,分期分批予以实现""必须正确处理普及与提高的关系,各地应当首先集中力量办好一批重点学校,创造经验,典型示范"。至此,"重点制"作为国家政策得到了正式明确。

"重点制"带来了差异化的教育资源安排。在生均教育经费上,重点学校普遍比非重点学校高出 15%—20%,重点学校教职工工资通常占经常性经费的 60% 左右,而非重点学校教职工工资通常占到 80% 左右。[①] 在师资水平上同样存在较大校际差距,在教师学历、师生比、中级

---

① 邵兴江.中国教育战略研究.杭州:浙江教育出版社,2014:64.

以上职称比例、获得进修机会等方面，重点学校具有更大优势。而对城市薄弱学校、农村义务教育学校而言，则长期缺少充足投入，只能以低水平的教育教学而维持运营。

"重点制"政策一直延续到20世纪90年代中期，大批重点小学和中学在全国各地先后兴建与发展。1995年，国家教育委员会做出"在全国建立1000所示范高中的决定"，标志着"重点制"政策到达顶峰，全国各地"重点校"格局最终形成。"重点制"政策的实质是遵循效率逻辑和"领头羊效应"，在教育资源配置上实施经费投入、办学条件、师资队伍、学生来源等方面向重点学校优先倾斜，以加快培育一批人才，也由此形成国家级、省级、地级、县级"层层重点"的重点学校格局。尽管"重点制"已被废除，但是"重点制"所带来的影响是深远的。一方面，在当时经济体量不大、教育资源有限的现实下，为面向现代化建设，最大限度地发挥资源的利用率，"重点制"将有限的教育资源优先倾斜到重点学校，对于更快更好地培养社会发展所急需的人才，满足社会主义现代化的迫切需要，发挥了十分重要的作用。另一方面，"重点制"为国家培养了一批人才并推动部分学校的大发展，但事实上直接造成了教育资源分配的不公平，在某种意义上其发展是建立在弱化其他学校资源的基础上的，削弱了未能进入重点学校的学生接受优质教育的权利，扩大了教育资源在区域、城乡、学校之间分配的不公以及教育质量的差距。这实质上是"择校"问题出现的根源，与后来实行的"就近入学"，乃至近年来的"学区房"政策困境都有着密切的联系。[①]

---

① 当前出现的一种新趋势是名校办民校，或者民校办分校。部分区域给予这些民校、分校实质上的提前招生权，实际上是重点学校政策的延续，是教育资源配置不均衡的集中表现。优秀生源仍然被看作是最重要的教育资源。由此可见，要从根本上破除重点学校思维，推进义务教育均衡发展的任务仍然艰巨。2020年开始，上海率先实施"公民同招"改革，并逐步全国推广，为学校之间办学公平创造了更好的条件。

（二）分级办学的教育管理体制

分级办学即"地方负责、分级管理"体制，所谓的"地方"指省、市、县、乡等各级"地方"，希望通过办学行为权限及义务的下放，针对性地解决农村教育衰退的问题。

1949—1984 年，我国实行"城市义务教育学校由国家投资，而农村学校由农民自己办"的政策。1985 年 5 月，国家颁布《中共中央关于教育体制改革的决定》（中发〔1985〕12 号，以下简称《决定》），规定"发展基础教育的责任交给地方，有步骤地实行九年制义务教育，实行基础教育由地方负责、分级管理的原则"。依据经济发展水平，把全国分为三类地区，按照不同步骤因地制宜普及义务教育。①《决定》规定"基础教育管理权属于地方。除大政方针和宏观规划由中央决定外，具体政策、制度、计划的制定和实施，以及对学校的领导、管理和检查，责任和权力都交给地方。省、市（地）、县、乡分级管理的职责如何划分，由省、自治区、直辖市决定"。我国在后续实践中基本采用的是"县办高中，乡办初中，村办小学"的做法。在财政问题上，《决定》还明确要求，"乡财政收入应主要用于教育"。实质上，该《决定》赋予地方政府管理和资助义务教育的责任。同时，也因不同地方资源支持义务教育能力的差别，各地义务教育发展水平呈现差异化。

国家为巩固和完善"地方负责、分级管理"的教育体制，先后出台一系列文件。1986 年 4 月，通过的首部《中华人民共和国义务教育法》第八条规定"义务教育事业，在国务院领导下，实行地方负责，分级管理"，以法律形式明确实施"分级办学，分级管理"体制。1993 年 3 月印发的

---

① 1985 年《中共中央关于教育体制改革的决定》（中发〔1985〕12 号）明确提出要实行九年制义务教育，并规定"地方办学，分级管理"，将全国划分为三类地区分期分批地普及义务教育：第一类是占总人口 25% 的地区，主要分布在沿海地区、经济较为发达的省份及内地少数发达地区；第二类是占总人口 50% 的地区，主要分布在中等发展程度的农村或乡镇；第三类也是占总人口 25% 的地区，主要是一些经济欠发达地区。

《中国教育改革和发展纲要》，重申"继续完善分级办学、分级管理体制"的重要性。此后，1995年8月通过的《中华人民共和国教育法》，再一次强调"分级办学，分级管理"的体制。1999年6月，中共中央、国务院印发《关于深化教育改革全面推进素质教育的决定》(中发〔1999〕9号)，再次提出要"继续完善基础教育主要由地方负责、分级管理的体制"。

分级办学想要解决的是农村教育衰退的问题，而最后导致的结果却是城乡教育起点的不公平。从历史来看，分级办学只是对新中国成立之初"城市教育国家办，农民教育农民办"方针的小调整。农村义务教育从农民办调整到"分级办学"，并要求"乡财政收入应主要用于教育"。我国幅员辽阔，经济发展状况极不平衡。由地方政府负责义务教育的筹资，势必导致不同地区义务教育资源配置的不平衡，其结果是富裕地区义务教育的资源配置标准比较高，而贫困地区义务教育的资源配置标准则比较低。同时，对农村地区而言，乡级政府财政收入相对十分有限，最终是摊派，主要责任还是落在农民身上，结果导致农民负担沉重，不利于社会的健康和谐与稳定发展。分级办学制度，实质上分割了城乡义务教育，亦即农村义务教育经费由县、乡镇和村支付，而城市义务教育经费则由政府支付，这是引起城乡教育起点不公平的主要原因。

(三)兼顾公平的政策选择

这一阶段，效率优先是教育资源配置的主旋律，伴随着重点制、分级办学制等义务教育资源非均衡配置政策的深入推进，不均衡差距进一步扩大，国家及教育主管部门相继出台了一系列促进义务教育保底均衡的政策。

第　，大力普及九年义务教育。1980年12月，中共中央《关于普及小学教育若干问题的决定》(中发〔1980〕4号)，提出"在20世纪80年代，全国应基本普及小学教育的历史任务，有条件的地区还可以普及初中教育"。1982年12月，新修的《中华人民共和国宪法》第四十六条规定"国家举办各类学校,普及初等义务教育"。这是新中国成立以来第一次以根本大法的形式对普及义务教育作了规定。"有步骤地实行九年制义务教育",1992 年 10 月党的十四大召开,提出了推进普及的具体时间,即"到本世纪末,基本普及义务教育"。1997 年 9 月党的十五大再次重申"要发挥各方面的积极性,大力普及义务教育"。1999 年 6 月,中共中央、国务院印发《关于深化教育改革全面推进素质教育的决定》(中发〔1999〕9 号),提出到"2000 年实现普及九年义务教育的基础上实行素质教育"。

第二,加强薄弱学校建设。1986 年 3 月,原国家教委《关于在普及初中的地方改革初中招生办法的通知》对加强薄弱学校建设做出明确指示,提出"切实加强初中,特别是要加强薄弱初中的建设,对初中校进行调整、整顿、充实、提高"。1995 年 6 月,原国家教委《关于进一步推动和完善初中入学办法改革的通知》,强调"加强薄弱初中校的建设,进一步缩小初中校际差距,调动所有初中的办学积极性,大面积提高初中教育质量"。1995 年 3 月通过的《中华人民共和国教育法》第五十八条规定:"国务院县级以上地方各级人民政府应当设立教育资金,重点扶持边远贫困地区,少数民族地区实施义务教育"。在具体实施中,1998 年 11 月发布的《关于加强大中城市薄弱学校建设、办好义务教育阶段每一所学校的若干意见》(教基〔1998〕13 号)指出,对薄弱学校"要加强领导、加大投入,同时加强师资队伍建设,在资金和政策扶持上缩小教育差距"。可见,20 世纪八九十年代,各地在实施义务教育的过程中,认识到要加强薄弱学校的建设,提升了一批薄弱学校的面貌,改造薄弱学校取得了不少成效。

第三,更加关注弱势群体。在效率优先兼顾公平政策背景下,义务教育资源配置重点关注的弱势群体是农村地区、贫困地区和少数民族地区的适龄儿童、少年。主要通过三种推进措施:一是推进农村义务教育改革。1983 年 5 月,中共中央、国务院印发《关于加强和改革农村学校教育若干问题的通知》,提出要重视在农村普及初等教育,并建设一支稳定合格的农村教师队伍。二是弱势群体扶持专项工程,如"国家贫困地区义务教育工程"。1999 年 6 月,中共中央、国务院印发《关于深化教育改革全面推进素质教育的决定》(中发〔1999〕9 号),倡导"加大对贫困地区和少数民族地区的扶持力度,继续加强发达地区对少数民族贫困地区的教育对口支援工作,切实解决农村初中辍学率偏高的问题",要求提高义务教育残疾儿童少年的入学率。三是鼓励社会力量参与帮扶,作为帮助弱势群体接受义务教育的有益补充。其中尤以中国青少年发展基金会的"希望工程",在帮助贫困地区失学学生重返校园方面贡献突出。1992 年 11 月,原国家教委下发《关于支持中国青少年发展基金会实施希望工程的通知》,指出"各级教育行政部门必须重视人民群众的创造,切实支持希望工程,使其在实施义务教育过程中发挥应有的作用"。

二、资源配置实现"保底"式公平

经过近 20 年效率优先兼顾公平的义务教育资源配置政策,我国义务教育得到明显进步,一方面通过"重点制"等政策措施培养了一部分拔尖人才,另一方面通过多种"兼顾公平"的措施实现了面向全部儿童的"保底"式公平,取得了大面积普及义务教育的重大成就,同时也面临不同地区、不同学校和人群之间义务教育均衡程度不断拉大的重大挑战。

(一)大面积普及义务教育确保"保底"公平

改革开放初期,我国教育事业发展非常滞后,各类人才尤其是专门型人才奇缺,不论是基础教育还是高等教育,极度不适应国家四个现代化建设的要求。[①] 邓小平在 1978 年的全国教育工作大会上就提出"教

---

① 袁振国.教育公平的中国模式.中国教育学刊,2019(9).

育事业必须同国民经济发展的要求相适应"。面对一个人口多、底子薄、发展极不均衡的教育弱国,面对国家全面改革开放需要大量人才,需要奋起直追,但可投入教育资源有限之间的矛盾,国家实施"效率优先兼顾公平"的义务教育政策,面向全部民众提供"保底"式教育公平。

党和国家十分重视普及义务教育,并采取一系列落实措施,找准有效突破口,以较快速度构建了面向改革开放的教育体系,中国义务教育发展进入一个新的历史时期。1985 年 5 月,国家发布《中共中央关于教育体制改革的决定》(中发〔1985〕12 号),提出"实行基础教育由地方负责,分级管理的原则",从而调动了地方政府尤其是县乡两级政府的办学积极性,探索出一条多种渠道筹措农村义务教育经费的新路,使农村义务教育有了较好发展。1993 年 3 月,中共中央、国务院发布《中国教育改革和发展纲要》,明确提出要"把教育摆在优先发展的战略地位",并提出到 20 世纪末"全国基本普及九年义务教育"。

综合而言,效率优先兼顾公平的统筹政策下,我国义务教育资源配置实践取得了不少成就。义务教育学生规模不断扩大,义务教育普及率显著提高,辍学率持续降低,办学条件逐步改善,基本实现了每个适龄儿童、少年"有学上"的问题。到 2000 年底,全国普及九年义务教育的地区人口覆盖率达到 85%,通过"普九"验收的县(市、区)总数达到 2541 个,11 个省份已按要求实现全面"普九",全国小学适龄儿童、少年入学率达到 99.1%,初中阶段毛入学率达到 88.6%。[①] 到 2005 年底,全国通过"两基"验收标准的县达到 2890 个,覆盖 95% 的人口。[②]

(二)逐步拉大不同类型义务教育的差距

经过多年发展,面向国家社会经济发展需要,通过"重点制"等政策

---

① 教育部.2000 年全国教育事业发展统计公报,2001-06-01.

② 教育部.2005 年全国教育事业发展统计公报,2006-07-04.

培养了一大批人才,同时向每个适龄儿童、少年提供了基本的"有书读"的机会,但义务教育发展的总体水平还不高。区域、城乡、学校与群体之间义务教育的均衡水平差距逐步拉大,教育领域的不公平问题逐步突出。

1. 城乡之间教育不均衡

由于我国长期实施"城乡二元"发展的格局,城乡社会经济发展水平具有明显差异。加上城乡学校不同的管理体制,"农村教育农民办"的政策使得农村义务教育学校普遍处于薄弱状态,城乡教育之间出现较大的不均衡。首先,城乡学龄人口受义务教育比例严重失调,在城市早已全面普及义务教育的同时,2004 年还有 10% 的农村地区尚没有普及九年制义务教育。其次,城乡中小学毕业率差距较大。2002 年底,与城市小学生几乎全部能升学相比,农村小学的升学率只有 94.54%,比全国平均水平要低 2.44 个百分点。[①] 再次,教师学历合格率城乡之间差距较大,尤其是中级及以上专业技术职称教师比例悬殊。2002 年至 2004 年,尽管全国农村小学教师合格率从 96.7% 增加到 97.8%,但城乡差距仍有 1.5 个百分点。[②] 2004 年底,全国农村小学高级教师的比例为 35.9%,比城市低 8.9 个百分点;全国农村初中一级及以上职务教师的比例为 32.3%,比城市低 14.5 个百分点。[③] 最后,城乡之间生均教学仪器设备配置水平差异显著,农村学校的实验仪器和图书设备比较缺乏。2004 年底,农村小学生均教学仪器设备经费仅为 167 元,城乡之比为 2.9∶1;农村初中生均教学仪器设备经费为 269 元,城乡之比为 1.4∶1。[④] 总之,城乡义务教育的均衡发展问题仍然非常突出。

---

① 高洋. 新公共管理视角下我国基础教育公平问题研究. 天津:天津大学硕士学位论文,2007.

② 国家教育督导团. 国家教育督导报告 2005(国教督〔2006〕18 号),2006-02-23.

③ 国家教育督导团. 国家教育督导报告 2005(国教督〔2006〕18 号),2006-02-23.

④ 国家教育督导团. 国家教育督导报告 2005(国教督〔2006〕18 号),2006-02-23.

2. 区域之间教育不均衡

我国幅员辽阔,到 2000 年前后东、中、西部义务教育的发展差距仍然十分突出,不同地区在教育资源的投入上呈现比较显著的区域差距。首先,据教育部发布的 2004 年全国教育经费统计数据,在各省份教育经费支出占财政支出比例中最高的北京为 25.82%,最低的内蒙古只有11.28%,两者相差 14.54 个百分点。若考虑地方财政支出能力,那么财政性教育经费总额差距则更大。其次,小学初中学生的生均预算内事业费、生均校舍建筑面积、生均教学仪器设备配备水平以及师资力量尤其是中级及以上职务教师比例上,中西部与东部地区之间存在较大差距(见表 3-1)。在教育质量指标上,2003 年东、中、西部地区义务教育的完成率平均值分别为 88.68%、79.85% 和 66.35%,彼此差距较大;在义务教育升学率指标上,东、中、西部也表现出明显的差距(见表 3-2)。

表 3-1　2004 年地区之间教育资源投入与分布差异

比较项目		东部地区	中部地区	西部地区
预算内事业费/元	小学	1598	—	942
	初中	1874	—	1017
预算内公用经费/元	小学	207	71	90
	初中	304	98	121
校舍建筑面积/m²	小学	5.6	5.1	4.7
	初中	6.3	5.2	4.8
教学仪器配备经费/元	小学	382	286	213
	初中	474	289	242
高级教师比例/%	小学	43.9	41.0	32.3
	初中	44.2	41.4	32.6

来源:教育部财务司.中国教育经费统计年鉴 2004.北京:中国统计出版社,2005.

表 3-2　2004 年义务教育学校毕业生升学率地区差异

地区	区域小学平均升学率/%	区域初中平均升学率/%
东部	99.20	70.46
中部	99.32	55.01
西部	96.34	57.47

来源：教育部发展规划司.中国教育统计年鉴 2005.北京：人民教育出版社，2006.

3. 校际教育不均衡

义务教育阶段实施重点小学、重点初中政策以来，政府在不同类型学校上的投入表现出较大差异，并在多年累积后导致不同类型学校出现明显的校际差异。

其结果是一小部分学校成为重点学校与名校，而大部分学校则面临办学条件较差的现实问题，并逐步成为薄弱学校。校际比较可见，各学校在校舍条件、装备水平、师资力量、管理水平、教学质量等方面的差异越来越明显。[①] 校际不均衡，不仅导致严重的"择校风"和"学区房"热，导致人民教育公平感受度的大幅下降，还导致绝大部分薄弱学校的发展举步维艰。

4. 人群之间教育不均衡

弱势群体的教育公平同样存在比较突出的问题，包括女童、少数族裔、贫困地区儿童等，尤其是流动人口子女、特殊教育学生，受义务教育的水平较低。

流动人口子女受义务教育相对偏低。2004 年一项在九大城市的调查显示，中国流动儿童义务教育未上学者占 6.9%，辍学者占 2.5%，合计占 9.4%，远高于非流动儿童，而且存在比较普遍的超龄上学问题。[②]

---

① 刘海民、周霖.义务教育均衡发展的理论与对策研究.北京：东北师范大学出版社，2009：254.

② 王善迈.经济变革与教育发展：教育资源配置研究.北京：北京师范大学出版社，2014：204.

不少地区的流动人口子女入学,还普遍存在政策障碍,流动人口子女到流入地学校入学普遍面临入学难、各地政策偏差大等问题。不少流动人口子女不得不返乡上学,形成了庞大的"留守儿童"群体。

特殊教育儿童的受义务教育情况同样不容乐观。2006 年 4 月,由国家统计局开展的全国残疾人第二次抽样调查显示,残疾儿童义务教育入学率低于普通儿童 17.08 个百分点,辍学率为 20.0%,而同一年份普通小学和初中的辍学率是 0.45% 和 2.62%。特殊教育儿童的义务教育保障任务还十分艰巨。

第二节　21 世纪初公平优先的配置统筹

进入 2000 年以来,中国经济迈过人均 GDP1000 美元大关。国家财政性收入逐步充盈,义务教育办学继续追求效率优先的逻辑,已不能很好满足人民的需求,放弃"城市学校政府办,农村学校农民办"成为共同的呼声。同时,促进义务教育均衡发展并促进教育公平,业已成为 21 世纪初我国义务教育发展的新方向和改革任务。义务教育的公平政策不再是简单的"弱势关怀"与"经济补偿",而是强调每个适龄儿童、少年都能平等接受义务教育。这为国家义务教育资源配置政策由非均衡向均衡发展创造了良好的条件。

一、逐步更注重教育公平

义务教育公平,是指每一个适龄儿童、少年都有平等接受义务教育的权利,能有平等机会接受义务教育,并享有同质的义务教育过程,以及在弱势情况下还能得到有利于完成义务教育的相应教育补偿。

进入 2000 年后,我国义务教育持续加强对教育公平的关注,从效率优先到教育公平,出现发展拐点。2001年7月,教育部印发的《全国教育事业第十个五年计划》,首次出现"努力实现地区间教育事业的相对均衡发展"的表述。2002年2月,教育部《关于加强基础教育办学管理若干问题的通知》(教基〔2002〕1号),首次提出"积极推进义务教育阶段学校均衡发展"的目标,国家逐步取消"重点校、重点班"政策,提出"实施义务教育公办学校标准化建设,加大薄弱学校的改造力度,缩小学校间办学条件的差距",由此均衡发展开始成为义务教育的改革核心。

中央政府不断加强均衡发展的政策支持力度,推进义务教育阶段每个适龄儿童、少年从"有学上"到"上同样的学"的改革实践。2002年11月,党的十六大报告提出"教育是发展科学技术和培养人才的基础,在现代化建设中具有先导性、全局性作用,必须摆在优先发展的战略地位"。2005年5月,教育部印发《关于进一步推进义务教育均衡发展的若干意见》(教基〔2005〕9号),这是首个系统阐述义务教育均衡发展的国家性政策,提出了"逐步实现义务教育均衡发展"的改革目标。2006年6月,新修的《中华人民共和国义务教育法》明确提出"国务院和县级以上地方人民政府应当合理配置教育资源,促进义务教育均衡发展""对农村及特殊教育对象要进行弱势倾斜"等措施。2006年10月,党的十六届六中全会《中共中央关于构建社会主义和谐社会若干重大问题的决定》(中发〔2006〕19号),提出"在经济发展的基础上,更加注重社会公平"。2007年10月,党的十七大进一步强调"教育是民族振兴的基石,教育公平是社会公平的重要基础",鲜明地指出"处理好效率和公平的关系,再分配更加注重公平"。经过数年的努力,我国义务教育发展逐步实现从"效率优先"到"更注重公平"的转轨。

(一)受义务教育权利的公平

1."免费性"更好保障受教育公平

国家逐步实施"两免一补"的免费义务教育政策。2003年9月,国务院颁布《关于进一步加强农村教育工作的决定》(国发〔2003〕19号)，提出"加快农村教育发展，是实现教育公平和体现社会公正的一个重要方面"，推出农村义务教育"以县为主"管理体制，推进义务教育的"两基"攻坚专项，着力加大农村义务教育的经费保障力度。2005年12月，国务院颁布《关于深化农村义务教育经费保障机制改革的通知》国发〔2005〕43号(以下简称"新机制")，提出全部免除农村义务教育阶段学生学杂费、对贫困家庭学生免费提供教科书并补助寄宿生生活费(即"两免一补")、提高中小学公用经费保障水平、建立校舍维修改造长效机制、巩固和完善教师工资保障机制等措施，并明确了各级政府的投入责任。2006年6月，新修的《中华人民共和国义务教育法》对"两免一补"进行了立法规定，即"义务教育经费投入实行国务院和地方各级人民政府根据职责共同负担，省、自治区、直辖市人民政府负责统筹落实的体制"。2008年12月，国务院《关于做好免除城市义务教育阶段学生学杂费工作的通知》，规定"从2008年秋季学期开始，全部免除城市义务教育阶段公办学校学生学杂费"。至此，我国全面实行免费的义务教育。

"新机制"的出台是城乡义务教育一体化的第一步，开创性地落实了"农民教育政府办"，实现了把农村义务教育纳入政府财政保障的范围，而取消学杂费政策又使得义务教育向其本质之一即"免费性"实现了回归。新义务教育法的颁布，标志中国义务教育实现由"人民教育人民办"到"义务教育政府办"的重大历史性转变。"两免一补"政策，保障了每一个适龄儿童、少年都可以享有接受义务教育的权利，也真正体现义务教育的应有属性之一的免费性，是实现教育公平的前提和基础，进一步凸显我国义务教育制度改革的公平价值追求。"新机制"和新义务教育法深度体现国家追求教育公平的逻辑，义务教育资源配置在效率与公平两大目标中出现重大调整，由追求效率转向更为注重公平。

2. 取消"重点制"政策

随着时代的发展，"重点制"的弊端日益显现，如出现教育腐败、校际恶性竞争、择校等教育不公平现象。1988 年，原国家教委在《关于印发〈全国初中教育工作经验交流会纪要〉的通知》中提出"以治理薄弱学校为重点，全面加强初中建设，在调查研究的基础上，提出分期分批、综合治理，尽快改变薄弱学校面貌的规划"，标志着教育政策的焦点开始发生变化。进入 2000 年后，伴随义务教育均衡发展政策的逐步加强，国家提出废除"重点制"政策，其标志性文件是 2006 年 6 月新义务教育法的颁布，规定"县级以上人民政府及其教育行政部门应当促进学校均衡发展，缩小学校之间办学条件的差距，不得将学校分为重点学校和非重点学校。学校不得分设重点班和非重点班"。这是国家第一次以法律的形式取消义务教育阶段的重点制，顺应了社会发展对提高整体国民素质的客观需求，回应了人民群众对公平接受义务教育的强烈呼声与深切期盼。至此，义务教育阶段的"重点制"政策被废除。

"重点制"学校政策从确立到废除，反映了人们不断追求公平的理想与价值信念，同时也反映教育发展的价值取向从关注效率到着眼于公平的嬗变。"重点"相对于"均衡"而言，着力要解决的是"择校"问题和资源均衡配置。"重点制"的废除，从理论上为不同学校的均衡发展创造了政策基础条件。

3.保障弱势群体的受义务教育权利

弱势群体包括流动人口随迁子女、农村留守儿童、残疾儿童、流浪儿童、孤儿等，对这些群体的教育公平保障难度不小。

一是保障随迁子女公平就学。2001 年 5 月，国务院颁布《关于基础教育改革和发展的决定》明确提出"以流入地政府管理为主，以全日制公办中小学为主"的入学政策，简称"两为主"政策，并在后续的《关于进一步做好进城务工就业农民子女义务教育工作的意见》《关于解决农民工问题的若干意见》等文件中持续贯彻"两为主"政策，强调对流动人口子女义务教育就学实施"一视同仁"待遇。2006 年 6 月新颁布的义务教育法第十二条,规定"地方各级人民政府应当保障适龄儿童、少年在户籍所在地学校就近入学。父母或其他法定监护人在非户籍所在地工作或者居住的适龄儿童、少年,……当地人民政府应当为其提供平等接受义务教育的条件",新法从法律层面上保障了进城人员子女的入学问题,是国家促进义务教育公平的又一项重大举措。2009 年 1 月,财政部《关于公布取消和停止征收 100 项行政事业性收费项目的通知》,进一步明确进城人员子女在流入地城市接受义务教育,学校不得收取各类名目的赞助费和借读费。2010 年 7 月,《国家中长期教育改革和发展规划纲要》(以下简称《中长期纲要》)发布,再一次明确提出要确保进城务工人员随迁子女能够平等接受义务教育。与此同时,国家还专门提出采取政府购买服务等方式保障其在民办学校免费接受义务教育的权利。

"两为主"政策取得了较好的政策成效。它为流动人口子女在流入地政府就学创造了条件与可能,各地政府积极贯彻执行该政策。如在杭州,全市坚持"公办学校为主,民办进城务工人员随迁子女专门学校为辅"的双通道途径,建立并不断完善流动人口随迁子女入学预登记和条件核查体系,妥善解决流动人口随迁子女在杭入学。2015 年,杭州市全面开展"进城务工人员子女预登记"制度,开展进城务工人员子女入学预登记工作,对 1.3 万名进城务工人员子女开展了入学登记,为符合条件的进城务工人员子女入学提供较为全面的入学需求信息和政策咨询服务。[①] 2017 年杭州市国民经济和社会发展统计公报显示,杭州市累计解决义务教育阶段外来务工人员子女入学 28.20 万人。[②]

二是保障留守儿童接受义务教育的公平。《中长期纲要》提出了有力的政策措施,其中包括"建立健全政府主导、社会参与的农村留守儿童

---

① 王俊杰. 义务教育均衡发展现状及路径探析——以杭州市为例. 教师教育论坛,2017(4).

② 杭州市人民政府. 2017 年杭州市国民经济和社会发展统计公报. (2018-03-08). http://www.hangzhou.gov.cn/art/2018/5/21/art_805865_18193579.html.

关爱服务体系和动态监测机制;加快农村寄宿制学校建设,优先满足留守儿童的住宿需求"等措施。

三是积极保障残疾儿童少年、孤儿、流浪儿童等在义务教育阶段的公平就学权。2012年9月,国务院发布《关于深入推进义务教育均衡发展的意见》(国发〔2012〕48号),再次强调"保障进城务工人员随迁子女、农村留守儿童、残疾儿童少年、孤儿、流浪儿童等平等接受义务教育"。

显然,国家为了实现教育公平的目标,义务教育资源的分配不断向弱势学校和相应群体倾斜,努力在更深层次上保障每一个适龄儿童、少年都可以享有接受义务教育的公平权利。

(二)更公平享有公共义务教育资源

公平享有义务教育资源,是指对投向义务教育的总资源进行相对平等合理的分配,公平对待每个地区和每所学校,让每位受教育者所实际享有的义务教育资源份额基本相当。"两免一补"和废除"重点制"政策,是国家通过法律形式做出的重大政策调整,旨在确保义务教育的均衡发展,保障的是公民同等地受教育的权利和义务,解决的是方向性问题。之后,各级政府以均衡发展为战略导向,出台了系列文件以落实义务教育均衡发展,落实学校标准化建设,落实教师编制、教学设备、图书资料等各类资源的均等化配置,努力保障义务教育享有过程公平。

1. 实施义务教育资源均衡配置的政策

国家政策是保障义务教育资源均衡配置的依据与基石。2009年11月,教育部在江苏张家港市召开了义务教育均衡发展经验交流会,会议要求"各地把义务教育作为教育改革与发展的重中之重,把均衡发展作为义务教育的重中之重,把义务教育均衡发展作为国家推动教育发展的奠基工程和贯彻落实《义务教育法》的重要工程",进一步完善政策措施,切实抓紧抓好抓出成效,努力实现"2012年义务教育区域内初步均衡,2020年区域内基本均衡"的新目标。各地应因地制宜地采取措施,强有力推动义务教育均衡发展。2010年的《中长期纲要》明确指出"重点是促进义务教育均衡发展和扶持困难群体,根本措施是合理配置教育资源,向农村地区、边远贫困地区和民族地区倾斜,加快缩小教育差距",并提出了推进义务教育均衡发展的三大任务,即切实缩小校际差距、加快缩小城乡差距、努力缩小区域差距。由此,国家全面推进义务教育均衡发展的大序幕拉开,包括《关于深入推进义务教育均衡发展的意见》(国发〔2012〕48号)等在内的诸多改革措施出台。

这一系列政策旨在全面提高义务教育质量和管理水平,在国家层面整体性、分步有序推进义务教育的均衡发展,有力地引领了教育公平实践,推动义务教育资源实现更为公平的配置。

2.推进学校标准化建设

国家出台政策不断加强学校的标准化建设。2010年7月,《中长期纲要》明确提出"均衡发展是义务教育的战略性任务。推进义务教育学校标准化建设……均衡配置教师、设备、图书、校舍等各项资源"。可见,资源均衡配置在义务教育改革中至关重要。

标准化成为基本建设方向。2012年9月,国务委员刘延东在全国教师工作暨"两基"工作总结表彰大会上指出"结合中小学校舍安全工程、农村薄弱学校改造计划、中西部农村初中校舍改造工程的实施,分类分期实施标准化建设项目,配齐图书、实验设备、音体美等教学器材,改善学生宿舍、食堂等生活设施,尽快使每所学校都符合国家和各省制定的办学标准"。2013年5月,在全国县域义务教育均衡发展督导评估认定现场会上,提出要"保证所有义务教育学校教学、生活条件资源配置基本均衡,实现区域内城乡教育基本服务均等化"。不难发现,推进学校办学条件的标准化与均等配置,已成为我国推进义务教育均衡发展的重要措施,并成为促进均衡发展的有效手段。

3.落实义务教育教师资源的合理配置

教师资源是一个国家义务教育实现均衡发展的关键资源。针对教师这一教育资源均衡配置的重要性,国家和各地都进行了创新性的政策探索,如实行县域内教师校长交流制度、城乡教师双向流动机制、特岗教师制度等。同时,还建立区域内紧缺学科流动教学、骨干教师走校授课、城镇教师到农村学校支教等多项制度,并启动义务教育教师的"国培计划"。2014年8月,教育部、财政部、人力资源和社会保障部联合印发《关于推进县(区)域内义务教育学校校长教师交流轮岗意见》,专门针对教师资源配置问题给出了具体的措施和意见。

一些地区义务教育的师资均衡取得重大进展。如沈阳市实施中小学干部和教师流动制度,打破教师"从一而终"的职业生涯模式,使教师从"学校人"转变成"系统人",有助于校际教育理念、教学方法和文化的互动交流。进行流动的教师在沈阳还能得到职称评定的倾斜。上海在全国率先实行教师待遇均衡,教师工资一律由上海市财政统一标准给予支付。总之,各地在教师资源均衡配置方面的创新实践,不仅促进了所在地区义务教育的均衡发展,而且为全国其他地方提供了政策借鉴。

(三)建立相应的义务教育弱势补偿机制

利益弱势补偿是实现教育资源公平配置的重要政策价值观。2005年12月发布实施的义务教育"新机制",充分体现国家对中西部和农村地区的扶持倾斜,更能体现国家对薄弱群体的"补偿原则",体现了政策跨地区的纵向公平。从其规定的"分项目、按比例分担"理念,也可看出国家向中西部及农村的资源配置倾斜,即义务教育办学经费由"中央和地方按比例分担,西部地区为8∶2,中部地区为6∶4;东部地区除直辖市外,按照财力状况分省确定"。近年来,国家通过建立财政转移支付制度、优惠政策及相应机制,不断加大对西部地区、贫困地区、薄弱学校、弱势群体以及从事特殊教育教师的利益补偿。

1. 对贫困地区义务教育薄弱学校的补偿

改善贫困地区薄弱学校的办学条件是促进基本公共教育服务均等

化的重要组成部分,也是义务教育均衡发展的重点领域。为全面提升薄弱学校办学品质,国家专门出台重大政策促进薄弱学校"保基本、补短板",有力地改善了薄弱学校办学条件。2013 年 12 月,教育部印发《关于全面改善贫困地区义务教育薄弱学校基本办学条件的意见》(教基一〔2013〕10 号),提出"对中西部贫困地区和东部部分困难地区改善薄弱学校基本办学条件予以倾斜支持",并要求"省级人民政府要加大省级财政投入,优化财政支出结构,最大限度地向贫困地区义务教育倾斜"。此后,国家又发布多个进一步全面改造薄弱学校的具体政策。2014 年 4 月,国家发布了《关于制定全面改善贫困地区义务教育薄弱学校基本办学条件实施方案的通知》,以推进"全面改薄"的实施工作。2014 年 7 月,教育部又发布《全面改善贫困地区义务教育薄弱学校基本办学条件的底线要求的通知》,明确提出"各地应将改善贫困地区义务教育薄弱学校基本办学条件的项目优先保障",列出"底线要求"共 20 项,并将此工作纳入农村义务教育学校基本办学条件专项督导。2015 年 12 月,国务院教育督导委员会办公室印发了《全面改善贫困地区义务教育薄弱学校基本办学条件工作专项督导办法》,启动"全面改薄"工程的专项督导。

截至 2018 年 12 月底,中央和地方用于此工程的财政资金累计 5426 亿元,受益学校总数 17.06 万所。[①] 全面改薄政策的实施,极大提升了农村地区特别是贫困地区义务教育学校的办学条件,历史上第一次在全国范围内消灭了校舍危房,从根本上改善了农村学校的办学条件,有力促进了乡村学校有质量的发展,将教育公平落实到了农村学校,特别是促进了中西部农村地区学校的均衡发展。

2.对弱势特殊群体义务教育的补偿

我国义务教育弱势特殊群体,人口基数多、分布广。不同类型弱势

---

① 叶赋桂.全面改薄背后的公平正义价值理念.光明日报,2019-05-21(13).

特殊群体的情况各有不同,应按照不同的标准进行补偿,突出弱势群体的需求重点与需求瓶颈,补足发展短板。做好对弱势群体的补偿可以有效地体现义务教育的公平性,并有利于阻断弱势因素的代际传递。

国家先后出台多种类型政策,给予弱势特殊群体政策扶持。2014年12月,国务院办公厅印发《国家贫困地区儿童发展规划(2014—2020年)》,指出"继续支持各地开展义务教育阶段学生营养改善试点",要求"适时提高农村义务教育学校生均公用经费标准""逐步提高特殊教育学校生均公用经费标准,对残疾学生实行免学杂费、免费提供教科书、补助家庭经济困难寄宿生生活费等政策",并指出要"加强农村寄宿制学校建设,优先满足留守儿童就学、生活安全需要"。2016年2月,国务院发布《关于加强农村留守儿童关爱保护工作的意见》,提出"教育行政部门要落实免费义务教育和教育资助政策,确保农村留守儿童不因贫困而失学"。此外,在30万人口以上区县至少建一所特殊教育学校,特殊教育学生生均公用经费基准为普通学生10倍以上等政策也相继出台。

3. 对农村义务教育教师群体的补偿

长期以来农村地区办学条件差、教师收入相对偏低、职称或职务晋升不尽如人意等因素致使农村义务教育学校普遍面临优质师资缺乏、教师数量不足等问题,特别是好教师进不来、年轻教师留不住问题突出。只有从根本上解决乡村教师队伍建设问题,才能从本质上解决城乡义务教育的均衡发展问题。

国家从多方面联动出台组合拳政策,加大对农村义务教育学校教师的补偿与政策扶持。国务院在2004年3月印发的《2003—2007年教育振兴行动计划》和2010年7月印发的《中长期纲要》等政策文件,都提出要提高农村教师工资待遇,要通过继续教育培训等途径提高农村教师队伍的素质。2012年9月,国务院印发《关于深入推进义务教育均衡发展的意见》(国发〔2012〕48号),提出"鼓励优秀高校毕业生到农村学校或薄弱学校任教。对长期在农村基层和艰苦边远地区工作的教师,在工资、职称等方面实行倾斜政策。逐步实行城乡统一的中小学编制标准"。2014年12月,国务院办公厅印发《国家贫困地区儿童发展规划(2014—2020年)》,提出要"落实特殊教育教师倾斜政策,逐步提高工资待遇水平"。为了解决农村教师短缺,优秀教师下不去、留不住的问题,国家出台了免费师范生政策、特岗教师计划、全科型教师等一系列的措施。为了改善农村教师的待遇,实施农村教师周转房建设、教师职称评聘向农村倾斜、对农村教师实行特殊津贴、教师工资全部纳入国家财政预算等措施。这些政策的出台,有力改善了农村义务教育学校的师资,吸引了一大批"下得去、留得住、教得好"的教师。当然,改善农村学校师资任务仍然艰巨,需要进一步推进。

二、实现均衡发展任重而道远

公平在教育不同发展阶段具有不同的内涵,是一个动态发展的概念,并不断向更高层次迈进。一是机会公平,指适龄儿童、少年都享有接受义务教育的机会,这是从量的角度对义务教育资源分配作出的规定。二是过程公平,指学生在接受义务教育过程中能受到公平的对待,既包括在量的维度上的资源配置公平,也关注质的维度上的受教育质量公平。三是结果公平,是指在已经实现了义务教育普及后,每个学生最终获得质量相近的教育。

(一)义务教育均衡发展成效明显

从公平的角度看,伴随我国义务教育的财政体制改革以及取消"重点制"等政策,国家积极保障了义务教育适龄儿童、少年的入学机会公平。伴随义务教育均衡发展重大改革政策的持续推进,义务教育资源量的均衡配置得到大幅改善,各类量的不均衡指标的指数差距持续缩小,越来越多区县通过了国家义务教育基本均衡的达标认定。

第一,国家立法保障公平的受义务教育权。1986年颁布的《中华人民共和国义务教育法》规定"国家对接受义务教育的学生免收学费",2006年新修的义务教育法实施后,义务教育不收学费和杂费全面实现。所有适龄儿童少年都一律平等接受免费的义务教育。

第二,义务教育经费保障更公平。新义务教育法把义务教育全面纳入财政保障范围,并把义务教育经费在地方财政预算中单列。由此,政府财政性投入成为义务教育学校的主要经费来源,甚至是唯一的经费来源,从而在经费机制上保障所有适龄儿童、少年都能比较公平地享有公共财政资源的支持。

第三,弱势群体受义务教育更公平。一是义务教育经费向农村学校和薄弱学校倾斜;二是设立专项资金,扶持农村地区、民族地区的义务教育;三是特殊教育学校的学生人均公用标准高于普通学校;四是流动人口子女在流入地政府平等接受义务教育等。上述措施为所有人特别是弱势群体创造了一个相对公平的制度环境。

(二)不同类型指标的均衡差距仍然突出

起点机会的公平并不意味着结果质量公平。鉴于执行过程中各类影响因素的复杂作用,义务教育资源的均衡配置仍存在不少挑战。

第一,生均教育经费在区域之间依然呈现较大差异。我国义务教育财政体制实行"以县为主"的政策,教育经费多寡往往取决于地方财政收入。在东部与中西部社会经济发展水平客观存在较大差异的情况下,义务教育资源在区域之间存在不均衡问题。虽然部分省份如西藏和新疆通过中央财政转移支付已得到明显改善,但省际差距仍然较大。据2015年统计,义务教育阶段小学生均公共财政预算教育事业费,位于全国前3位的分别是北京(23442元)、上海(19520元)和西藏(17506元);

位于后 3 位的分别是河南(4448 元)、河北(5349 元)和广西(5946 元)。[①] 义务教育经费投入的地区差距,是财政资源投入不公平的结果。

第二,城乡学校办学条件仍有差距。新义务教育法实施后,政府加大力度推进义务教育经费向农村和贫困地区倾斜。2007 年全国农村普通小学和初中生均公用经费分别增长 35.66% 和 37.10%,全国城镇普通小学和初中生均公用经费分别增长 27.76% 和 34.22%。[②] 显然,在财政投入增长方面农村明显要快于城镇,但是城乡义务教育学校的资源差距依然很大。2007 年全国农村和城市小学生均公用经费分别为 544 元和 971 元,两者相差近 430 元;全国农村和城市初中生均公用经费分别为 824 元和 1463 元,两者相差近 640 元。[③] 此后国家不断加大投入,缩小生均公用经费差距,到 2016 年春季学期在全国基本实现了城乡统一的义务教育学校生均公用经费基准定额。尽管如此,因历史累积因素,城乡学校仍有差距并需要进一步缩小。

第三,区域和城乡之间的师资差距仍然突出。发达地区与中心城市凭借良好的资源吸引了大量优秀师资,然而中西部及偏远山区,特别是集中连片困难地区,资源匮乏、交通不便、薪资相对较低等因素严重制约优秀师资的流入和稳定工作。青年教师的缺乏导致乡村教师的平均年龄偏大,师资频繁流动也影响这些学校的教育质量。此外,我国还存在一批乡村小规模学校,师资的结构性短缺问题仍然比较严重,出现部分学科教师很难配齐的现象,特别是英语、美术、音乐、体育、地理等任课老师尤为短缺,导致许多乡村儿童在兴趣培养上存在先天不足。

---

① 教育部.关于 2015 年全国教育经费执行情况统计公告,2016-11-04.
② 教育部.农村义务教育投入有关情况介绍,2008-10-27.
③ 教育部.农村义务教育投入有关情况介绍,2008-10-27.

第三节 新时代由量向质的配置统筹

新义务教育法颁布十多年后,我国大部分区县实现了义务教育的基本均衡。截至 2017 年底,全国 81% 的县通过了县域内义务教育发展基本均衡的督导评估认定。2014 年义务教育"全面改薄"工程启动,到 2018 年底,全国 30.96 万所义务教育学校或教学点的办学条件达到"20 条底线"要求,占义务教育学校总数的 99.76%[①],但离高位优质均衡的目标仍然有不小差距。

从趋势看,我国义务教育的均衡发展正在由单纯的"量的发展"转变到要求"质的突破",勾勒出发展的新动向,即已从能够让适龄儿童、少年有学可上的起点公平,进展到要求不分城乡和区域的学生都能享有近乎一样教育资源的过程公平,突出表现为"质的均衡"。可以说,义务教育均衡的内涵业已发生本质性的变化,从以往关注基本办学资源的量化均衡,到更为关注学生受教育过程质量的均衡,我国义务教育的均衡发展改革迈入了"新时代"。

一、更注重公平而有质量的教育

中国义务教育均衡发展迈上新征程,不断推进从"量的均衡"向"质的均衡"转变。2010 年 1 月,教育部发布《关于贯彻落实科学发展观,进一步推进义务教育均衡发展的意见》(教基一〔2010〕1 号),倡导义务教育均衡发展"以提高教育质量、促进内涵发展为重点",非常值得关注的是"质量"在义务教育均衡发展中的地位不断提高。2012 年 7 月,国务

---

① 教育部.2018 年全国教育事业发展基本情况,2019-02-26.

院颁布的《国家基本公共服务体系"十二五"规划》(国发〔2012〕29 号)，明确将义务教育纳入基本公共服务均等化的范畴。2012 年 9 月，国务院发布《关于深入推进义务教育均衡发展的意见》(国发〔2012〕48 号)，再次强调推进义务教育均衡发展。

从 2015 年起，提高义务教育质量成为国家关心的重要政策议题。2016 年 3 月，国务院印发《国民经济和社会发展第十三个五年规划》，明确提出"全面提高教育质量"。2016 年 7 月，国务院出台《关于统筹推进县域内城乡义务教育一体化改革发展的若干意见》(国发〔2016〕40 号)，强调"提高教育质量，统筹推进县域内城乡义务教育一体化"。2017 年 10 月，党的十九大报告强调"优先发展教育事业"，再次强调"推动城乡义务教育一体化发展"。2019 年 2 月，中共中央、国务院印发《中国教育现代化 2035》，提出到 2035 年的主要目标是"实现优质均衡的义务教育"，"提升义务教育巩固水平"，"在实现县域内义务教育基本均衡基础上，进一步推进优质均衡"。2019 年 6 月，中共中央、国务院印发《关于深化教育教学改革全面提高义务教育质量的意见》，大力聚焦"全面提高义务教育质量"，引导"促进县域义务教育从基本均衡向优质均衡发展"，高度重视推进义务教育均衡发展的"质量导向"。

总体上，一方面，乡村优质义务教育依然稀缺，农村教育质量亟待大幅度提高；另一方面，城镇教育资源跟不上新型城镇化速度，"大班额问题"日趋严重。在继续全面保障义务教育公平的过程中，质量日益成为义务教育均衡发展的新重心。

（一）加快推进义务教育供给侧改革

教育供给侧改革的核心是扩大优质教育资源供给，统筹优化资源配置，为适龄儿童、少年提供更多、更好的教育选择。一方面，要提高教育供给侧的质量和规模，使资源提供更贴近师生需求，既能满足学生个性发展需要，又能对标未来社会的人才需求。另一方面，要完善教育供给结构,在资源类型及服务模式方面形成更为丰富、多元、可选择的新供给结构。

第一,政府更均衡配置优质教育资源。首先,全面治理择校热,着力缩小校际差距。择校热的治理,核心是改变供给结构,关键是要调整资源的配置模式。教育部出台的"多校划片招生,随机分配优质学校名额""压缩特长生招生""积极推进小学、初中对口直升,强弱搭配""九年一贯制办学"等措施,各地如北京市实施的"大学区制"、杭州市的"名校集团化"等改革,有效抑制了义务教育的择校热。其次,加强财政对农村和贫困地区以及薄弱板块的倾斜性投入,国家继续加大对集中连片困难地区的教育扶持,大力实施教育扶贫工程。再次,补齐资源短板,在学校校舍、教学设备、音体美器材、生活设施等方面,提高配置标准。最后,重视师资的统筹优化配置,例如湖北宜昌夷陵区实施教师"区管镇聘"改革,使教师可在全镇学校额定编制内统一调配,做到了人尽其才。

第二,更为重视弱势群体的教育质量。首先,农村教育成为国家义务教育均衡政策的重点,有研究显示在2016—2018年,直接涉及农村基础教育的资助政策约占52%,其中涉及农村师资、特岗教师、对口支援、助学贷款、贫困地区、农村校舍改造、薄弱学校的政策分别为25%、11%、5%、5%、2%、2%和2%。[①] 为提高农村义务教育的质量,国家采取基于弱势补偿原理的政策组合拳,大力提高农村义务教育的质量水平。其次,国家重视特殊教育,出台了一系列改革政策。2015年,教育部先后印发《特殊教育教师专业标准(试行)的通知》《普通学校特殊教育资源教室建设指南的通知》《第二期特殊教育提升计划(2017—2020年)的通知》等政策,从全面性、人文性、差异性等视角给予残疾学生全方位的特别扶助,一方面不断提高中国残疾儿童、少年的义务教育普及水平,

---

① 李海萍.改革开放40年中国基础教育公平政策的推进策略与演进逻辑.全球教育展望,2019(7).

另一方面提高这些儿童、少年的受教育质量水平。

第三，创新优质教育资源的共享机制。在传统资源配置模式下，教育资源的辐射度已达极限，我国各地不断创新新型教育资源供给方式。首先，政府鼓励学校之间的合作办学。通过跨校联盟、集团化办学、学区化管理、对口结对等模式，通过互助合作提升学校的办学水平，扩大优质资源的共享覆盖。例如四川成都锦江区以学校之间的"柔性联合"构建优质教育链，经过几年努力已成为促进城乡教育一体化、优质教育资源全覆盖的改革样板。其次，大力推进基础教育的信息化。近年来教育部深入落实党中央"构建利用信息化手段扩大优质教育资源覆盖面的有效机制，逐步缩小区域、城乡、校际差距"的战略部署，先后印发《中小学数字校园建设规范（试行）》《教育信息化 2.0 行动计划》等文件，大力推进教育信息化，实施网络扶智攻坚行动。创新建设中小学现代远程教育平台，建立国家数字教育资源公共服务体系，推动各级各类优质教育资源通过网络平台实现共享，鼓励更多名校把教育资源输送给广大农村和边远地区的学校，提高全社会义务教育资源的共享和利用水平。

（二）建立质量导向的教育督导评估体系

在全面普及义务教育后，提升质量成为义务教育改革的核心任务。客观评估义务教育的办学质量，并"以评促改、以评促建"引领义务教育更高质量的优质均衡发展，日益成为国家义务教育均衡发展的方向。

第一，进一步加强质量导向的教育督导。2012 年，国务院颁布实施《教育督导条例》，成立国务院教育督导委员会，从法律法规和体制机制两个方面取得教育督导的新突破，为深入推进义务教育均衡发展改革奠定了坚实基础。同年，教育部制定《县域义务教育均衡发展督导评估暂行办法》（教督〔2012〕3 号），从而有法可依地保障义务教育发展基本均衡县（市、区）的评估认定工作。2017 年 4 月，教育部进一步出台《县域义务教育优质均衡发展督导评估办法》（教督〔2017〕6 号）。新办法突出

"优质均衡"的导向,在评估指标、评估标准、评估办法上均聚焦义务教育均衡"质量"的评估,特别是将"教育质量"作为一个独立的部分,设计有9项指标,加大了对"质量"评估的权重。

第二,更科学监测义务教育的质量。长期以来,由于缺乏义务教育质量状况的数据,对义务教育的质量认识比较模糊,也难以认清存在的问题。单纯以成绩和升学率为标准,评价学校教育质量的现象一直存在。因此,国家制定出台义务教育质量监测制度。2015年国务院教育督导委员会印发《国家义务教育质量监测方案》,在全国组织开展义务教育质量监测,对6大学科进行抽样测试,也包括学生睡眠和锻炼习惯等监测指标。该监测不与升学挂钩,而是为了推动义务教育育人质量和保障学生健康水平。该方案运用云监测、云分析和自动预警等大数据模式,适时发布质量监测报告及诊断分析报告,推进教育质量监测有据可依。通过该监测体系,可准确掌握各地义务教育的现状,便于找准问题并分析原因,为学校教育质量的改进提供科学对策。它为有效开展教育督导、改进教育教学、管理和决策等提供了有力支撑。

二、迈向质量导向的均衡配置统筹

迈入新时代,义务教育均衡发展愈发明确地聚焦质量提升,核心是统筹优化义务教育资源的均衡配置,供给更多的优质资源,形成与以往大不相同的配置理念、资源结构、动力机制以及监测评价体系,实施以质取胜的新战略。倡导义务教育资源均衡配置的质量导向,坚持质量指标优先,以质量协调数量,才能更好摆正教育发展过程中的诸多关系,适应新时代教育发展的新需求,从而更好实现义务教育的均衡、优质、协调和可持续发展。

纵观我国近年来的义务教育资源均衡配置政策,已开始从"量的不均衡"向"量的均衡"转型,从关注"标准化办学"向关注"多形式办学"转型，从注重"学校的规模效益"向注重"学校的质量效益"转型，从瞄准"升学率"向"人的全面发展"转型。这些理念的转型，以及上述理念引导下的各类义务教育改革实践、教育评价监测及督导体系的建立，都是在遵循义务教育资源均衡配置的质量导向。

中国已开始从多个层面积极探索建立适应质量导向义务教育资源均衡配置统筹的政策保障环境。首先，激活学校层级的资源配置。日益重视教育家办学，强调教育权利的下移，尊重教育规律，重视并授权教育家在优化资源配置、促进学校内涵发展过程中能起到的主要作用，以期充分释放各类资源的潜在效能。其次，各级政府重视发展性督导。以评促建，引领义务教育向优质均衡转向，探索建立督政、督学、评价监测三位一体的新的教育督导体系，更好保障教育每一环节中的质量。最后，充分发挥市场在质量导向的义务教育资源均衡配置中的重要作用，积极鼓励、规范并促进民办教育的发展。在政府层面，努力确保基本公共教育服务同水准的公平，并尽力提升服务品质；在市场层面，则要积极发挥市场在教育资源配置中的能动作用，为人民群众个性化、多元化的义务教育需求提供可选择的优质教育资源。

总之，质量导向的义务教育资源均衡配置更聚焦深化教育供给侧的改革，充分发挥政府、市场、家长和全社会等不同主体在资源统整与配置中的重要作用。通过创新改革，推进资源配置理念与结构的优化调整，提高供给质量，形成丰富、多元、可选择的供给侧结构，更好地服务群众多样化、高质量的义务教育需求。

第四章 中国义务教育促进资源均衡配置的多元实践

　　进入 21 世纪以来,中国义务教育全面实现普及化,"有学上"的教育机会公平问题得到根本性解决。近 20 年中国义务教育资源配置变革,更为重视均衡化,资源的均衡配置被纳入中央政策范围,努力缩小学校、城乡、区域、人群之间的差距,中央和地方政府采取各种政策与措施,因时因地制宜推动义务教育资源的更均衡配置,形成了比较丰富的实践成果。

第一节　撤并建调:校网布局调整与优质学校建设

　　义务教育资源包括物的资源、人的资源和财的资源等各种资源,而学校校网布局与这三种资源都密切相关。学校选址位置、建设规模、建设品质与装配配置水平等,属于物的资源;人的资源主要指师资配备;财的资源主要是推动学校建设、人员配置和日常运营所需的资金支出。小学初中校网布局不仅将决定学校的办学规模,还对学校的办学品质与未来发展规划,对义务教育资源配置具有十分重大的作用,也是区域优化教育资源配置的重要手段。

一、校网布局调整的历史

　　为方便学生就学,义务教育学校往往以邻近居住区为设置原则,依据各地自然条件和社会经济发展需求而设置。进入 21 世纪以来，为提高农村学校办学质量和规模效益，中国开启了一场持续的学校校网布局调整改革，通过撤销、合并、改建、迁建、新建、扩建与重建等方式，使校网布局发生重大变化。

（一）撤点并校

县级政府对学校校网布局有了更大决策权。2001 年 5 月，国务院印发《关于基础教育改革与发展的决定》，提出"分级管理，义务教育以县为主"的政策，由此县级政府成为义务教育的举办主体，特别是农村义务教育举办责任由乡镇转移到县，与此相适应，学校网点布局也主要由县级政府统一负责。

校网布局调整是多重因素作用下的综合选择。首先，人口因素。一方面，学龄人口总体下降。进入 21 世纪以来，我国人口生育率总体下降，特别是农村地区学龄人口降幅较大。另一方面，城镇化和人口流动因素对校网影响加大。校网是在教育事业发展过程中形成的，它代表办学时的人口分布与当时人口对学校布点的需求。但随着城镇化的进程，人口的流向发生变化，两种典型流向表现为"农民的入城流动"和"城市居民向城市新区的流动"，它们都对校网布局产生了新的需求。其次，城乡教育质量差距较大，优化教育资源配置，提升义务教育效能成为各地需要破解的重大课题。一方面，农村地区学校教育质量低、办学条件差、师资力量薄弱等问题未能有效解决，不少农村学校规模普遍偏小。另一方面，伴随城镇化的推进和农村人口大量进城务工，城市新居民和随迁子女进城入学数量不断扩大，"城镇挤"问题逐步凸显，需要进一步扩大中心乡镇和城区学校的办学规模。最后，上级教育行政部门的督导与评估也是促进校网布局调整的重要动力源。教育公平与教育均衡一直是国家义务教育发展的价值取向。《中长期纲要》中提道，"教育公平的基本要求是保障公民依法享有受教育的权利，关键是机会公平，重点是促进义务教育均衡发展和扶持困难群体"。[①] 为实现义务教育的均衡发展,教育部设计了多种指标体系,对基层开展教育督查,主要有三种:一是 2011 年起,各地先后启动的"标准化学校"评估,主要监测义务教育办学设施条件均衡;二是 2012 年教育部印发《县域义务教育均衡发展督导评估暂行办法》(教督〔2012〕3 号),启动"义务教育均衡县"评估,其侧重衡量学校指标的全面均衡;[②]三是 2012 年以来各地先后启动的"教育现代化县(市、区)"评估,主要着眼于对学校内涵发展与深化教育综合改革的评估。这些评估考核与基层行政政绩挂钩,如"义务教育均衡县"考核评估县(区、市)工作绩效,同时这些考核均会与上级资金的转移支付相关,因而具有较强的约束力。

　　由此,为进一步优化农村义务教育的资源配置效率,提高财政投入效益,有利于政府对学校的管理,并缩小城乡教育差距,从 2001 年开始,全国各地普遍推进撤点并校校网布局调整改革,旨在集中财政力量着重办好乡镇中心学校和城区学校。在多方面因素作用下,形成了一场规模巨大,以"撤点并校"为主要特征的校网布局调整运动。

　　校网布局调整极大改变了学校分布状况。21 世纪教育研究院发布的《农村教育布局调整十年评价报告》显示,从 2000 年到 2010 年,我国农村平均每一天就要消失 63 所小学、30 个教学点、3 所初中,几乎每过一小时,就要消失 4 所农村学校,十年间全国普通小学数量从 491273 所减少至 228585 所,农村小学数量减少了 52.1%。[③] 以浙江省瑞安市为例,2003 年至 2012 年的撤点并校运动,小学数量从高峰期的 709 所减少到 147 所,减少近 80%;独立初中从 81 所调整到 33 所,减少近 59%。

---

　　① 教育部.国家中长期教育改革和发展规划纲要(2010—2020).(2010-07-29). http://old. moe. gov. cn/publicfiles/business/htmlfiles/moe/info_list/201407/xxgk_171904. html.

　　② 中国教科院"义务教育均衡发展标准研究"课题组.义务教育均衡发展国家标准研究.教育研究,2013(5).

　　③ 杨东平.农村教育布局调整十年评价报告.北京:21 世纪教育研究院,2012-11-16.

在山东寿光市,从 2006 年开始大力纠正中小学布局失衡,合理配置教育资源,本着"整体规划,适当集中,扩大规模,提高效益"的 16 字方针,对全市中小学布局进行大规模调整,更合理配置义务教育资源。全国各地的情况大致也如此。经过学校网点布局调整,多数县域校网布局形态从原来沿河流、村落分布的水网状,演变为以城区为中心、乡镇中心校为节点、农村学校为支点的中心辐射状。

经过撤点并校改革,大多数规模小、办学条件差、师资力量难以保障的村小被取消。保存下来的学校规模扩大,办学条件改善,师资力量加强,从而大大提高了教育质量。因此,校网布局调整总体成效是显著的,在教育资源十分有限的现实下,布局调整优化了教育资源配置方式,有利于资源价值的充分发挥,有利于提高义务教育质量,对于促进义务教育均衡具有积极意义。

(二)后撤点并校

撤点并校优化了教育资源布局,但也带来不少其他问题。首先,农村学生就学距离大幅度加大,并影响义务教育的入学率。学校的过度撤并导致学生上学远和新的上学难。有研究在 10 省份农村中小学的抽样调查显示,农村小学生的家与学校的平均距离为 10.83 里,农村初中生的家与学校的平均距离为 34.93 里。[①] 其在一定程度上带来不少适龄儿童、少年上学不便的问题,并增加家庭的开支与时间负担,致使义务教育辍学率及隐性失学率的提高。2012 年 5—8 月,审计署对 27 个省份所辖 1185 个县 2006 年以来义务教育阶段农村中小学布局调整情况进行专项审计,得出"农村适龄儿童辍学率上升"的结论。[②] 其次,加速乡村的凋敝。学校原是乡村的重要活力要素与文化之源。伴随学生人口

---

① 杨东平.农村教育布局调整十年评价报告.北京:21 世纪教育研究院,2012-11-16.
② 张丽珍."撤点并校"政策的绩效反思与优化选择.西北师范大学学报(社会科学版),2014(4).

的外迁,大量农村家长不得不进城陪读,农村经济进一步缺乏活力,学生与乡土文化进一步割裂,加速了乡村的衰落。最后,带来诸多新安全问题。不少校网布局调整后的学校,住宿与食堂设施条件普遍较差。撤点并校后的交通安全问题日益突出。2010—2014 年,全国共发生 43 起校车事故,死亡 153 人,最多的 2011 年发生了 14 起校车事故。

上述问题促使国家对学校布局调整政策进行优化与规范。2012 年9 月,国务院办公厅下发《关于规范农村义务教育学校布局调整的意见》,要求"严格规范学校撤并程序和行为,禁止盲目撤并农村义务教育学校,适当保留乡村教学点,在难以实施撤并的区域实施复式教学",由此,校网布局调整行动的撤点并校政策按下了缓进键。2012 年之后的校网布局调整,也被称为后撤点并校时期。

后撤点并校时期,全国各地的中小学校网布局调整仍在继续,但调整的力度有所减缓。在农村,小学 1—3 年级原则上不寄宿,小学高年级以走读为主,初中可根据实际情况走读或寄宿,以及在人口稀少、地处偏远、交通不便的地方应保留或设置教学点的原则下,更为科学合理地推进布局调整。不少地区加大力度积极推进农村小规模学校的发展,加大对乡村教育的投入和治理。

二、校网布局调整的资源配置新难题

2012 年进入后撤点并校时期后,校网布局调整从前十年的"高歌猛进"转变为"缓慢推进"。但仍然是区域教育优化教育资源配置的重点,是满足人民群众对更多优质教育需求的主要举措。从义务教育角度看,我国的校网布局调整尚存在不少突出难题。

(一)城市挤与农村弱的新挑战

校网调整与城镇化进程的联动,极大改变了学龄人口分布,出现"城市挤、农村弱"的新困局。2013—2017 年,我国城镇化率继续攀升,每年上升一个百分点,城镇化率从 52.6% 提高到 58.5%,8000 多万农业人口转移成为城镇居民。[①] 在城镇化时代,区域中经济社会发展相对滞后的农村,其人口向经济社会相对发达、公共基础设施配套条件更好的中心城镇快速集聚,改变了义务教育阶段学龄儿童、少年的地理分布。一方面,农村学校生源锐减,小规模的麻雀学校不断出现,导致教育资源出现浪费、闲置与效益低下等问题;另一方面,适龄儿童、少年大量涌入城镇,导致城镇教育负载量加大,城镇学校生均用地面积、生均建筑面积等教育资源要素供给面临瓶颈,大班额甚至超大班额现象不断涌现。

相关数据显示,2017 年全国义务教育阶段学校有 66 人以上超大班额 8.6 万个,占全国总班数的 2.4%,其中排前三位的河南、湖南、河北共有 4.5 万个;全国有 56 人以上大班额 36.8 万个,占全国总班数的 10.1%,大部分集中在中西部县镇。[②] 在浙江瑞安市,该市小学生生均用地面积平均仅为 14.7 平方米,大部分初中及九年制学校仅符合浙江省Ⅲ类学校建设标准。由于就读儿童、少年的集聚,瑞安城区玉海街道、莘塍街道和汀田街道的生均用地面积低于全市平均标准,仅为农村生均用地面积的约 50%。玉海街道学校因条件限制,学校扩建和整合难度大,学校班额已严重超出学校用地可设置标准。2016 年瑞安市教育年报显示,小学阶段班额达到 56 人以上的大班有 18 个,初中阶段有 19 个。即使作为全国百强县的瑞安市,大班额现象的问题仍未得到完全解决。

(二)城市新区校网布局的不确定性难题

近年来,伴随我国社会经济发展的转型升级,不少城市都在制定新

---

① 李克强. 2018 年政府工作报告.（2018-03-05）. http://www.gov.cn/zhuanti/2018lh/2018zfgzbg/zfgzbg.htm.

② 教育部. 2017 年全面改善贫困地区义务教育薄弱学校基本办学条件工作专项督导报告,2018-05-10.

一轮的城市总体规划,旨在进一步促进社会的繁荣发展,培育城市发展新增长点,增加城市竞争力,各地大规模建设城市新区蔚然成风。

城市新区的中小学校网布局,是城市功能的重要组成部分。从多数城市建设看,政府重视城市新区的资源集聚,其中包括重视配套的教育设施建设。新区中小学布局是否合理,对整个规划新区的人口、交通、商业、住宅开发与拆迁等都有巨大的影响。新区优质教育资源的布设,建设一批高起点、高水平的学校,不仅包含着适应城市空间布局调整对优质教育资源的需要,同时还包含着通过优质教育资源的布设改变城市人口分布空间,带动新区人气与发展,引导城市人口流向,对于促进城市产业发展与城市功能优化具有重要的意义。因此,新区需要依据人口的集聚趋势,综合考虑产业发展前景,综合考虑农村和城郊的历史、文化等各方面因素,协调学校布局规划与城市发展总体规划,合理确定学校网点和办学规模,在城市新建住宅小区规划建设配套幼儿园和中小学校,解决适龄儿童、少年入学难、就近入学等问题。

然而,实现新区未来人口规模与学校布局规模的合理匹配,存在很大的不确定性。一方面,难以估算新区施教区人口规模,并与中小学布点规模相匹配。新区由于尚未成型,入住人口的数量与规划可能存在差距,会因地方产业、配套设施与居住环境等诸多因素而产生人口波动,很难准确预测未来人口规模。城市新区成为"鬼城"近年来也有不少。如浙江瑞安经济开发区,2004 年投入过亿元建设瑞安市外国语学校,当初设想作为九年一贯制学校,解决新区居民与入驻企业高管员工子女的入学问题,但之后就发现当初设计的学校规模过于理想,新区的生源十分有限。为此,2018 年瑞安市教育局决定将瑞安市外国语学校的初中部剥离到另外一所初中,并将外国语学校作为另一所名校的联盟学校,承担该校难以负载的生源分流压力。另一方面,还存在如何合理设置新区公办、民办学校的网点比例问题。在浙江杭州、广东深圳等地区,不少城市新区出现民办小学初中布点过多、比重过高的问题，而公办学校则数量少、质量差，政府人为引导学龄人口向"民办就读"，政府所设想的公民办比例与民众的公民办真实需求比例，往往很难预测。不匹配的结果，降低了人民对义务教育的满意率。

（三）随迁儿童入学波动给校网布局调整带来压力

我国各地经济社会的转型发展，对随迁儿童人口规模产生重大影响。2012年是我国人口流动数量与走向变化的分水岭。该年之后，向东部省域流入的流动人口数量开始出现下降，并且出现东部回流中西部的状况。在中西部大城市的流动人口也有回流到中西部中小城市的情况。

虽然在城市就读的随迁儿童、少年数量十分庞大，但是随迁儿童、少年人口规模表现出较大的波动性。东部经济增速放缓背景下，较多企业实行机器换人与减员增效，以及实行流动人口子女入学"积分制"等政策，人口流出地的西部和中部省份分别实行"西部大开发"与"中部崛起战略"等，对中西部流出人口产生回拉影响，客观上导致流动人口数量出现拐点，特别是东部不少中小城市随迁儿童、少年数量出现较大幅度减少。在浙江瑞安市，2015年末有近88万名流动人口，全市义务教育阶段在学流动人口子女有42552人，约占全市的三分之一。但是近年来伴随瑞安产业转型，不少随迁子女随父母回迁就读，每年降幅超2000人。在江苏江阴，伴随"机器代人"的产业转型，外来人口自2016年以来大幅下降，三年少了约30万流动人口。当然，也有不少产业新城，出现随迁儿童数量的增加情况。

随迁儿童数量的不稳定性，对学校布点、教师与教学资源配置等提出了弹性化的要求。同时，流动人口子女学习地点的经常变动，也在一定程度上影响流入地的义务教育质量。部分流入地教育局提出应以随迁儿童、少年入学数量下降为契机，相应减少接纳学校的班额，真正开展小班化教学,以有效利用教育资源提高教学质量。

综上所述,在人口向城镇集聚的趋势下,建立在原有人口分布基础上的学校布局已不能适应社会发展的新状况。需要从实际出发,通过实施撤、并、建、调等校网布局优化手段,合理配置教育资源,提高生均用地面积、生均建筑面积等核心指标,妥善解决义务教育发展不均衡和不充分等问题。

三、校网布局调整的优质学校建设

学校网点布局调整实际上是关于质量与公平的一场博弈,求得两者的最大公约数,即校网布局调整的走向。在质量导向的义务教育资源均衡配置的取向下,调整学校校网布局需关注规模、质量、效益的协调发展,也需要关注教育效益与社会效益的协调发展,进行综合统筹考虑。

(一)推进学校标准化建设

学校布局调整中的校园建设,应当全面推进标准化学校建设,统一城乡学校的建设标准,补足不均衡的硬件短板。学校建设实现标准化,既是义务教育均衡发展的核心物质基础,也是国家后续推进义务教育"基本均衡县""教育现代化强县"乃至"优质均衡县"建设的基础。

我国中央政府重视学校的标准化建设。除了加强学校建设的基础规范引领,颁布《中小学校设计规范》(GB50099-2011)外,先后颁布多个校园建设标准,包括《城市普通中小学校校舍建设标准》(建标102-2002)和《农村普通中小学校建设标准》(建标109-2008),对引领城乡学校的标准化建设起到十分重要的基准达标作用。面对特殊教育学校,国家在2012年还专门研制发布《特殊教育学校建设标准》(建标156-2011),对特殊教育学校校园建设用地面积与校舍建筑面积指标以及建筑标准等作了具体规定,对保障全国各地特殊教育学校的均衡发展具有重要意义。此外,国家在学校建设的各类分项领域,包括实验室、课桌椅、教室换气、教室照明和采光、图书室、运动场地和音体美器材等方面,均出台了多个配置标准,有利于保障学校的标准化建设。

我国各省份地方政府同样重视学校的标准化建设,因地制宜循序渐进推动学校的标准化建设。北京、上海、浙江、山东等众多省份,都颁布适用于本辖区的中小学校建设标准。以浙江为例,其不断调整优化中小学校的建设标准。2003 年,浙江省教育厅颁布《九年制义务教育标准化学校评定标准(试行)》,用于指导学校的科学化与规范化建设。2005 年浙江省颁布《九年制义务教育普通学校建设标准》(DB33/1018-2005),站在新建项目的立场,提出全省统一执行的义务教育学校的工程建设标准。2022 年,浙江省已启动研制新的义务教育普通学校建设标准,以更好指导新时代的学校基础设施建设。2011 年,浙江省结合教育现代化建设与义务教育均衡发展的新要求,颁布《浙江省义务教育标准化学校基准标准》(浙教办〔2011〕63 号),该基准标准规定了义务教育标准化学校必须达到的最基本办学条件标准,各项指标均为约束性指标。值得注意的是,基准标准还对师资队伍建设提出了要求,包括编制设置、学历和职称结构、教师培训等;对学校教育技术装备配置标准进行了规定;对校园环境和安全进行了规定,提出生均集中绿地面积指标和田径场规格等。[①] 该标准的出台,旨在加快建设标准化学校,实现师资、设备、图书、校舍等资源在城乡中小学的均衡配置,更好促进义务教育高水平均衡发展。

义务教育标准化学校建设,为实现城乡学校建设的一体化提供政策准绳。首先,为城乡学校建设提供较为科学与统一的依据,有利于改变义务教育学校建设中的不规范与薄弱的状况。由于 20 世纪八九十年代学校建设的经费不足和标准意识的缺乏,当前一大批义务教育学校的校

---

① 浙江省教育厅.浙江省义务教育标准化学校基准标准(浙教办〔2011〕63 号),2011-04-29.

舍已经成为危房,或者校舍的教学用房不符合标准,造成城区学校与农村学校在学校建设中的巨大差距。其次,有利于提高学校的教育质量。符合标准建设的学校,能够为师生的教学活动提供良好的学校硬件设施支持,学校建设的不达标,给学生的教学活动、实验活动和体育活动等带来不便与隐患。最后,义务教育学校的标准化建设,还对城区大班额学校做出限制,学校规模过大与班额超标,将不能通过标准化学校验收,这有助于规范政府和学校的办学行为。

(二)开展乡村小美优学校的建设

近年来,通过大规模的撤点并校,农村小规模学校数量大为减少。但是基于国家基本国情,我国仍有不少人数规模小于两百人,甚至只有几十人或十几人的乡村小学校或教学点。虽然这些学校普遍存在"小而差、小而弱"的问题,但是守卫乡村小规模学校,保留、保护并加大建设力度,对于更全面落实教育公平,振兴乡村教育,增强基于教育的精准扶贫,提升贫困地区的发展能力等方面,都具有十分重要的意义。

建设服务乡村教育的小而美、小而精、小而特的学校,是我国新时代教育现代化建设的重要兜底工程。学校布局调整保留并保护这些乡村学校,实施"全面改薄",为弱势儿童、少年群体提供相对较好的办学条件,成为我国义务教育学校布局调整政策的一个新的取向。我国学校布局调整,应当从"大规模撤并学校向基本稳定学校数量转型,从追求集中化办学向关注农村小规模学校发展转型;重视农村学校的发展价值,以倾斜性政策提高农村学校质量,增强农村教育的吸引力,建立起居住地与求学地相匹配,乡村、乡镇和城区学校各归其位、共同发展的格局是学校布局调整政策转型的必然选择"。[1] 2018 年 4 月,国务院办公厅发布

---

① 雷万鹏.家庭教育需求的差异化与学校布局调整政策转型.华中师范大学学报(人文社会科学版),2012(6).

《关于全面加强乡村小规模学校和乡镇寄宿制学校建设的指导意见》,高度重视农村小规模学校建设,提升乡村学校的义务教育办学水平,努力让每位乡村孩子在家门口享有优质义务教育。

近年来,全国不同地区在乡村小规模学校方面开展各种创新探索。在重庆丰都县,重视农村小规模完小或教学点的管理,实行"中心校+教学点"管理模式改革,推进农村教学点和中心校人、财、物一体化办学,按照规章制度、资源配置、师资调配、教学管理、教学研究、学校招生、质量评价、考核奖惩"八个统一"的办学模式,加大中心校对小规模学校的资源统筹力度,实现管理水平、师资力量、教学设备、经费保障、育人质量"五个对等";各小规模学校结合校园实际和地域特点,积极探索在校园文化建设、特色课程开设、留守儿童管理、教育质量提升等方面的特色,努力向精品学校迈进。[①] 在浙江温州,政府提出以提升乡村小规模学校教育质量为重点,以学生发展为中心,坚持统筹规划、标准推进、兜住底线、内涵发展的原则,全面支持乡村小规模学校发展提升,加快推进城乡基本公共教育服务均等化。通过聚焦"小而美"的空间环境、"小而特"的育人模式、"小而专"的师资队伍、"小而精"的办学内涵等方面的创建工作,使学校办学进一步规范,学校更精、更特、更美。[②] 在河北兴隆县,因地制宜推进小规模农村山区学校特色发展,挖掘地方和学校内涵,走出了一条具有兴隆特色的小规模农村学校的发展新路。

我国乡村地区加大力度推进小美优学校的建设,为城乡义务教育的均衡发展注入了强大动力,有力补足了农村义务教育的发展短板,有利于推动乡村教育与乡村社会的协同振兴,更好建设美丽中国。

[①] 胡航宇.打造"小而美小而优"的村校:重庆市丰都县小规模学校建设纪实.中国教育报,2018-07-18(1).

[②] 温州市人民政府办公室.关于加强乡村小规模学校建设的实施意见(温政办〔2019〕28号),2019-03-27.

（三）落实学校网点适宜规模

学校规模是一个学校所拥有的班级数及在校生总人数。近年来的实践表明，学校规模应当适宜，不合适的学校规模对教育公平有显著影响，在过大规模的学校中个体更容易被忽视和边缘化。学校的规模大小会对师生的价值观、态度、行为等诸多方面产生影响。[①] 大规模学校往往班级规模也较大，英国著名小班研究专家布拉其福德（P. Blatchford）通过长期课堂观察发现，在深层次上班级规模影响教师对学生的"关照度"。[②] 在超大规模的学校，一是往往导致学校管理重心难以下沉，迫使学校管理走向官僚科层化与组织严密化，管理容易僵化；二是规模过大必然分散教师的关注度，降低管理效率和学生的个性化发展；三是会导致学校服务半径扩大，还加剧城市交通拥堵，人为制造了时间资源的浪费。

为高标准、高质量普及九年义务教育，更好适应教育现代化的要求，新建学校的办学规模应当适宜，落实合理的管理幅度，宜从规模型走向精品型。我国政府不鼓励建设大规模学校，现行国家和地方有关学校的校舍建设标准，都没有鼓励建设 60 班以上的大学校，原则上小学规模以 18—24 班为宜，初中以 18—30 班为宜；小学和初中班额分别为 45 人和 50 人。2012 年 6 月，教育部下发《国家教育事业发展第十二个五年规划》，明确提出"严格控制新建学校在校生规模，不搞超大规模学校"。2016 年 2 月，湖南省发布的《义务教育学校办学标准》明确"原则上学校最大规模不超过 45 个班"。近年来，教育部还多次发文要求全面消除超大班额现象。地方政府在规划布局学校网点时，应充分结合区域人口、社会、经济和现存教育资源等的情况，合理设置学校规模。

---

①　邵兴江.学校建筑：教育意蕴与文化价值.北京：教育科学出版社，2012：214.

②　BLatchford P. The Class Size Debate: Is Small Better?. Maidenhead, Berkshire: Open University Press, 2003：62.

第二节 合作共同体：校际资源共享与重组

打破传统学校办学各自独立的发展格局,促进学校之间加强差异合作,共同激活办学活力,提高资源整合度,更好发挥资源效能,扩大优质资源覆盖面,建立基于合作的办学共同体,推进共同体内部校际的协同与互助,成为推进义务教育均衡发展的重要改革做法。

义务教育合作办学共同体的形式丰富,全国各地涌现名校集团化、大学区管理、小片区管理、委托管理、对口帮扶、捆绑发展、教育集群、教育协作区、学校发展联盟、城乡学校共同体、紧密型教育共同体、紧凑型学校发展共同体等多种义务教育办学的合作共同体模式。其中尤以集团化办学为代表的合作共同体影响最大。

一、以集团化办学为代表的校际合作改革

作为校际合作的经典模式,集团化办学是指两个或两个以上的学校或校区的办学及学校发展过程中,在共同的理念引领下,在一定契约约束下所形成的具有规模效应的合作关系。① 学校办学引入"集团",顾名思义,即"集"而"团"之。这个"集"在于管理机制转换,在于育人资源整合,在于教育优势重构,在于集中办学力量,从而把集团内的各类教育要素组织并动员起来,使之抱成一"团",促进资源共享,提高资源的辐射度,更好促进各类资源的科学合理配置。

集团化办学具有多种发展模式。全国各地在教育集团化办学上形成了各自的特色。从地域上看,有以浙江杭州市为代表的"名校集团

---

① 张爽.基础教育集团化办学的模式研究.教育研究,2017(6).

化",以四川成都市为代表的"全域成都教育",以及上海市推进的"学校委托管理"及学区化集团,北京市的"城乡学校一体化"等地方性样板。不管是何种具体的集团化名称,在本质上集团化下的办学合作,可分为三种基本模式,即补差模式、嫁接模式和共生模式,通过补短板的资源供给帮扶弱势学校,通过嫁接实现结构调整促进学校共同体发展,通过以协同作用为内驱力促进校际达到共生均衡的发展状态。[1] 不同模式的根本目的都是优化资源配置,以促进义务教育均衡发展。

以集团化办学为代表的校际合作改革,通过创新义务教育资源的配置模式,深挖资源的效能。首先,扩大可统筹的资源配置来源。集团内各个学校的资源均被统一纳入可统筹的范围,资源的规模、类型与结构变得更加丰富,特别是优质教育资源的共享性得到了扩充。其次,促进义务教育资源的二次优化配置。在延续集团内现有办学存量资源的基础上,集团内成员学校组建教育集团的过程实际也是对本校资源评估和扬弃的过程,并在此基础上整合和重组集团教育资源。[2] 通过资源整合和二次配置,通过"以优带潜""以强带弱"等路径,促进资源的共享性。最后,提升优质义务教育资源的覆盖度。办学薄弱、资源较匮乏的学校被纳入教育集团,被输入优的办学理念、课程资源,共同举办教研和教师培训活动等,并形成相互激励的发展机制,有利于办出更多优质学校,有效扩大优质资源的惠及面,对促进教育公平具有重要作用。当然也要指出的是,集团化办学也面临资源整合后的新挑战。不同学校校际差异大,易导致成员学校文化同质性倾向以及领头学校优质教育资源被"稀释"等问题。

此外,当前在校际合作共同体中除集团化办学外,还出现学区化、教育联盟等多种新型教育治理模式。如 2017 年温州市鹿城区调整原先全

---

① 孟繁华.试论我国基础教育集团化办学的三大模式.教育研究,2016(10).

② 吴菡.义务教育集团化办学及其对义务教育均衡发展的影响.现代中小学教育,2018(9).

区学校全员集团化的办学模式,逐步剥离与总校距离较远的分校和联盟校,打造出 10 个集团加 5 个学区的"双轨制"教育格局。2015 年上海市出台《关于促进优质均衡发展,推进学区化集团化办学的实施意见》,提出综合采取委托管理、多法人组合、九年一贯制、同学段联盟、跨学段联合等多种办学形式,健全两者开放联动机制,实现到 2017 年学区化、集团化办学覆盖上海 50% 的义务教育学校的目标。在京沪两地领跑,全国范围掀起的新一轮义务教育治理改革中,校际合作共同体作为促进义务教育均衡发展和提高质量的关键引擎,其功能正日益彰显,路向日益清晰。

二、全国各地多元形式的校际合作改革

校际合作一直是各地提高义务教育质量的主要举措,集团化办学是校际合作中得到多地推广实施的一种主要模式。除此之外,各地还创造多种校际合作的路径,进行多样化的校际合作实践,区域校际合作的模式有共同之处,也有基于区域特色的创新,形成较为丰富的校际合作图景。

(一)东部

北京市在扩大和重组优质教育资源方面出台多项措施。一是整合区域教育资源,采取学区制、教育集团、教育集群、联盟组团等方式,推进义务教育学校集群化。二是建设九年一贯制学校、名校办分校、城乡一体化学校等方式,扩大资源供应。三是高校对口支持附中附小建设,教育科研部门支持中小学发展项目单位,为普通中小学聘请英语外教参与英语教改等,增加外部资源对义务教育的支持力度。

上海市一直走在全国校际合作的前列。一是通过推行义务教育办学标准体系促进城乡义务教育优质均衡发展,由中心城区优质学校托管郊区薄弱学校,输入先进教育理念、优质师资和管理队伍,托高"底部"。

二是特级校长、教师流动到郊区和薄弱地区任职任教,建立中心城区品牌学校赴郊区办分校的激励机制,建立中心城区与郊区结对帮扶机制,提升城乡和区域基础教育的优质均衡水平。三是深入推行义务教育"学区化""集团化"办学,已覆盖50％的义务教育阶段学校;推行新优质学校集群式发展,已建成300多所新优质学校,覆盖近30％的义务教育阶段学校。[①]

福建省重视义务教育均衡发展,自2011年以来在各地积极推进城区义务教育学校"小片区管理"改革,有效扩大优质教育资源覆盖面,并通过实施"捆绑考核",以更好促进片区内义务教育学校教育教学的共同发展和整体提升。此外,通过实施农村薄弱学校"委托管理"和集团化办学模式,促进县域中小学师资的均衡配置。

浙江杭州市通过开展义务教育学校标准化建设,推进"名校集团化""城乡学校共同体"等项目,2012年底实现了县域范围内义务教育的基本均衡化发展。近年来,又通过进一步推进"紧密型教育共同体""城乡联盟"等改革探索,深入推进"名校＋"战略,全面优化义务教育资源的均衡布局,全域优质的义务教育均衡格局基本形成。

(二)中部

山西省着力推进义务教育均衡发展,探索推行教育联盟、集团化办学、大学区制管理等办学模式改革和优质高中指标到校,提出"紧凑型学校发展共同体"办学模式改革的思路,建立起"以优扶弱、填谷追峰"的发展新机制,为校际合作提出一个新的划分维度,积极打造百姓身边的好学校。

河南省各地充分结合区域实际,走出了各具特色的集团化办学道

① 罗阳佳.上海市教委推进学区化集团化办学和新优质学校集群发展.上海教育,2015(27).

路,推进义务教育均衡发展。2017年项城市教体局发布《城区公办中小学集团化办学试点改革方案》,走出了一条"以城带乡、以强带弱、优势互补、一体发展"的集团化办学新路子。2014年以来,焦作市以提升教育教学质量、提升教育基本公共服务均等化水平为目标,坚持"充分共享、整体联动、管理一体、个性发展、连续稳定"的原则,积极推进集团化合作办学,全市共有40余所学校实行一体化、互助式、多元化合作办学。

湖南省各地在探索集团化办学方面各显神通。2014年长沙市发布《关于进一步推进基础教育集团办学的实施意见》,通过对口帮扶、委托管理、捆绑发展、多校推一等多种模式,全面深化基础教育集团化办学,切实加快长沙基础教育的优质化与均衡化进程。东安县在推进县域内城乡义务教育一体化改革方面勇于创新,探索了一条以"一体化改革,集团化办学"为载体,重视"软实力与硬发展"相协同的新路子。

(三)西部

重庆市重视义务教育均衡发展,提出推进互联共享,市教委为集团化办学建立"政府统筹、教委主导、名校引领、资源共享"的工作机制,形成了"教育教研、协同一体、发展特色、优质均衡"的发展格局,充分发挥优质学校对薄弱学校和农村学校的引领带动作用。重庆南岸区进一步探索"建、创、放、服",大力推进集团化办学的举措。通过"建"(建立管理制度)、"创"(创造多元集团办学模式)、"放"(管理自主)、"服"(品质提升)等方式,不断提高以集团化促进优质均衡义务教育的改革成效。

陕西西安市实施义务教育阶段"大学区管理制"改革。从2011年起,西安市开始在新城、碑林、莲湖、雁塔四个城区启动实施大学区管理制度改革试点。按照配套几所相对薄弱学校的思路,将283所学校组建成为72个大学区,在大学区内各学校实施统一管理策略、统一共享设施、统一教师调配等"九统一"机制,逐步实现师生从"学校人"到"学区人"转变,促进城乡之间、城区之间、校际的办学条件和师资力量差距快速缩小,优质教育资源总量的扩大。[①] 通过探索,西安将大学区进一步分为紧凑型大学区,跨区域立体式大学区等,体现了对义务教育资源统筹的深入探索。

三、校际办学合作的基本经验

以集团化办学为主要模式的校际办学合作,极大促进了义务教育优质办学资源要素的有序流动,提高了资源的共享性与辐射力,有力缩小合作学校之间的办学差距,其成功是多方面改革经验的汇聚结果。

(一)尊重合作学校的文化传统

在合作之前,绝大部分学校都是独立的主体,有其自身的历史、文化、特色与风格。校际差异大,是绝大部分合作学校的基本实情。实施校际合作办学之后,除了提高被扶持学校的教育质量外,抹杀帮扶学校的个性与特色并不是集团化办学最初的目的,也不应该成为目的。

尊重合作学校的历史文化沉淀,包括学校发展历史、周边环境和已形成的办学特色基础,以及师生在学校中所创造的富有意义的各种共享性文化等,在办学合作中都应当被尊重。这些文化不仅包括教学文化,也包括心理情感的联系、学校中的文化标识等,校际合作中的主导方应避免在统一治理的旗帜下,消解帮扶学校的文化遗产,或者迫使其妥协。[②] 彼此尊重合作学校的文化,相互借鉴,差异合作,有利于激活彼此的办学活力,提高合作办学的成效。

(二)制定较合理的合作标准与机制

校际合作实际上包括两种形式,一种是行政方主导的具有规范意义的合作,另一种是学校之间纯粹围绕教学教研等开展的自发合作,这种

---

① 周清,柯昌万.优质资源最大范围高效共享.中国教育报,2014-07-04(3).
② 陶西平.关于集团化办学的思考.中小学管理,2014(5).

合作也可称是民间合作。由于官方推动的校际合作可能涉及学校标识、学校管理或学校组织架构的变化,因此带来的冲突往往更为突出。

为此,应规范基层行政推动的校际合作行为,如制定合作办学的最低通用标准,可由"底线标准"与"弹性标准"构成。底线标准拥有一票否决权,弹性标准则可按照地方实际微调。底线标准至少包括:(1)60％以上社区居民或者师生强烈反对合作;(2)合作中一方学校独大,形成的巨型化程度使区域校网严重失衡,且与合作的学校文化冲突强烈,融合困难;(3)合作方学校办学历史在百年之上,或者具有深厚的文化积淀,会面临因校际合作而带来文化消融问题等。若触及上述三条中的任一条底线,则应当终止校际合作行为。

同时,建立师生有参与权的校际合作机制。将师生参与机制作为校际合作一个必不可少的前置条件。在校际合作程序启动前即开展师生意愿调查,通过座谈会、接受书面递交材料、开展客观公正的问卷调查等方式,为师生提供参与渠道与机制,并在校际合作过程中始终保持师生意愿反映渠道的畅通,将师生的广泛参与作为推动校际合作的基础性环节。

(三)形成多元文化并存的校际合作治理

从合作学校的文化实践出发,基于对校际学校文化的尊重,以"和而不同"为理念、以优势文化为核心构筑校际合作文化,确立多元而丰富的文化共识,并以此指导与完善规则,优化治理结构。同时,行政方应为合作学校后续发展提供政策优待与治理自由的支持,如课程改革、教师聘用、适当的经费自主等,并跟进出台相关配套政策。

从各地代表性的校际合作治理经验看,杭州市在名校集团化运作中形成了"共享制""章程制""议事制""督导制"四种机制;广东蛇口育才教育集团实施"一级法人,两级管理"的模式;北京灯市口小学优质教育资源带采取"校区负责制";上海市闵行区实验小学在多校区治理中实施

"条块交叉,以块为主"的发展策略等。这些经验体现了融合地方教育实际、学校发展现实与现代学校管理制度的治理模式,具有广泛的借鉴意义。

(四)形成多种形态并存的校际合作模式

从已有的校际合作模式看,集团化是一种代表性的模式。经过十多年的办学实践后,倾向于一致化管理的集团化办学模式渐渐出现裂变,集团"合久必分"的呼声日益响亮。其一,由于各校区所在地理区块的发展机遇不同,以及治理方式的差异,一些地方出现成员校区发展赶超集团的现象。其二,在"县管校聘"的教育管理改革背景下,教师身份从"学校人"向"系统人"转变,使其对于集团校的认同感渐趋弱化,集团维系的基础逐渐被削弱。其三,集团组织与行政管理的含义被渐渐淡化,在育人理念、学校规划、课程教学、师资培养等柔性文化上的共享与合成再造的理念渐渐占据上风。这些转变促成作为另一条校际协作途径"学区化"办学模式的兴起,即以地理位置相对就近为原则,提倡成片统筹、多校协同、资源整合,以骨干教师的柔性流动、设施设备和运动场地等教育教学资源有序分享为基础,推进学区内学校的均衡发展。学区化办学类似于上海市对新优质学校集群发展的解释。两者在某种意义上都可以理解为松散型的集团化模式,它体现对紧密型、一致管理型集团化模式的反思与弥补。

第三节　重在教师:城乡师资优化与配置统筹

对农村地区来说,义务教育阶段是最为重要的教育,提高义务教育质量也是农村教育扶贫的主要路径。舒尔茨的"穷人的经济学"原理指出,改善贫困的关键因素是提高人口质量。在现代经济学中存在"边际报酬递减法则"。舒尔茨认为,各类穷的经济体都是因为困于此法则的社会,因此他主张低收入国家应当将一切能够提高国民人口质量的措施都视为促进经济发展的投资。[①] 显然,通过提高义务教育质量来普遍提升农村人口素质,有利于改变农村的落后状态。

提高义务教育质量最为根本与决定性的因素,是师资的素质与数量。义务教育资源的均衡配置与统筹,以提升质量为导向,指向教育教学质量的提升。校舍、设施与制度为义务教育质量的提高做好了准备,但真正提高还仰赖广大教师的专业素质与能力。在各种教育资源中,人的资源即师资是最重要的资源,而广大教师专业素质与能力提升的重要一环,又依赖职前师范生教育和职后教师培训。

教育振兴,必须抓住教师这个"牛鼻子",重点是乡村的教师队伍建设。建设一支优质教师队伍,一方面需要依靠教师本身努力提高专业素质能力,另一方面则取决于师资配置统筹质量的提升。质量导向的义务教育资源的均衡配置统筹,其核心内容是改善教师资源供给,促进师资的均衡配置,创新教师教育模式,具体实施路径是推进教师管理综合改革,大力推进以优化农村师资为导向的"县管校聘"改革,理顺教师队伍建设的体制机制。

一、完善乡村教师师资供给

完善乡村教师资源供给有利于促进教育公平。当前,教师资源供给的核心问题是农村、边远、贫困、民族地区义务教育学校的优质教师资源匮乏,以及这些地区乡村教师"下不去、留不住、难发展",已经成为制约乡村教育发展的瓶颈。需要加大力度改善农村与薄弱地区教师资源的供给。

[①] 范国睿.教育政策观察.上海:华东师范大学出版社,2009:1.

（一）多渠道增加乡村教师供给

近年来,国家高度重视城乡教师队伍建设。2012 年 8 月,国务院发布《关于加强教师队伍建设的意见》,着力聚焦破解当时"我国教师队伍整体素质有待提高,队伍结构不尽合理,教师管理体制机制有待完善,农村教师职业吸引力亟待提升"等问题。2015 年 4 月,国务院办公厅印发《乡村教师支持计划(2015—2020 年)》,要求"采取切实措施加强老少边穷岛等边远贫困地区乡村教师队伍建设,明显缩小城乡师资水平差距,让每个乡村孩子都能接受公平、有质量的教育"。2018 年 1 月,中共中央、国务院印发《关于全面深化新时代教师队伍建设改革的意见》(中发〔2018〕4 号),是新中国成立以来党中央出台的第一个专门面向教师队伍建设的文件,意义十分重大。2018 年 3 月,教育部等五部门印发《教师教育振兴行动计划(2018—2022 年)》的通知,对教师教育作出具体部署,提出提升教师的专业素质能力,建设一支"高素质、科研型、创新型"教师队伍的目标。

各地政府采取多种改革措施拓宽乡村教师的补充渠道,提高教师队伍质量。一是通过实施"特岗计划",如《甘肃省精准扶贫乡村教师队伍专项支持计划(2015—2020 年)》《黑龙江省乡村教师支持计划(2015—2020 年)》等,为广大中西部农村地区特别是老少边穷地区义务教育阶段学校,补充优秀乡村教师提供了一定保障,特别是加大音体美等学科特岗教师的招聘力度。二是进一步推进免费师范生的培养规模,下移免费师范生的培养重心,鼓励各地方政府同样开展免费定向师范生培养项目等,如辽宁大连市的省内师范院校定向培养"一专多能"的乡村教师项目,多方协力培养足量适用的乡村教师。三是推动城镇优秀教师向乡村学校流动,已成为北京、山西、河北、浙江等地区的普遍做法,通过教师轮岗交流、对口支教、顶岗实习、跨校走校等形式,强化乡村教师的数量保障。

（二）千方百计留住乡村教师

留住乡村教师还面临比较大的困难。首先，是引进来的困难。以乡村定向公费师范生为例，2012 年该政策实施以来，还存在两方面的问题，一是乡村对公费师范生就业还缺乏吸引力。在东部，由于本身公费师范生名额较少，如 2016 年浙江省首届公费师范生仅为 100 人，毕业后相当一部分没有下到农村去任教，数据显示到城镇和农村就业人数仅为 55 人。西部情况更为严重，甘肃省 2012 年公费师范生 426 人，去县级以下乡镇工作的公费师范生数量为零。① 二是部分公费师范生在培养期满后采取违约的方式逃避到中小学任教，其中相当部分选择在国内读研或者出国读研，对此缺乏应对举措，这反映出公费师范生培养制度的缺陷，并致使促进城乡师资配置均衡设想的落空。

其次，配套支撑条件不足，难以让乡村教师教得安心。留住乡村教师较难的原因还在于配套条件的不足。表现在：一是住房困难，农村教师周转房难以全覆盖，不得不在校外租住民房，而边远教师生活补贴较低而显得杯水车薪。二是边远乡村学校交通、水、电、通信设施不完善，日用品市场不完善，缺乏必要的娱乐设施，致使生活存在困难，青年教师不愿坚持长期任教。三是不利个人发展，乡村学校教师集体活动少，对外接触面窄。四是不利子女教育，乡村教师千方百计考调到教学条件好的城区或乡镇中心学校，很重要的原因就是方便子女就读城镇优质学校。

千方百计留住乡村教师，在实践中需要加强多方组合拳，让乡村教师真正"下得去、留得住、干得好"。一是要提高乡村公费师范生政策的成效性。通过降低公费师范生培养师范院校的层次，由当地师范院校进

---

① 郭颂霞. 关注甘肃免费师范生：能否成为未来的基层教育家？（2015-07-01）. http://gs.people. com. cn/n/2015/0701/c183283-25419915. html.

行乡村教师培养并适当降低录取分数,并加强对公费师范生下不去农村违约的处罚力度,使该政策设立的初衷不走样。也要加大面向贫困地区的定向培养教师的数量,保障具备一定数量和质量的乡村优质教师的供给。二是要推动"事业留人",想方设法提高乡村学校办学的软硬件条件,加强乡村教师的业务能力,让乡村教师感受事业带来的荣耀与尊重,安心在乡村从教。特别是要进一步提高乡村教师待遇,绩效工资总量向乡村学校适当倾斜,淡化工资结构中的职称色彩,边远艰苦地区教师生活补助要根据边远和艰苦程度适当拉开差距。如湖南泸溪县在全国率先实施乡村教师津补贴政策,让乡村教师工资水平在当地成为金领阶层。三是进一步推进"感情留人",各类政策向乡村教师倾斜,通过推进建设乡村教师周转房等有效措施,解决好乡村教师的后顾之忧,特别是乡村教师子女入学、夫妻两地分居等实际困难,让教师感受到温暖。如四川广安市把符合条件乡村教师住房纳入当地住房保障范围,2019年建成教师周转房887套,还定期组织医疗专家到艰苦边远乡村学校巡诊,落实乡村教师评职晋级等优惠政策。

此外,也可延长城镇教师下乡年限,切实发挥"传帮带"作用。过去城镇教师下乡仅1年,且多数为了满足职称评定要求而来,时间短暂,刚刚融入就要离开,或者沉不下心,抱着完成任务的心态。乡村学校迫切需要经过良好训练、有先进教学理念和开阔教育视野的优质教师。延长城镇教师下乡服务年限至数年,特别是能够完整带完一届学生,切实融入并帮助农村教师,传授教学知识和能力,促进带动乡村学校的整体发展。

二、创新城乡教师培养模式

义务教育质量的提高是一个动态发展的过程。其发展的动态性在很大程度上是由教师不断发展的教育形态所决定的。质量导向的义务教育教师专业发展,需要构建教师教育新形态。

(一)多方力量协同培养

推进教师教育形成高校、地方政府、中小学校协同育人的新模式。当前引起广泛关注的"教师发展学校"(teacher development school, TDS),就为教师教育提供了一种良好的新模式。它源于美国教师专业发展学校。它选择具备条件的中小学为基地,通过高等学校、教育行政部门和中小学校之间开展合作,将教师教育和专业发展置于第一线教育场景中,为师范生提供真实的实习环境,弥补理论与实践之间的鸿沟,通过观摩、思考、体验、交互、感悟、反馈、改进等方式,不断形成传统理论学习无法达成的教师实践素养。[①] 教师发展学校,日益成为有效推进未来教师培养的创新平台。

上海、广东、江苏、浙江等省份,均已启动该类项目。以浙江为例,已经出台《浙江省教育厅关于深化教师教育改革的实施意见》《浙江省教师发展学校建设实施方案(试行)》《浙江省教师发展学校建设标准》《开展省级示范性教师发展学校建设的通知》等文件,明确将教师发展学校建设纳入高校师范生培养创新绩效考核评价指标体系,即教师发展学校被纳入师范生培养体系。[②] 2018 年 1 月,浙江启动第一次全省示范性教师发展学校建设学校的遴选工作,成为浙江省"十三五"期间教师教育改革领域的重大课题。

(二)优化教师教育课程内容

近年来,诸多教师教育相关研究指出,传统以学科体系为主要培养依据的师范生培养方案,已经不适应当前教师教育改革的新要求,需要变革与重构教师教育课程体系。仅仅依靠高校基于学科体系构建的传

---

① 陈法宝,叶园.美国教师专业发展学校建设的成效及启示.教育导刊,2017(6).
② 王凯.教师发展学校突破师资培养困境.中国教育报,2017-11-30(6).

统师范教育课程,重理论讲授而轻实践能力的养成,既难以与中小学一
线教学相衔接,也难以得到中小学教师的认同。高校需要聘请义务教育
阶段的优秀一线教师参与教师教育课程的设计与授课,中小学教师也应
当积极主动参与高校教师教育课程的开设,以准教师的教育实践为导
向,从问题需求出发重构教师教育课程。

　　我国教育部与各省份教育厅不约而同提出建立教师教育实验区,开
展教师教育课程重构的设想。如河南省教育厅于 2012 年启动实施《教
师教育改革创新实验区引导发展计划》,首批立项建设 11 个实验区,引
导高等师范教育面向基础教育、服务基础教育、研究基础教育。重庆江
北区与北京师范大学联手打造教师教育创新实验区,引导高师院校、地
方政府、研训机构、中小学共同协作,解决以往教师教育中实践和理论时
常顾此失彼的问题。[①] 此类探索,突出强调基于现实与未来教师教学的
实践需求,更为注重真实教学能力的培养,从而更好提高教师的专业
能力。

　　(三)注重教师"互联网＋"相关能力培养

　　2018 年 3 月,教育部等部门印发的《教师教育振兴行动计划
(2018—2022 年)》提出重视教师信息技术能力的掌握,指出"互联网＋"
相关能力是新时代教师必备的专业素质。对于乡村教师来说,信息技术
应用能力尤为重要,不仅可以帮助乡村教师远程学习优质课程与知识,
提高自身专业能力,从而实现其专业发展与外部教育发展之间保持同
步。同时,有利于提高自身教育教学的质量,提高教学的效率与生动性,
让信息技术成为更好帮助并指导学生的重要教学工具。

　　现代教育信息技术的运用,是弥补教育资源配置不均衡的重要举
措。相对于城区学校教师,乡村教师外出培训机会不多,现场接触名师

---

① 刘博智."私人定制"催生教师"无限生长".中国教育报,2015-05-19(6).

的机会较少,教育理念与教学方法更新慢,知识容易陈旧。通过信息技术构建线上沟通平台,可以在另一种意义上实现优质教育资源和学习机会的平等共享,是未来高效率、低成本地促进教师教育资源均衡配置的一个重要渠道。

(四)开展面向教师的精准培训

义务教育教师特别是乡村教师"留不住、发展难"的一个重要原因,是当前普遍存在的教师培训的城市中心取向,而面向乡村教师的培训针对性与实用性不强。即使是"国培计划",在地方实施的过程中也暴露出诸多问题。

乡村教师的培训应着眼于培养本土化人才,依据乡村教育实际与真实需求,重视适合乡村教育的新理念、新知识与新技术的传授,聚焦乡村教师未来能上手的专业素养来组织开展相关专题培训;也要加强支撑体系的建设,促进乡村本土教师以及乐于奉献乡村的教师的发展,建立健全促进乡村教师专业发展的支持服务体系。

三、县管校聘推动城乡教师流动

聚焦农村地区的教师队伍建设,本质是要推动城乡教师管理的综合改革,实质上是通过创新改革实现教师资源配置的优化,打破原有的体制机制障碍,促进教师资源更好地流动。主要路径有两条,一是编制管理,二是岗位管理。

(一)教师编制管理创新

不少地区教师核编工作长期停滞,教师数量与结构问题并存。一种情况是中西部地区教师的缺编。在"普九"完成后,教育规模不断扩大,对教师的需求也越发迫切。但中西部地区教师编制管理缺乏创新,不少地方甚至十年未核编,而这十年恰是教育大发展、教师大扩容、学生大增加的十年。编制供不应求的现象存在多年。以毕节市纳雍县为例,目前中小学教师队伍9617人,但编制数仅为8331人,缺口高达1286人。乡村学校教师编制出现窘境的原因在于现有义务教育教师编制的管理、标准等与乡村学校发展实际需求存在较大差距。

另一种情况是城乡教师编制结构的不合理。首先是城乡数量结构的不合理。长期以来教育行政部门对教师流动的硬性控制,使教师的编制分布处于不合理状态,即农村学校的教师编制由于学生流失而出现富余,但城区由于学生的流入而出现教师编制不足的现象。相对于学生的迅速流动,教师的编制是相对固定的,由此衍生出教育城镇化背景下的教师编制管理的难题。"城挤、乡弱、村空"的现象对教师编制带来重大影响。其次是乡村教师的学历层次结构与学科结构不合理。在贵州纳雍县,教师队伍中研究生学历比例仅占0.03%,高学历人才占比过低;部分农村中小学教师结构不合理,中小学英语、音、体、美专业学科教师数量奇缺,甚至无专职音体美教师。

为此,《教师教育振兴行动计划》提出"加大教职工编制的统筹配置和跨区域调整力度,省级统筹、市域调剂、以县为主、动态调配"的综合改革方案。2015年,教育部在全国15个省份设立19个改革示范区,试行义务教育学校教师"县管校聘"改革,计划2020年全国推广。各地主要从两大方面加强师资编制的改革力度。一方面,落实动态及时调整教师编制规模,加强县域统筹,使教师在县域内流动能灵活顺畅,最大限度整合师资资源,营造师资队伍人尽其才的格局,对小规模学校按照生师比与班师比相结合的方式核定编制。另一方面,对农村学校教师编制的配置应从实际出发,着力改善教师学科结构。加大力度补充、培养一批音、体、美、英、计算机专任教师或高质量的全科教师,改善乡村学校教师队伍的学科结构;认真落实中小学教师继续教育工作部署,建立教师全员提升机制,形成分层次、分学科、分类别的全员提升机制。此外,实行学区（乡镇）内走教制度，有助于改善当前薄弱学校存在的"满编缺科"现象。

（二）教师岗位管理创新

乡村教师职称晋升通道受阻、成就感低，缺少内生发展动力。乡村教师处于职称评聘的弱势地位，一是信息闭塞，不能及时了解优质公开课、课题申报等信息；二是指标少，由于乡村学校学生人数少，教师配比也少，从而导致职称指标下达少，有时一个学校甚至不足 1 人；三是难以达到职称晋升要求。在贵州纳雍县 2018 年仅 4.37％的乡镇教师有机会参与县级示范课和优质课评比，而这是参加职称评聘的前提条件之一。其结果是发展预期难以实现，教师出现过早的职业倦怠、流失严重、成就感缺乏等问题，导致乡村学校教师队伍不稳定。

改革的路径是加快推进义务教育阶段教师"县管校聘"管理改革，统筹调配城乡教师资源。通过县域内中小学教职工编制总量控制、动态调整等机制，在编办或人社部门核定的编制和岗位总量内，由县级教育行政部门具体对区域内教职工编制和岗位统筹分配、统筹使用。盘活现有编制存量，建立城乡义务教育学校教职工编制统筹配置机制和跨区域调整机制。

党的十九大之后，我国各地教育部门加快推进义务教育教师岗位从"校管县聘"到"县管校聘"的转型。很多地方出台有诸如山西省教育厅《关于加快推进义务教育教师县管校聘管理改革工作的意见》、浙江省教育厅办公室《关于做好 2018 年中小学教师"县管校聘"管理改革工作的通知》等此类文件，积极推动该项改革。

"县管校聘"意味着教师身份从"学校人"向"系统人"的转变，实际上提高了教师管理岗位的统筹层级，有利于县级教育部门统筹县域内教师的经常性流动。"县管校聘"通过确定比例的流动（包括对骨干教师流动比例的规定），有助于加快县域内义务教育学校教师、校长交流轮岗，推动优质教师资源的共享,以及形成对长期聘期表现落后教师的压力等,是破除教师的单位固着感,激发教师工作积极性的有效治理举措。[①] 同时,"县管校聘"的推进,也进一步在法理上理顺了教师岗位"管"和"聘"的主体,契合现代学校管理制度的推进,既有利于县级教育部门在县一级层面上统筹优化配置教师岗位,也真正赋予学校聘任教师的权利。"县管校聘"为推进教师聘期制、校长任期制管理,推动城镇优秀教师、校长向乡村学校、薄弱学校流动提供了法理与政策依据,是实现教师资源优质均衡配置的有效举措。

第四节 强调治理:多维保障资源均衡配置

党的十九大报告指出中国社会进入新时代。就教育而言,新时代的主要矛盾转变为不平衡、不充分的教育发展与人民对优质教育资源的需求之间的矛盾,即供给侧优质教育资源的供给失衡与不足,与需求侧人民对优质教育资源需求的多元化与日益刚性化之间的矛盾。

当代义务教育资源均衡配置,更为强调供给侧的治理,重视制度层面的顶层设计。只有通过科学合理的制度设计,才能真正将教育资源的统筹与有质量的配置落到实处,其中学校是制度安排的关键环节。

一、追求义务教育良治的新观念

现代教育制度更为重视学生发展,反对制度安排上追求标准化、强调控制的"非人化"治理倾向,强调以学生为核心,是一种追求良治的教育制度。[②] 当代义务教育资源均衡配置改革,更为重视政策的"现代

---

① 王定华.开启新时代教师队伍建设新征程.中国教育学刊,2017(12).
② 胡金木.现代学校治理的制度之善.华东师范大学学报(教育科学版),2018(2).

性",强调多方共同参与,推进资源配置的治理现代化。党的十八届三中全会提出"推进国家治理体系和治理能力现代化",义务教育的资源配置也在从传统"管理"向现代"治理"发生转变。

首先,宏观层面的义务教育管理,更为重视简政放权,优化教育治理结构体系。在义务教育领域,不少地方实施"管办评"分离改革,形成政府宏观管理、学校自主办学、社会参与监督的义务教育公共治理新格局。其间,教育行政部门和教育事业单位机构布局发生重大转变,教育督导和教育评价的专业化建设得到了加强,特别是重视引进第三方评价机构,由其对学校开展基于第三方的教育教学质量评估,突出专业引领。

其次,政府优化自身管理,实行"放管服"改革。在操作上,厘清政府、社会、学校在义务教育供给之间的关系,重视吸引社会参与治理。表现在教育行政部门深化教育系统"两张清单一张网"及其动态调整机制建设①,减少针对中小学校的项目评审、教育评估、人才评价和检查事项,减少行政干预,加强治理的专业性和服务性。同时,积极引入社会力量,特别是高校、科研机构、家庭等,整合多种资源,共同办好义务教育学校。

最后,重视学校建立现代管理制度。强调学校面向教育现代化,回归教育本原、关注每一个学生的差异发展为核心,强调学校制度安排的内涵性,构建合理的校内外制度,进一步落实中小学校长负责制,加快建设适应时代要求、符合区域特点的现代学校制度,促进学校内涵式发展。具体而言,它更注重以人为本,注重学生的道德生活与全面发展,并非"唯分数论"的价值追求。在学校内教育资源的配置是兼顾教书与育人的,将学校的资源合理配置到学生的学业与道德生活,反对工具理性和功利主义。扩而言之,在更大的区域范围内,多个学校对现代学校制度

---

① 注:即权力清单、责任清单和教育政务局域网。

的追求,也必将更好推动区域义务教育资源的优化配置。

二、资源配置的新供给方略

　　义务教育资源均衡配置引入以制度供给为核心,建立以供方制度改革为统领的"新供给管理方略"。制度供给体现了制度变迁,"任何改革,实质上都是一种制度安排替代另一种制度安排的制度变迁过程"。① 制度变迁"通常由对构成制度框架的规则、规范和实施的复杂的边际调整所组成",其背后是信念体系。"在信念体系与制度框架之间存在着密切的联系,信念体系体现了人类处境的内在表诠,制度则是人类施加在所处环境之上的以达至合意结果的结构。"②通过改善制度供给来提高义务教育发展的内涵质量,正日益被各级教育行政部门所重视。

　　资源配置制度的新供给方略具有多种形式。一是制定法规与标准,它从国家基本制度规范的角度,对义务教育资源的配置提出合格性或优质性规定,常以国家或部门标准、办法等形式颁布。如全国多个省份已全面实施推行的《义务教育学校管理标准》体系,它由基本理念、基本内容和实施要求三部分组成,在"平等对待每位学生、促进学生全面发展、引领教师专业发展、提升教育教学质量、营造和谐安全环境、建设现代学校制度"等六大方面,做了诸多详细规范与要求,推进学校依法办学与科学管理。二是重视各类专项规划与实施意见的引领。它重视义务教育资源配置过程中的现实需求,强调问题解决导向,能够结合地方实际,因地制宜地提出相关政策措施,具有极强的针对性、适用性与时效性。如2014年河南省为了优化城乡基础教育资源配置,解决城镇基础教育资源的不足问题,推出《扩充城镇义务教育资源五年规划》。2017年,贵州省为充分发挥教育造血式扶贫功能,深入推进教育精准扶贫,编制了《贵

---

① 柳海民,周霖.义务教育均衡发展的理论与对策研究.长春:东北师范大学出版社,2007:9.
② [美]道格拉斯·C.诺斯.制度、制度变迁与经济绩效.上海:格致出版社,2012:42.

州省教育精准脱贫规划方案(2016—2018)》。

总体上,国家和各地教育供给侧改革视野下教育资源配置的制度变迁,体现了政府对制度安排和体制机制的顶层设计,以及通过调整原有规则,规范利益边际,超越原有相对具象、零碎项目式的政策,反映了应对新时代教育的主要矛盾,建立有利于提升义务教育资源配置效益的制度改革新路向。

三、统筹推进城乡义务教育一体化发展

城乡义务教育一体化是重大改革主题。我国全面建设社会主义现代化国家,最艰巨最繁重的任务在农村。全面推进义务教育均衡发展,最艰巨最复杂的任务在农村教育。推进城乡义务教育一体化发展,促进城乡公共义务教育资源的均衡配置,不仅是我国教育公平的深度体现,也是从根本上消除城乡二元结构的必然要求,是全面建设社会主义现代化国家、振兴乡村的必然要求。2016 年 7 月,国务院印发《关于统筹推进县域内城乡义务教育一体化改革发展的若干意见》(国发〔2016〕40号),明确提出"统筹推进县域内城乡义务教育一体化改革发展"。实现城乡义务教育一体化,是县域义务教育基本均衡、优质均衡的重要组成部分,在很大程度上农村义务教育的办学水平将决定区域义务教育的均衡水平。

统筹推进城乡义务教育一体化,是义务教育多种资源建设标准的一体化。首先,统一义务教育学校建设标准,应实行城乡学校一致的"普通中小学校建设标准",旨在从标准源头上消除差距。其次,统一师资队伍标准,在教师编制标准农村全面参照城市标准的基础上,结合乡村小规模学校实际,适当向农村倾斜增加编制。再次,统一生均公用经费基准定额,按照东中西部实际,建立标准基本一致的拨款机制。最后,统一的基本装备配置标准,以制定各类相关标准为抓手,落实城乡学校配置的

标准化。

全国各地在城乡义务教育一体化方面开展了丰富探索,其中四川成都模式尤其值得关注。早在 2003 年,成都就开始探索"城乡教育一体化"。经过多年的改革探索,成都高度注重全市"一盘棋",全域"一张图",形成"发展规划、办学条件、教育经费、教师队伍、教育质量、评估标准"等六个一体化为核心的实践模式,构建起城乡义务教育的"教育机会公平均等、资源配置动态均衡、质量水平全域共进、管理方式创新融合"的"市域统筹"四大新机制,驱动城乡义务教育一体化落地。^① 通过多年的改革探索,极大缩小了成都城乡基本公共教育服务的差距,促进了办好家门口的每一所义务教育学校,提升了农村教育水平,为全国其他地区城乡义务教育一体化提供了可资借鉴和学习的样本。

---

① 倪秀.统筹城乡教育一体化的"成都速度".中国教育报,2018-10-13(4).

第五章　义务教育资源非均衡

配置的挑战与效应

　　义务教育资源以要素形式分布,在不同自然环境、城乡二元社会、不同义务教育政策和教育资源总体不足等多维因素综合作用下,在区域、城乡、学校、人群之间以不同的资源类型与资源数额集散,形成各个地方和学校之间呈现一定差异的配置形态。在公平均衡方面,义务教育资源既存在显性的分布不均衡,也存在隐性的分布不均衡,并由此产生了更为深远广泛的多维溢出效应。

第一节　显性资源与隐性资源

　　资源是人类社会生存与发展的基本要素,具有被人类开发与利用的重大价值,也是人类社会发展的条件性要素,包括各类自然性与社会性物资、能量和信息等。

　　义务教育是面向适龄儿童、少年的强制性、普惠性与免费性的基础教育,其教育资源广泛涉及推动义务教育办学的各类物资、能量与信息等。对它的分类具有多种维度,按照归属性质与管理层次,可分为国家性资源、地方性资源和个体性资源;按照资源的构成状态,可分为静态资源和动态资源;按照资源的政策导向,可分为计划资源和市场资源。[①]

---

　　①　唐明钊.教育资源系统研究.成都:西南交通大学出版社,2014:23.

按照资源的学段层次,可分为小学教育资源和初中教育资源。[①] 按照可见程度,可以分为显性义务教育资源与隐性义务教育资源。从显性与隐性视角切入对义务教育资源的分析,更有利于全面分析不同义务教育资源对资源均衡配置的作用机制与改革难题。

依据经典管理学对资源要素的分类,结合义务教育各类资源的内在属性与资源统筹的价值,在此将其分为人力、财力和物力三大类显性教育资源,以及包括生源质量、家庭教育资源、公共设施资源等多种资源在内的隐性教育资源。这些不同类型的资源,在义务教育中呈现十分丰富的表现形式,并发挥不同的教育作用,承担不同的功能(见表 5-1)。

表 5-1　义务教育资源的显性与隐性分类

一级指标	二级指标	三级指标
1.显性资源 (人力)	1.1 师资资源	1.1.1 专职教师 1.1.2 兼职教师 1.1.3 行政职员 1.1.4 教辅人员
	1.2 其他人力资源	1.2.1 工勤人员 1.2.2 支教、实习等临时人力资源
2.显性资源 (财力)	2.1 国家财政性经费	2.1.1 全国教育经费总投入 2.1.2 生均公共财政预算教育事业费 2.1.3 生均公共财政预算公用经费 2.1.4 基本建设费 2.1.5 各级政府征收用于教育的税费
	2.2 私人投入	2.2.1 民办学校举办者投入 2.2.2 家庭的货币投入,如学杂费、借读费、住宿费等
	2.3 社会捐赠等其他收入	2.3.1 社会及个人对教育的捐赠 2.3.2 其他难以列入上述的收入

————————

[①] 世界不同国家实施义务教育的年限差别很大,从最短的 4 年到最长的 13 年不等,其中美、英、德等发达国家大部分实现了 12—13 年的义务教育。中国结合自身国情,目前实施 9 年义务教育制度,学前教育和高中阶段教育均不属于义务教育。

续表

一级指标	二级指标	三级指标
3.显性资源（物力）	3.1 学校空间环境	3.1.1 自然地理条件
	3.2 学校办学硬件	3.2.1 办学土地
		3.2.2 学校建筑
		3.2.3 教育设施
	3.3 学校办学软件	3.3.1 图书资料
		3.3.2 教育信息资源
4.隐性资源	4.1 学校品牌	4.1.1 学校办学品牌度
	4.2 生源质量	4.2.1 优质生源
		4.2.2 普通生源
	4.3 家庭教育资源	4.3.1 低弹性家庭教育资源
		4.3.2 高弹性家庭教育资源
	4.4 公共设施资源	4.4.1 通路、通水、通电、通信等基本配套资源
		4.4.2 公交、医疗、公安、超市等基础配套资源
		4.4.3 博物馆、体育馆等文体娱乐配套教育资源

一、显性义务教育资源

显性义务教育资源,主要是人力资源、物力资源和财力资源,它们是义务教育资源配置的主要资源类型。

(一)人力资源

人力资源是教育资源中最具开发性、最具可持续性的资源,具体包括专职教师、兼职教师、行政职员、教学辅助人员、工勤人员等。[①]

1.教师是第一资源

教育大计,教师为本,教师是教育人力资源中最为重要的资源。教师是育人活动的主体,不论是传道、授业、解惑,抑或是学生成长的引领与促进,教师是最为宝贵和最具有可持续开发价值的战略资源,也是义

---

① 一般认为教师是指学校中直接从事教育、教学工作的专业人员,职员是指从事学校管理工作的人员,教学辅助人员是指学校中主要从事教学实验、图书、电化教育以及卫生保健等教学辅助工作的人员,工勤人员是指学校后勤服务人员。

务教育资源均衡配置统筹中最具活力和可转移性的资源。它是教育发展的第一资源,是学校教书育人的一线执行人,是国家富强、民族振兴、人民幸福的重要基石。[①] 在义务教育阶段,只有配备一支数量充足的教师队伍,才能保证义务教育教学以及管理活动得以正常开展。在不同地区、不同学校之间只有不同学科教师的合理分布,才能保证每一所学校都可以得到正常运转。只有建设一大批高质量水平的教师队伍,才能保障义务教育学校的高质量办学。

对教师人力资源数量与质量的衡量包含多个指标。涉及教师数量的指标主要是生师比,即在校学生数与在校教师的比值。评鉴教师数量的类似指标还有班师比、科师比等。涉及教师质量的指标有代课教师占全体教职工的比例、教师学历达标率、教师高一级学历比例、中高级教师比例、教师年龄结构、教师流动比例等。

为合理指导全国各级基础教育学校的教师队伍建设,中国政府对教师编制标准制定有相关政策条文。2001 年 10 月,国务院办公厅发布《转发中央编办、教育部、财政部关于制定中小学教职工编制标准意见的通知》(国办发〔2001〕74 号),对中小学教职工的编制标准作了设定,具体配置标准如表 5-2 所示。[②]

表 5-2　中小学教职工编制标准

学 校 类 别	地 域	教职工与学生比
	城 市	1∶12.5
高中	县 镇	1∶13
	农 村	1∶13.5

---

① 中共中央,国务院.关于全面深化新时代教师队伍建设改革的意见(中发〔2018〕4 号),2018-01-20.

② 国务院办公厅.转发中央编办、教育部、财政部关于制定中小学教职工编制标准意见的通知(国办发〔2001〕74 号),2001-10-11.

学 校 类 别	地 域	教职工与学生比
初中	城市	1：13.5
	县镇	1：16
	农村	1：18
小学	城市	1：19
	县镇	1：21
	农村	1：23

注:1. 城市指省辖市以上大中城市市区;2. 县镇指县(市)政府所在地城区。

为进一步区分在校教师与职员的比例关系,教育部于 2002 年下发了具体的实施意见,提出"按照精简、规范、合理、高效的原则,规范中小学内设机构名称和职责,控制中小学领导职数,合理确定教师与职员、教学辅助人员、工勤人员的结构比例"[1]。并提出了基于班额的教职工人数配置表(见表 5-3)。

表 5-3　中小学班标准额与每班配备教职工数

学校类别	地 域	班 额	教职工	教 师	职 工
高中	城市	45—50	3.6—4	3	0.6 1
	县镇	45—50	3.5—3.8	3	0.5—0.8
	农村	45—50	3.3—3.7	3	0.3—0.7
初中	城市	45—50	3.3—3.7	2.7	0.6—1
	县镇	45—50	2.8—3.1	2.7	0.1—0.4
	农村	45—50	2.5—2.8	2.7	0.1
小学	城市	40—45	2.1—2.4	1.8	0.3—0.6
	县镇	40—45	1.9—2.1	1.8	0.1—0.3
	农村	各地勘定			

---

[1]　国务院办公厅. 转发中央编办、教育部、财政部关于制定中小学教职工编制标准意见的通知(国办发〔2001〕74 号),2001-10-11.

然而,上述编制标准使农村学校处于不利位置,且农村学校存在办学条件落后、待遇不高、发展机会少等不利因素,农村学校教师"进不去、留不住、教不好、长不高"问题日益凸显。2015 年 3 月,中央编办、教育部、财政部联合发布《关于统一城乡中小学教职工编制标准的通知》(中央编办发〔2014〕72 号),依据中央关于推进城乡发展一体化和基本公共服务均等化精神,将县镇、农村中小学教职工编制标准统一到城市标准,即高中教职工与学生比为 1∶12.5、初中为 1∶13.5、小学为 1∶19,并提出重点对学生规模较小的村小、教学点进行编制倾斜。[①]

2. 管理团队是关键要素

在人力资源中,学校管理团队是中流砥柱,特别是校长。不仅在数量上要配足配齐,更重要的是要提高校长队伍质量。

在中国基础教育学校中,管理团队的配置有编制标准,校级管理团队人数已经得到较合理配置。通常规模如下:在 12 班以下普通中学,配校级领导 1—2 人;13—23 班配校级领导 2—3 人;24—36 班配校级领导 3 人。规模在 12 班以下小学配校级领导 1—2 人;13—23 班配校级领导 2—3 人;24—36 班配校级领导 3 人。普通中学和小学规模在 36 个班以上的,可酌情增加校级领导 1—2 人。在农村只有 1—3 年的初级小学、分校或教学点,一般指定 1 名教师负责学校工作。

校长的素质与能力是义务教育办学的关键要素。校长是履行学校领导与管理职责的专业人员,在推动基础教育改革与发展过程中起到关键"承上启下"作用的核心人力资源,是学校联系内外部的纽带,是学校各类教育教学工作的领导者、管理者与执行者,也是学校办学水平的自我评价者。毋庸置疑,一个好的校长对一所学校的发展至关重要。他们在引领与规划学校发展、营造积极的育人文化、推动课程与教学改革、引

---

① 中央编办.关于统一城乡中小学教职工编制标准的通知(中央编办发〔2014〕72 号),2014-11-13.

领教师专业成长、推动学校现代化管理、调适内外部环境等方面,发挥着十分重要的作用。通过校长的实践、反思、再实践、再反思的领导与管理循环,有利于持续地推动学校向前发展。

为更好提升校长队伍这一关键资源的价值并更好发挥作用,教育部于 2013 年 2 月颁布《义务教育学校校长专业标准》,明确要求将此标准作为"校长开展学校管理、提升专业发展水平的行为准则",旨在更好引领广大校长把教育管理理论与实践结合起来,更好提升管理学校的实践能力和创新能力。该专业标准的颁布,对于更好促进校长人力资源的深度开发、提高校长队伍的专业水平具有深远意义。

3.教辅工勤等人员是重要保障

教学辅助人员及工勤人员等,也是义务教育重要的保障力量。教学辅助人员是主要从事图书、电化教育、实验以及卫生保健等教学辅助工作的人员。工勤人员主要是学校后勤服务人员,从事包括食堂、保洁、保安、文印、驾驶等工作。此类人力资源是否配置及配置量的多少,与学校需求和财政可支付能力相关,对义务教育学校服务的保障水平具有重要影响。

(二)财力资源

公共财政投入教育,是教育作为一种公共产品的本质反映。教育尤其是义务教育具有极强的公共利益属性,它不仅能够为受教育者及其直系亲属,还能够为其他社会成员带来经济和非经济收益,具有良好的正外部性和社会公平意义,能够更好促进整个社会福利的最大化,更好提高国民素质,更好促进社会价值融合,更好传承民族文化与人类文明。我国义务教育法明确规定"国家实行九年义务教育制度。义务教育是国家统一实施的所有适龄儿童、少年必须接受的教育,是国家必须予以保障的公益性事业。实施义务教育,不收学费、杂费。国家建立义务教育经费保障机制,保证义务教育制度实施"。因此,由政府主导,通过提供公平均衡的义务教育这一公共服务,有利于为每一个适龄儿童、少年创造公平的发展机会。

公共产品的本质决定了义务教育事业应当以国家财政投入为主。政府是义务教育资源保障的责任主体,有责任与义务将义务教育发展所需的财力资源纳入公共财政投入范围,并通过系统性、科学性的财政资金安排,努力为义务教育的均衡发展创造良好的发展条件。

财力资源是义务教育事业的物质基础,是对教育活动的货币化投入,也是一国公共财政的核心职能之一。国家对义务教育财力资源的投入程度,反映一国对义务教育的重视程度,同时还反映一国在义务教育上的"投入可能",即国家在单位时间内有多少财力资源可以用于义务教育。对义务教育的财力投入,是教育活动得以实施与维系的基础性物质条件,它可以为教育事业的基本建设、教学设施及教师队伍建设等提供经费保障。

全国用于义务教育的财力资源,所包含的类别十分丰富,包括国家财政性教育经费、民办学校中举办者投入、社会捐赠经费、事业收入及其他教育经费。其中国家财政性教育经费,又具体包括国家财政预算内教育经费、各级政府征收用于教育的税费、企业办学中的企业拨款、校办产业和社会服务收入用于教育的经费等。对于财政预算内教育经费,又进一步包括教育事业费拨款、科研拨款、基本建设拨款和其他如医疗保障、住房改革等类的拨款。从财力资源用于教育支出来看,包括"事业性经费支出"和"基本建设支出"两大方面,其中事业性经费支出包括"个人部分支出"和"公用部分支出"两方面。

从指标的角度看,可以从总体投入与生均经费指标两个维度展开。总体投入是国家或地区对义务教育支持的总体程度,包括义务教育经费总投入及其增长率,以及财政性义务教育经费分别占总投入与占 GDP

的比例,它们反映经济对教育运行和发展的现实支撑能力和支持程度。[①] 财政性经费占义务教育总投入的比重,一方面能够反映义务教育对财政性经费的依赖程度,同时也反映国家和地方政府对义务教育的重视程度。对义务教育而言,其普及性、免费性与强制性的特点,客观上也要求财政性教育经费成为义务教育总经费最主要的来源。

　　生均经费指标能够更为合理反映义务教育的均衡程度。面向义务教育的资源均衡配置统筹,重点包括四个指标:一是生均公共财政预算教育事业经费,它是一定时期内按在校学生数平均的教育事业经费,是考察教育投入情况的基础性指标,也是反映对义务教育重视程度的关键指标。二是生均公共财政预算公用经费,指平均每名学生耗费的公用经费,主要用于学校正常运营相关的各类开支,是考核教育成本、教育投资使用率的指标。三是教职工平均工资福利,是指教职工在一个年度内获得的平均工资收入与福利待遇,该指标与生均公共财政预算教育事业费具有高度相关性,是后者的重要内容,它的单列可更好反映教师的薪资水平。四是财政转移性专项经费,是指上一级政府,主要是国家和省级政府向扶持对象的专项财政转移支付。对这些指标的跨地区横向对比,不仅要考察具体数值,也需要考虑各地实际经济发展水平和购买力的差异。

　　除了政府主导投入的义务教育财力资源,学校自筹的资金投入、来自社会的补充资金投入,也是义务教育的重要财力来源。学校自筹的资金投入不包括上级政府的财政性拨款,是学校自筹的其他合法性收入,如承担相应活动收益、投资收益、利息、租借以及附属单位上缴的收入等。来自社会的补充资金投入,主要是企业、个人及社会各类机构对学校的捐赠。一些地区的学校还会有赞助费、择校费、补课费等收入。

---

　　① 教育部发展规划司.教育规划理论与实践.北京:中国大百科全书出版社,2006:154.

（三）物力资源

物力资源是师生教育教学活动必不可少的硬件条件，是义务教育办学的物质基础。义务教育学校的物力资源，包括地理位置、办学土地、学校建筑、教育设施资源、图书资料、教育信息资源等。

第一，地理位置。它是指学校办学所处的空间方位，地理位置不同，其周边的自然环境、空气质量、日照情况、交通条件、水源、配套文教设施等情况不同，并对师生的校园生活具有实质性的支持或阻碍作用。若学校处于高层建筑的阴影区、地震断裂带、山丘地区的滑坡段、悬崖边及崖底、河湾及泥石流地区、水坝泄洪区等，则学校的安全办学存在很大的隐患。

第二，办学土地。它指学校用地红线范围内的土地情况，包括规划土地面积、容积率、建筑密度、绿地率、建筑高度、建筑退让线等一系列规划指标。容积率是学校地上总建筑面积与用地面积的比率，一般学校容积率小于等于0.8。建筑密度，是学校用地范围内所有建筑的基底总面积与规划建设用地面积之比，一般学校建筑密度不大于35%，大部分在25%左右。绿地率，指学校范围内各类绿地的总和与规划建设用地的比率，一般学校绿地率大于等于35%。学校建筑高度，是学校最高建筑物的竖直高度值，一般小于等于24米。建筑退让线，是指建筑退让红线的距离，各个地区规定有所不同。

第三，学校建筑。它是各校根据本地区的政治、经济、文化、地理、历史等方面的实际情况，为达到特定的教育目的而兴建的教育活动场所，具体包括校舍、校园、运动场及其附属设施。[①] 其中校舍即为校内的各类建筑，运动场包括操场、球场、体育馆、活动中心、游戏场和游泳池等，校园则指除去校舍和运动场以外的学校庭院空间，而附属设施则是为使

---

① 邵兴江.学校建筑：教育意蕴与文化价值.北京：教育科学出版社，2012：29.

校舍、运动场、校园功能更为完备而设置的各类建筑与设备。[①] 学校建筑是"第三任教师",其品质的好坏,对师生教育教学活动有直接影响。校舍建筑的新旧与安危,运动设施的数量与类型,与育人质量密切相关。中国建立了学校建设的基本规范标准,以更好确保校舍的品质,如《城市普通中小学校校舍建设标准》(建标 102-2002)、《农村普通中小学校建设标准建标》(建标 109-2008)等。为进一步推动义务教育的均衡发展,目前正在着手城市与农村两种校舍建设标准的统一工作。在一些地方如上海与浙江,还制定有区域性的学校建设标准,如浙江省工程建设标准《九年制义务教育普通学校建设标准》(DB 33/1018-2005),并设置有省Ⅰ类、Ⅱ类、Ⅲ类不同级别的建设标准。

第四,教育设施。它是学校教育教学活动实施与保障所需要的各类教育技术设施,其最主要的功能是帮助教学系统中的主体即师生更好开展学习活动。教育装备对促进义务教育均衡发展,具有重要意义。教育部于 2016 年 7 月向全国各地教育部门印发《关于新形势下进一步做好普通中小学装备工作的意见》(教基一〔2016〕3 号),明确提出"加强装备工作是推进义务教育均衡发展、促进教育公平的必然要求,是实施素质教育、促进学生全面发展的重要基础,是提高教育质量、加快推进教育现代化的重要举措",并认为"欠发达地区,重在均衡提高配备和管理水平,并向农村、边远、贫困、民族地区倾斜"[②]。教育装备包括多种分类,主要包括教学技术装备、实验仪器设备、智慧校园装备、办公教学家具、文体设备等软硬件。

第五,图书资料。它是师生教育教学过程中的学习资源,对于提升学生学习兴趣、扩大知识面、提高学生的问题探究与解决能力等具有重

---

① 邵兴江.学校建筑:教育意蕴与文化价值.北京:教育科学出版社,2012:29.

② 教育部.关于新形势下进一步做好普通中小学装备工作的意见(教基一〔2016〕3 号),2016-07-13.

要的作用。图书资料是学校办学的基础性条件,包括纸质和电子两种类型,其中电子类图书资料近年来有很大的增幅,并成为重要的可复制、可广泛传播辐射的学习资源。

第六,教学信息资源。它是为学校教育教学服务的信息化环境与教学资源,包括学校信息化网络平台、校本特色课程群、多媒体素材库、课件库、试题库、学业评价库、智慧管理库等。伴随可开放、可扩展、可持续服务的信息化建设理念的推广,近年来的教学信息资源建设正朝着面向"工业4.0"的智慧校园方向发展,引入"以业务应用定系统、以系统定软件开发要求、以软件定硬件需求"三大创新思维,推动教学信息资源向"全面专业、易用可靠、开放融合"方向发展,倡导一体化大数据设计、泛在信息化生态环境、满足师生多元教学服务需求的新定位,真正实现学校工作的过程化、精细化与人性化。通过高度集成化的信息平台,推动智慧环境、智慧教学、智慧管理三大体系的建设。教学信息资源正日益成为影响学校办学质量的核心要素。

义务教育均衡发展相关的物力资源,关注从人均的角度考察各类资源的配置情况,核心是反映小学、初中基础教育设施的配置水平。其中比较核心的指标包括:一是生均用地面积,指平均每名学生占有的场地面积。二是生均校舍建筑面积,指平均每名学生占有的校舍建筑面积。三是生均仪器设备值,指学校平均每名学生所拥有的教育仪器设备价值。四是生均图书册数,指学校平均每名学生占有的图书册数。五是每百名学生拥有的计算机台数,指学校每100名学生中配置的计算机数量,主要考察学校的信息化水平。

近年来,为更好推动义务教育均衡发展,全国各地对义务教育的物力资源投入较大,各类指标有了明显改观,学校新建数量明显增加,特别是影响办学水平的重点资源改善显著(见表5-4)。

表 5-4 2013—2017 年中小学办学硬件资源的改善情况

分类	年度	新建学校/所	改扩建学校/所	新增学位/万人	新建各类校舍和辅助用房面积/万平方米	新增体育运动场馆面积/万平方米	新增实验室、功能室/万间	新增设施、器材和信息化装备/亿元	新增图书/万册	新增计算机/万台
巩固县	2013—2016	8267	90162	1234	21537	14569	651	2204	73127	701
	2017	2351	19653	428	5996	2993	34	216	11062	114
达标县	2013—2016	1980	43614	381	6421	4819	16	207	20211	160
	2017	822	18077	183	2731	2925	8	109	12437	91
未达标县	2013—2016	2440	52399	346	6157	3335	15	578	13387	110
	2017	928	18725	145	2573	2351	8	98	11095	81
合计	2013—2016	12400	190743	1978	33713	25676	697	2839	110317	966
	2017	4058	55354	747	11100	8223	49	417	33730	282
总计		16458	246097	2725	44813	33899	746	3257	144046	1248

来源：教育部.2017 年全国义务教育均衡发展督导评估工作报告.2018-02-08.

二、隐性义务教育资源

义务教育办学资源除了人力、财力、物力资源外,还有其他多项重要的资源在促进义务教育发展方面发挥着重要的隐性资源作用,它们也是义务教育实现良好发展不可缺少的资源,如学校品牌,对孩子成长具有重要影响的家庭教育资源,有利于师生更好、更方便开展教与学活动的公共配套资源等。这些资源与人力、财力、物力等资源相互紧密配合,是义务教育优质均衡发展不可忽视的重要力量。事实上,只有多方资源合力,实现彼此的整合协调发展,才能更好地保障并促进义务教育均衡发展,从而更好促进义务教育质量提升。

(一)学校品牌

学校品牌是学校的美誉度、知名度与影响力,是一所学校区别于其他学校的特定符号与文化系统,包括学校的校名、理念术语、共同价值观、办学特色、制度体系、标识象征、视觉设计等。它是一所学校教育质量的反映,是学校教育理念、比较优势、经营管理能力、办学成果的综合化体现,也是一所学校较长时期办学成就的累积与社会识别度。

学校品牌是无形资产,具有资源吸附集聚特征。好的学校品牌,更富有魅力与吸引力,有利于"留住"各类教育资源,避免如优质生源、优质教师的流失。好的学校品牌,更具有价值转换能力。学校品牌好,办学形象佳,美誉度高,相对更容易获得师生的认同、家长的信赖与社会的支持。当学校因发展需要筹集相关人力、物力、财力等其他资源时,由于品牌的强大价值与吸引力,它更具资源的转换能力,会相对更容易获得所需要的资源,为学校的发展注入新的活力。

近年来,优质学校品牌对义务教育的正面促进作用日益突出,甚至超越了一般的办学硬件资源。伴随义务教育均衡发展,特别是未来更高质量均衡发展的基本趋势,学校品牌日益成为需要大力加以关注的办学资源。义务教育均衡发展的趋势清晰表明,未来的均衡不是办学的同质化与划一化,更高质量的均衡是每所学校基于自身历史、特色、差距和愿景,寻找适合不同学生卓越发展的个性化品牌道路。换言之,不同学校基于不同特色形成强大且富有个性的办学品牌,是义务教育学校均衡发展的更高阶段与改革方向。

(二)生源质量

生源质量是义务教育资源均衡配置中不可忽视的重要隐性资源。学生是义务教育的服务对象,同时也是影响学校均衡发展的重要资源。作为资源的学生具有独特的资源特征,它在不少教育研究中常被称为生源,并常用生源质量来概称相应学校学生群体资源的品质。对各个学校而言,生源质量包括它的分布、特点与供给,它对学校的办学规模与办学品质影响显著,并进一步影响其他资源的配置。[①]

---

① 唐明钊.教育资源系统研究.成都:西南交通大学出版社,2014:102.

　　公办学校的生源质量,也存在学区之间的差异性。当前,绝大部分地区义务教育实施学区制管理,每所义务教育学校只对应一个学区。综合来看,由于以往的重点制学校政策,政府对不同学校实施差别化扶持,以及不同学校自身办学水平与办学品牌差异等因素,不同学区学校的办学质量还未完全实现高位均衡。当前,学校办学质量、学区房价格和生源质量之间,已经形成紧密的"共进退"关系。所在学区学校办学质量高,与此相应的学区房价格高。家长能否有能力购买高价学区房,在一定程度上反映家庭的经济实力。中低收入家庭,往往难以承受购买高价学区房,因此被无形之中"挤出"优质学区。需要特别关注的是,国内外的多项实证研究已经表明,孩子的学业表现与家庭的社会经济地位这一因素之间存在高度相关性。[①] 概言之,更好的学区,其学区房价更高,其相应家庭的社会经济地位更高,而来自这些家庭的孩子学业表现会更好。

　　相比于公办学校,民办义务教育的生源质量往往更具有选择性,甚至以高隐蔽的方式强化选择。过去为扶持民办学校发展,民办学校在招生环节上,如招生时间、招生方式、招生范围等方面,都具有一定的选择优势。一些民办学校为获得好生源,还通过各种方式争抢优质生源,实施"掐尖"招生,以获得育人起点优势。不可否认,生源好是当代中国民办教育受社会肯定的重要因素之一。为进一步推动公、民办学校协调发展,2019年3月教育部发布《关于做好2019年普通中小学招生入学工作的通知》,明确提出"民办义务教育学校与公办学校同步招生,不得以任何形式提前选择生源"。可以预见,未来公办民办义务教育学校生源质量的差异会逐步缩小。

　　可以说,不论是公办学校还是民办学校,总体上优质学校相比薄弱

---

① 庞维国,等.家庭社会经济地位与中学生学业成绩的关系研究.全球教育展望,2013(2).

学校,前者的生源更好,未来这些学校的学生更有可能取得出色学业表现。同时,这些有好生源的学校在同等办学条件下,更容易取得好的办学成绩。良好的生源质量进一步推动学校优质办学,学校办学优质更容易吸引优质生源,由此形成了办学质量的良性循环。

(三)家庭教育资源

家庭教育是教育的基础,家长是儿童的"第一任教师",在儿童品德养成、个性发展、生涯规划与能力培养等方面,发挥着十分重要的作用。家庭教育资源与儿童学业表现具有相关性,有研究考察130名学业不良儿童与788名一般儿童在家庭主客观教育资源上的异同,结果表明:学业不良儿童的家庭教育资源在家长受教育水平、家长期望值、家庭学习氛围方面显著低于一般儿童,学业不良儿童家长提供的学业支持存在不同于一般儿童家长的特点。[①]

家庭教育资源是一个相对丰富的概念,既包括社会关系网络、家庭背景、经济收入水平、父母学历、家庭成员结构、风俗习惯等可以客观描述的指标,也包括家风、家庭环境、父母对孩子的期待、教育观念、教育介入程度、学业指导策略、父母和睦程度等更为难以清晰描述的指标。家庭教育资源常常通过显性和隐性的方式、有意识和无意识的教导,通过"教养""模仿""感化""熏陶"等形式,对子女施加影响。

家庭教育资源的特征既具有客观性,也具有转换弹性。一方面,作为客观存在的不同家庭,其所具有的物质与精神资源十分不同,这是各个家庭较难主观选择与控制的部分。另一方面,家庭对子女教育的影响,又具有相当大的弹性,家庭对子女教育的认知观、努力程度与期待程度,家庭对家庭内外部各类资源的创造性转换程度,特别是家庭可获得的资源最终转换为对子女教育条件的能力,往往具有较高的可调控性。

---

① 刘颂,刘全礼.学业不良儿童家庭教育资源研究.中国特殊教育,2007(6).

根据不同家庭对外部社会性资源网络、家庭资源转换意识、家庭经济能力等因素转换能力的高低,可将家庭划分为高转换弹性家庭和低转换弹性家庭两种基本类别。

其中家庭子女教育经费投入、教育观念、教育介入程度和外部优质教育资源是家庭教育资源中相对重要的资源。一是子女教育经费投入,主要指为使得孩子能够接受教育以及接受更高质量的教育所支付的费用。受制于学校网点与居所之间的空间关系,一部分家庭为了方便孩子接受教育需要额外增加教育投入,例如在入读学校周边租房或购房,而跨学区的购房迁户则往往需要更多的经费投入。此外,不同家庭依据自身财力和孩子兴趣、学业需求等,选择性参加的校外辅导教育,正成为家庭教育经费投入的重要组成部分。二是教育观念,包括人才观、亲子观、儿童发展观、学业指导方法等。不同的教育观念与方法,会影响家庭教育的不同作用方向与方式。三是教育介入程度,是指家庭对子女教育的期待、家庭育人氛围营造及家长时间投入程度,其中家长在日常时间对子女教育持续的关注、支持与指导,以及这些要素对子女的有效影响程度,均会不同程度影响子女学业表现。总体上,对学生生活、教养的介入与否,以及介入程度,对学生的成长具有十分重要的影响,不论是控辍保学、提高义务教育学生的出勤率与完成率,还是学生学习质量的管理,介入作用不可或缺。四是外部优质教育资源,诸如优质学校、优质个辅教师、优质学习同伴等,是子女学习的重要外部条件。需要指出的是,不同家庭教育资源之间相互具有关联性,最佳的子女教育效果需要结合每个家庭和子女的实际协调不同资源。此外,要特别加强父亲在子女家庭教育过程的角色与责任,加强父亲在子女成长过程中的参与力度。

（四）公共设施资源

义务教育学校是基本公共服务,政府有责任保障适龄儿童、少年实现就近入学,确保学校与家庭之间的距离不会过远。换言之,学校的网点布局主要依据学龄人口情况进行规划,并综合考虑自然地理、社会经济等条件合理选择,这些资源无形之中对学校办学产生重大的影响。

义务教育学校的办学离不开学校外部资源的支持,特别是学校周边的公共设施资源的合理配套。它们向学校师生的教与学活动提供公共性、服务性保障,与更好保障义务教育的均衡发展具有紧密关系。

义务教育的公共设施资源,涉及面较多。首先,必须具有基本的"四通"配套,要有较好的交通条件,包括道路、桥梁等基础设施,便于师生方便、安全地往返;要通电、通水、通信,特别是接通互联网,它们可确保学校与外部世界保持紧密的联系与信息交流。其次,尽可能提供配套公共设施,诸如公共交通站点、医疗卫生机构、基层公安机构、生活便利商店等,这些设施有利于更好保障师生在校生活的质量与安全。此外,学校周边若有文化娱乐设施、公共体育设施,如书店、电影院、球馆等,以及其他市政公共设施,则对于提高师生校园生活的丰富性,增加学校吸引力具有重要的配套作用。

国家应努力为每所学校提供基本的公共设施。每所义务教育学校均有其独特的选址条件,自然地理、气候水文、社会经济、人文风俗等会有所不同。中国地域广阔,东、中、西部之间条件不尽相同,即便是同一个区县,城乡之间、山区与平原之间,不同学校的公共设施资源也会有所不同。因此,为便于师生正常教育活动的开展,需要为师生提供基本的公共设施。

此外,还有不少资源在义务教育均衡发展过程中承担着重要的作用,如学校与外部组织定向帮扶结对、捆绑发展资源,周边具有重要教育价值的公共文教设施等。

第二节　资源配置的显性非均衡

1949 年,我国首次提出要施行义务教育。在中国人民政治协商会议第一届全体会议上通过的《中国人民政治协商会议共同纲领》中,提出全国要"有计划、有步骤地实行普及义务教育"。1960 年颁布的《全国农业发展纲要》和 1982 年修订的《中华人民共和国宪法》,也都提到要普及义务教育。1986 年,首部《中华人民共和国义务教育法》颁布,正式以立法形式明确我国实施九年制义务教育。2006 年,新修订的《中华人民共和国义务教育法》规定"实施义务教育,不收学费、杂费"。2008 年 9 月,在 16 个省(区、市)和 5 个计划单列市进行试点后,全国所有城市免除义务教育学杂费,由此实现了全国范围的免费义务教育。2011 年,全国所有省份通过了国家"普九"验收。我国用 25 年时间全面普及了城乡免费义务教育,这标志着我国基本实现了义务教育机会的均等,但与此同时,学校建设标准、资源分布、学业表现的不均,即教育资源分配不均的问题仍然十分严峻。

一、区域分配不均衡

制约义务教育资源区域间分配的因素有很多,包括自然环境、人口分布、文化水平等,但经济发展水平直接决定该区域的教育财政投入,因此地方财政是影响资源获得总量最重要的影响因素。地区间教育资源分配不均衡在不少国家也是突出问题。[①] 中国长期实行义务教育"低重心投入"的机制,义务教育经费主要由县级及其以下政府承担,这意味着

---

① Tomul Ekber. Measuring regional inequality of education in Turkey: An evaluation by Gini index. Procedia-Social and Behavioral Sciences,2009(1).

义务教育经费的充裕程度与所在地区的经济发展水平和财政能力有着紧密联系。经济发达地区财政收入高，对义务教育的投入会更大，而经济落后地区财政收入有限，甚至基本是"吃饭财政"，对教育的投入则相对有限。我国国土面积广大，按照地形和地理位置可以大致划分为东部、中部和西部三大地区，三个地区经济发展水平差异显著，义务教育资源在区域之间的差异同样显著。

政府财政性教育投入差距是衡量义务教育均衡水平的核心指标，一般可以从生均一般公共预算教育事业费和生均一般公共预算公用经费这两个方面来比较，前者反映公共财政对义务教育的支持程度，后者反映政府财政对改善办学条件的支持程度。[①] 从 2013 年到 2017 年，东、中、西部三个地区生均预算内教育事业费和生均预算内公用经费这两项指标数据的统计分析发现，尽管三地这两类经费的投入总量每年均有所上升，但是东部地区的总投入一直显著高于中西部地区。首先，在生均预算内公用经费这项指标上，2017 年小学生均预算内公用经费最高的北京市为 10855.08 元，是最低的河南省 2040.76 元的 5.32 倍；初中生均预算内公用经费最高的北京市为 21282.49 元，是最低的甘肃省 2724.90 元的 7.81 倍。其次，在反映公共财政对义务教育支持程度的生均预算教育事业费指标上，东、中、西部之间差距同样很大（见表 5-5）。需要说明的是，两个指标都同样出现经费投入的"中部塌陷"现象，其根本原因是西部地区因转移性支付而获得一定优势，由于"国家贫困地区义务教育工程"、推动东西部地区学校对口支援的"两个工程"[②]等一系列国家政策的扶持，西部教育经费虽不及东部，但也略高于中部地区。

---

① 邵兴江.中国教育战略研究.杭州:浙江教育出版社,2014:62.
② "两个工程"是指"东部地区学校对口支援西部贫困地区学校工程"和"西部大中城市学校对口支援本省(自治区、直辖市)贫困地区学校工程"。

表 5-5　2013—2017 年分地区义务教育生均一般预算经费投入

单位:元

年份	普通小学			普通初中		
	东　部	中　部	西　部	东　部	中　部	西　部
生均预算内公用经费 2013	3427.73	2039.41	2166.93	4752.79	3070.44	3106.73
2014	3671.72	2143.87	2653.31	5086.03	3144.37	3274.71
2015	3847.11	2396.39	3042.44	5558.25	3369.22	3569.39
2016	4054.42	2530.29	3150.71	5866.01	3556.97	3748.48
2017	4073.96	2673.73	3261.73	6415.67	3743.80	3981.27
生均预算内教育事业费 2013	11034.43	5635.91	7823.55	15432.71	8051.65	9383.26
2014	11852.49	6450.15	8875.09	17030.19	9297.68	10466.17
2015	12937.19	7503.09	10819.17	19278.15	10725.81	11147.3
2016	13869.24	8164.67	11342.26	21392.3	12029.65	11674.87
2017	14613.6	8809.39	11989.99	23592.49	13052.95	12236.59

来源:教育部. 全国教育经费执行情况统计公告(2013—2017). (2018-11-01). http://www.moe.gov.cn/jyb_sjzl/sjzl_jfzxgg/.

　　除了经费投入的差距,区域间办学条件的差距也较为明显。良好的办学场地和先进的教学设施是高质量教学的保障要素,三个地区 2017 年办学条件的横向对比,即师生比、生均图书数量、生均计算机数量、生均实验室面积、生均危房面积五个维度的数据如表 5-6 所示。显然,在师生比指标上西部地区已经高于东部和中部地区;在生均图书数量方面,小学阶段三个地区相差不多,但在初中阶段则是西部地区更胜一筹;在生均计算机数量和实验室面积方面,都是西部地区在初中阶段占有明显优势,而小学阶段三个地区则基本持平;但是在生均危房面积方面,东部地区相比西部地区占有明显的优势,西部地区初中阶段的生均危房面积甚至是东部地区的 25.24 倍。总体而言,西部地区在办学条件的硬件方面近年来已有了很大的提升,甚至在师生比等部分指标方面高于经济更为发达的东部地区,而中部地区则稍显落后。

表 5-6　2017 年分地区义务教育办学条件

项 目	普通小学			普通初中		
	东部	中部	西部	东部	中部	西部
师生比	0.059	0.058	0.063	0.089	0.079	0.20
生均图书数量/册	27.09	19.98	21.02	40.52	31.59	81.78
生均计算机数量/台	0.17	0.10	0.13	0.24	0.14	0.46
生均实验室面积/m²	0.27	0.25	0.26	1.08	0.73	2.27
生均危房面积/m²	0.0084	0.031	0.13	0.021	0.055	0.53

来源:教育部.2017 年教育统计数据.(2018-11-01).http://www.moe.gov.cn/s78/A03/moe_560/jytjsj_2017/.

除了办学条件的差异,师资队伍水平也是影响义务教育办学的关键因素。从表 5-7 中可以看出,在专任教师学历方面,东部地区更具优势,无论是小学还是初中阶段,绝大多数教师的学历在专科以上,初中阶段本科以上教师的比例甚至已接近 90%,而中部和西部地区的师资力量则稍显薄弱。高学历教师相对接受过更多教育,有更先进的教学理念和更科学的教学方法,专业知识和技能相对更为扎实,有较多高学历教师的学校,通常办学产出更好。

表 5-7　2017 年分地区义务教育专任教师学历结构

项 目	普通小学			普通初中		
	东部	中部	西部	东部	中部	西部
研究生毕业教师占比/%	1.53	0.55	0.49	3.71	1.84	1.69
本科毕业教师占比/%	61.38	48.86	48.53	85.91	76.41	81.62
专科毕业教师占比/%	33.53	44.93	45.41	10.29	21.46	16.52
高中毕业教师占比/%	3.55	5.64	5.48	0.04	0.28	0.17

来源:教育部.2017 年教育统计数据.(2018-11-01).http://www.moe.gov.cn/s78/A03/moe_560/jytjsj_2017/.

此外,教师的工资收入水平同样存在不小的地区差异。《中华人民共和国教师法》规定"教师工资不低于或高于当地公务员平均工资水平",而公务员的工资水平主要取决于当地财政收入,经济发达的县域财政收入较高,从而教师平均工资也较高,相比之下财政收入水平较低县域的教师平均工资就相对较低。因此,不同县域之间的教师平均工资相差较大,悬殊的地方甚至可以达到数倍。

总之,区域、城乡、校际财政性教育经费投入的巨大落差,既有区域社会经济发展不均衡这一客观原因,也有主政者对基础教育重视程度差异这一主观原因,两者是形成当前不同地区学校财政性教育经费投入不均衡现象的主要根源。

二、城乡分配不均衡

新中国成立之初,为了尽快实现工业化和现代化,中国实施城乡二元分治结构,资源配置实施高度集中模式。就教育而言,国家在相当长时间内将可用的教育资源高度集中在城市地区,这一举措推动了城市教育事业的较好发展,但是非均衡的资源配置方式也使城乡教育产生巨大的差距,乡村教育发展相对滞后。在长期累积效应下,教育资源配置城乡差距显著,成为义务教育迫切需要破解的发展难题(见表5-8)。

表5-8 2008年义务教育办学条件的城乡差异比较

指　标		2008 年		
		平　均	城　市	农　村
小学	生均校舍建筑面积/㎡	5.60	5.25	5.67
	危房率/%	4.35	1.18	4.97
	生均仪器设备值/元	319	668	245
	建网学校比例/%	12.5	58.04	9.76
	百名学生拥有的计算机数/台	4.28	7.96	3.50
	生均图书册数/册	14.31	16.45	13.86

续表

指　标		2008 年		
		平　均	城　市	农　村
初中	生均校舍建筑面积/㎡	7.22	6.93	7.29
	危房率/%	3.27	1.29	3.72
	生均仪器设备值/元	484	781	414
	建网学校比例/%	39.3	65.75	35.27
	百名学生拥有计算机数/台	6.53	8.62	6.04
	生均图书册数/册	16.35	15.26	17.22

来源:教育部发展规划司.2008年全国教育事业发展简明统计分析.2009.

　　进入 21 世纪以来,中国政府不断提高对农村义务教育的重视程度。2001 年 6 月,国务院公布《关于基础教育改革与发展的决定》,把农村教育作为义务教育实施的重点和难点。2003 年 9 月,国务院出台《关于进一步加强农村教育工作的决定》(国发〔2003〕19 号),把基础教育优先发展的任务进一步聚焦农村,明确要求"优先发展农村教育",并把农村义务教育纳入公共财政保障范围,落实和完善农村义务教育管理的新体制。2005 年 5 月,教育部印发《关于进一步推进义务教育均衡发展的若干意见》(教基〔2005〕9 号),明确要求"统筹城乡办学条件和师资力量,推进义务教育均衡发展"。2017 年 10 月,党的十九大报告进一步强调推进农村义务教育的发展,促进城乡义务教育一体化进程。我国义务教育经过多年的发展,虽然取得了比较大的成就,但城乡义务教育失衡问题仍未得到根本性解决。

　　中国虽然不断加大对农村义务教育的政策倾斜,教育经费的投入比重持续增加,但是在生均预算教育事业费和生均预算公用经费方面,城乡之间差距依然明显。从 2013—2017 年的基本数据看,城乡两大基本经费指标均呈逐年增长的态势,但无论是小学阶段还是初中阶段,农村生均预算教育事业费和生均预算公用经费都要低于全国平均水平,甚至还有一定的扩大趋势（见表 5-9）。

表 5-9 2013—2017 年城乡义务教育生均经费投入

| 年份 | 普通小学 | | 普通初中 | |
	全国平均	农村	全国平均	农村
2013	6901.77	6854.96	9258.37	9195.77
2014	7681.02	7403.91	10359.33	9711.82
2015	8838.44	8576.75	12105.08	11348.79
2016	9557.89	9246.00	13415.99	12477.35
2017	10199.12	9768.57	14641.15	13447.08
2013	2068.47	1973.53	2983.75	2968.37
2014	2241.83	2102.09	3120.81	2915.31
2015	2434.26	2245.30	3361.11	3093.82
2016	2610.80	2402.18	3562.05	3257.19
2017	2732.07	2495.84	3792.53	3406.72

左侧行标题：生均预算教育事业费/元（前五行）；生均预算公用经费/元（后五行）

来源：教育部. 全国教育经费执行情况统计公告（2013-2017）.（2018-11-01）. http://www.moe.gov.cn/jyb_sjzl/sjzl_jfzxgg/.

农村义务教育学校办学硬件有较大改善，但仍有差距。学校的基本建设主要依靠财政投入，但不少地区往往采取差异化的城乡学校建设投入。一方面，财政对城市新区配套学校的投入往往相对较高，这源于通过提高新区学校的建设水平来拉动新区的房产价格、集聚人口，达到重塑城市空间布局的目的；另一方面，对农村学校的配套建设投入则偏低，往往是保障性和兜底性的，某种程度上它不能为政府带来其他政绩，同时农村学校建设的年代通常较早和投入相对不足，这是造成当前部分地区城乡学校硬件差距大现象的原因所在。就具体指标而言，2017 年城市与农村教师在师资年龄结构方面基本差距不大（见表 5-10）。在师生比、生均图书数量和生均实验室面积等指标上，农村小学和初中的情况已经略好于城市，可以说近年来国家政策对农村义务教育的倾斜配置成效已开始显现。但是与教育现代化、信息化密切相关的生均计算机指标上,农村与城市仍存在一定差距。不能忽视的还有危房问题,尽管近年来国家实施"校舍安全工程""农村寄宿制学校工程"等措施后,农村学校危房面积已经有了较大幅度的下降,从 2008 年的 2024.1 万平方米下降到 2017 年的 324.43 万平方米,但农村生均危房面积依然远高于城市(见表 5-11)。就办学硬件的配置质量而言,城市中小学校相对具备充足的资金,教学硬件设施基本在国家规定标准之上,不少学校还配置有高标准的教学设施、宿舍、文体器材等,而农村特别是偏远地区的学校,办学条件则要相对差得多。城乡义务教育办学条件的差距依然不小。

表 5-10 2017 年城乡义务教育初中阶段师资年龄结构占比

年龄阶段	24 岁及以下	25—29 岁	30—34 岁	35—39 岁	40—44 岁	45—49 岁	50—54 岁	55—59 岁	60 岁及以上
城市/%	3.600	12.000	15.000	19.000	19.000	17.000	12.000	3.200	0.068
农村/%	4.700	15.000	16.000	19.000	18.000	14.000	9.700	3.600	0.044

来源:教育部.2017 年教育统计数据.(2018-11-01).http://www.moe.gov.cn/s78/A03/moe_560/jytjsj_2017/.

表 5-11 2017 年城乡义务教育办学条件

项 目	普通小学		普通初中	
	城市	农村	城市	农村
师生比	0.046	0.056	0.078	0.081
生均图书数量/册	22.51	22.76	34.04	36.51
生均计算机数量/台	0.13	0.12	0.19	0.17
生均实验室面积/m²	0.20	0.28	0.83	0.89
生均危房面积/m²	0.028	0.071	0.043	0.11

来源:教育部.2017 年教育统计数据.(2018-11-01).http://www.moe.gov.cn/s78/A03/moe_560/jytjsj_2017/.

需要说明的是,师资水平的城乡差距依然是重点。城乡之间师资水平在学历合格率、高级教师比例等方面也存在较大差距。教师的学科结构性矛盾还很突出,例如外语、音乐、美术和信息技术等学科教师严重不足,相关课程难以开齐开足。近年来,通过"集中授课""教师走校"等多种创新形式,这种情况改善不少,但农村教师的"进不去、留不住"问题依然十分突出。

三、校际分配不均衡

义务教育资源在学校之间分配不均衡(很多国家面临同样的问题,如韩国[①])。在我国其根本原因是城乡二元结构、差异化的校际教育资源配置制度和对乡村教育重要性的认识不充分。其中"重点制"学校政策对校际不均衡产生长期影响。1978 年,教育部颁布《关于办好一批重点中小学的试行方案》,重点中小学制度正式出台,并在办学条件、经费投入、师资队伍、学生来源等方面给予重点倾斜。[②] 2006 年 9 月,新修的义务教育法规定"不得将学校分为重点学校和非重点学校,同时学校不得分设重点班和非重点班"。随之却兴起"实验班""示范校"等换汤不换药的新形式,重点班"名亡实存",要彻底消除还任重道远,它所产生的不利影响还持续存在,并成为教育不公平的关注焦点。

义务教育校际的差距依然很大,在资源分配上不同时期有不同表现。第一,在新义务教育法颁布后,校际不均衡仍然十分突出。据对黑龙江、河南、广西、云南等 4 个省份 2006 年小学、初中教师职称情况的统计,省域内小学中级及以上职务教师比例最高的前 20％学校与最低的后 20％学校,分别相差 24.5、27.7、30.8 和 32.6 个百分点;省域内初中中级及以上职务教师比例最高的前 20％学校与最低的后 20％学校,分

---

①　Woo,M. S. Equity in educational resources at the school level in Korea. Asia Pacific Education Review,2010(4).

②　王树涛,毛亚庆.我国义务教育阶段公平有质量学校教育的区域均衡研究.现代教育管理,2018(2).

别相差 21.3、22.9、27.7 和 29.2 个百分点。[①] 校际中高级职务教师的比例差距过大,已成为义务教育不均衡和择校问题难以解决的重要原因,并导致不同社会阶层所受教育的不公平。对北京、苏州、宁波等 10 个城市的调查显示,高级和中级管理人员、技术人员的子女,约 60% 在重点中学就读,而低阶层家庭则正好相反,约 60% 的子女在非重点中学就读,同时进一步考虑各阶层的人口比例,会发现上层子女进入重点中学的机会比低阶层子女高得多。[②]

第二,近年来校际不均衡情况较之于 2006 年前后已有很大改善,但是仍然不均衡。2017 年,有研究对 12 省份的 22 个县开展实地调查,对县域义务教育经费投入状态进行实证分析发现,生均公用经费的校际差距较为明显。[③] 不仅市域内及县域内校际差距明显,县域内的农村小学之间也同样存在较大差距。2016 年,有研究比较了经济欠发达地区 K 县 M 镇中心小学和 X 完小两校,发现两校之间在师资、生源、管理及享有资源等方面,非均衡发展现象仍然较为突出。[④]

第三,从现状来看,校际不均衡的折射指标是学区房现象的"高烧不退"。无论是 2017 年北京 46 万一平方米,还是 2018 年南京 13 万一平方米的"天价学区房",还是更为普遍存在的因学区不同而导致的不同地段房价的巨大差异,均反映校际差距的真实存在。

总体上,在同一区县内,客观上各学校之间的优质课程资源、学校管理文化、教师专业水平、学生学习的社会支持系统等方面,仍然存在较大差距。

---

① 国家教育督导团.国家教育督导报告 2008(国教督〔2008〕6 号).2008-12-03.
② 杨东平.教育公平的理想与现实.北京:北京大学出版社,2006:182.
③ 柳海民,李子腾,金熳然.县域义务教育经费投入均衡状态及改进对策.东北师范大学学报(哲学社会科学版),2017(6).
④ 徐莉莉.欠发达县域农村小学校际均衡发展策略探析.教育评论,2016(11).

四、人群分配不均衡

对不同人口群体而言,即便是在同一个城市,所能享受的义务教育资源也存在不均衡。其中流动人口随迁子女和特殊教育儿童等弱势群体的义务教育公平问题相对突出。

流动人口作为特殊的群体,遍布于中国不同城市的角角落落。作为一个社会较为弱势的群体,具有社会地位低、就业不稳定、经济收入差、住所不固定等特点。随着市场化、工业化、城市化的不断发展,我国进城务工人员的数量日渐庞大且不断增加。据人社部统计,2017 年我国的流动人口数量已达 2.87 亿人。2017 年,全国教育事业发展统计公报显示,全国义务教育阶段在校生中进城务工人员随迁子女共有 1406.63 万人,其中在小学就读 1042.18 万人,在初中就读 364.45 万人。[①] 进城务工的流动人口在数量及增长速度上呈递增态势,并呈现家庭化和常住化趋势。一是流动人口的居留稳定性不断增强,流动人口在现居住地居住时间 3 年以上的占 55%,5 年以上的占 37%,半数以上流动人口打算在现居住地长期居留;二是家庭化流动趋势,2014 年流动人口随迁子女在现居地出生的比例较 2010 年上升了 29.1%。[②]

尽管如此,流动人口随迁子女的义务教育,往往较难受到公平的对待。2013 年对我国 6 个城市流动人口的调查发现,大部分新生代流动人口随迁子女在老家就读、随迁子女主要在城市民办学校上学,存在教育支出较高、在城市就学困难、流动频繁等问题。[③] 有研究利用国家人口计生委的 2010 年流动人口动态监测工作调查原始数据,对流动人口

---

①　教育部.2017 年全国教育事业发展统计公报.(2018-07-19).http://www.moe.gov.cn/jyb_sjzl/sjzl_fztjgb/201807/t20180719_343508.html.

②　李雨纯.教育财政公平视角下农民随迁子女义务教育问题研究.领导科学论坛,2018(15).

③　雷万鹏.新生代流动人口子女教育调查与思考.华中师范大学学报(人文社会科学版),2013(5).

随迁子女受教育现状进行调查,显示从户籍类型特征看,不同户籍类型流动儿童的受教育状况存在明显差异,农业户口随迁子女辍学率达到0.68%,远高于非农户籍人口辍学率即0.51%;从流动类型特征来看,不同流动类型流动儿童的受教育状况存在明显差异;跨省流动、省内跨市、市内跨县的辍学率分别达到0.82%、0.50%和0.33%。[①] 不难发现,跨省流动人口随迁子女其失学率相对较高。相比起流入地常住人口子女,流动人口随迁子女在进入当地的公立学校就读时面临更多障碍,不仅会要求缴纳借读费,还会要求其父母出示工作证、暂住证、纳税证明等一系列材料。对工作不够稳定的流动人口而言,一些过高的门槛阻挡了他们子女进入公立小学。因此,他们的子女只能在少数民办学校或者条件简陋的流动人口子弟学校就读,而这些学校的教学资源、办学条件与公立学校相比,差距较大,并进一步导致教育过程的差异性和教育结果的不对等。

导致流动人口随迁子女义务教育问题产生的原因多样。其主要原因之一是我国义务教育财政实施以县为主的管理体制,实施所有适龄学童在常住所就近入学,县级财政负责中小学教职工工资支出及筹资责任保障、中小学公用经费支出及筹资责任保障、中小学危房改造和学校基本建设经费投入保障等。在这一体制下,县级政府对义务教育的经费投入总量与所服务学生人口规模直接挂钩,一个地方的在读学生越多,地方政府的财政压力就越大。加上义务教育经费尚不能跟随学生学籍自然流动,即流动人口随迁子女无法将其户籍所在地地方政府配置的义务教育经费带到流入地。因此,流动人口随迁子女就学会增加流入地地方政府的财政压力,客观上导致流入地政府不愿意承担流动人口随迁子女的义务教育。另外,以户籍制度为核心的制度排斥、以工作为核心的经

---

① 徐迪,马子贤.对流动人口子女义务教育政策的研究.教育教学论坛,2018(4).

济排斥、以教育为核心的文化排斥和社会排斥等,也在不同层面影响着流动人口随迁子女的受义务教育的公平保障。

对流入地政府而言,所面临的庞大经费缺口使得地方政府很难较好解决这一问题。流动人口随迁子女在流入地政府公办学校就读,按照所在城市公办学校的办学资源同等投入,结合城市流动人口随迁子女的数量,往往存在较大的经费缺口。以广东省为例,2017 年广东义务教育经费支出为 1580.37 亿元,全省义务教育阶段在校学生总数为 1298.06 万人,其中随迁子女在校生总数为 446.09 万人,随迁子女公办学校在校生总数为 297.62 万人。[①] 显然,随迁子女占广东义务教育在校生总数的约三分之一,其中近三分之二在公办义务教育学校就读,给广东省义务教育经费支出带来不小的财政压力。若加上需要新建学校和其他配套教育设施,则财政支出的压力更大。

特殊教育儿童接受义务教育的入学率还较低,远低于普通学生的水平,尤其是农村地区特殊儿童接受特殊教育还面临巨大挑战,特殊教育学校缺乏,入学率低、辍学率高等现象还比较普遍。[②] 有研究对枝江市特殊教育儿童的实证调查表明,存在残疾儿童少年入学率低、师资力量不够、学习知识机会有限、学习工具简陋、升学机会得不到保障等诸多问题。[③] 近年来,各地方政府虽然加大了对特殊教育学校的支持力度,但形势依然严峻。

弱势群体的教育未能得到公平解决,将极大影响社会的稳定与发展。流动人口随迁子女的义务教育若处理不好,不仅会影响这一庞大群体的健康成长,还会影响到经济社会发展,对学生心理健康、义务教育公

---

① 胡阳光.外部效应视角下随迁子女义务教育经费分担机制研究.广州:广州大学硕士学位论文,2019.

② 邵兴江.中国教育战略研究.杭州:浙江教育出版社,2014:65.

③ 周守军.县域义务教育均衡发展研究.北京:光明日报出版社,2013:134-136.

平、社会稳定、经济发展、城乡统筹发展等方面均有不利影响。[①] 可以说，义务教育资源在不同人群之间的分配还很不均衡，特别是对于流动人口随迁子女的政策关照仍然不够，盘根错节的不同群体特别是流动人口随迁子女等弱势群体的义务教育问题，还有待进一步解决。

第三节　资源配置的隐性非均衡

虽然一部分义务教育资源以"看得见""摸得着"的显性形式存在，相对容易识别与比较，属于显性资源。但是还有不少义务教育资源，以更为隐蔽的形式存在，如师资水平、学风、学校品牌等，它们属于隐性资源。显性资源是隐性资源产生形成的前提，隐性资源则是在显性资源基础上衍生而来。

隐性资源具有更难测量、更难评估的特征，其不均衡性更难观察，但又客观存在。义务教育资源的隐性非均衡在校际与群体之间都有所存在，这类非均衡通常无法在官方的统计数据中加以客观反映，但在现实生活中却是真实存在的。它们在无形与潜移默化之中，对师生的教学活动产生潜在影响。政府和社会应当对这类隐性非均衡给予更多关注，以公平为导向，尽可能缓解甚至消除这类隐性非均衡带来的影响。

一、校际的隐性非均衡

区域内校际的隐性不均衡，无法在官方统计数据中体现出来，但相关实证研究发现存在隐蔽性很强的不均衡。其中公办名校与普通学校之间的隐性非均衡问题尤为突出。

---

① 范先佐.人口流动背景下的义务教育体制改革.北京:中国社会科学出版社,2011:215-259.

（一）县域内校际的隐性非均衡

县域内义务教育均衡,是国家政策的重要目标。2005 年 5 月,教育部颁布《关于进一步推进义务教育均衡发展的若干意见》(教基〔2005〕9号),要求通过缩小城乡之间、地区之间和学校之间的资源差距来实现均衡发展。要求各地将均衡发展的着力点放在"县域内"。2012 年 9 月,国务院又颁布《关于深入推进教育均衡发展的意见》(国发〔2012〕48号),提出义务教育均衡发展的阶段性指标,即到 2020 年实现基本均衡县的比例要达到 95%,并明确了深入推进义务教育均衡发展的具体政策措施。与此同时,教育部建立了县域义务教育均衡发展督导评估制度,出台《县域义务教育均衡发展督导评估暂行办法》(教督〔2012〕3号)。截至 2015 年底,全国已有 1302 个县(市、区)通过国家"基本均衡发展督导评估认定"。[①] 到 2020 年 5 月,该指标达到了 2767 个,占比达全国所有区县政府的 95.32%。[②] 义务教育县域内基本均衡发展取得了十分显著的成绩。

尽管通过"基本均衡"认定成绩喜人,但国内义务教育县域内的校际隐性差距仍然较为突出,包括学校品牌质量、师资队伍水平、学校设施品质等之间的不均衡。

第一,学校品牌文化的隐性非均衡。学校品牌是一所学校区别于其他学校所形成的美誉度、知名度与影响力,具有丰富的教育内涵。文化是学校品牌的核心,是学校品牌最富有魅力与价值的部分。一所学校的文化,是师生在持续的办学过程中所积淀创造出来的具有教育生命力与影响力的价值观、精神、制度、行为与物质的总和。学校品牌特别是文

[①] 吴宏超,胡玲.义务教育如何从基本均衡跨向优质均衡:基于广东省的数据分析.教育与经济,2018(4).

[②] 教育部.全国 2767 个县(市、区)通过国家义务教育基本均衡发展督导评估认定. (2020-05-19). http://www.moe.gov.cn/fbh/live/2020/51997/mtbd/202005/t20200520_456715.html.

化，更应关注一校的品牌文化能否适合并更好促进师生的卓越发展。很难用可量化的数据来表示学校品牌的价值与魅力，即便是可量化的部分，例如制度条文的多少、精神文化关键词的多少，也并不能充分代表学校品牌的高低好坏。不同学校的品牌文化，更多以无形资产的形式存在，如学校价值观、校风、学风等。有魅力的品牌文化能够潜移默化地对师生产生激励、引导与规范作用。不少学校还没有形成富有吸引力的品牌文化，甚至一些学校还存在不利于师生成长的不良文化环境。可以说，学校品牌文化的隐性差距客观存在，并很难用一般的人、财、物指标加以客观衡量，但又对义务教育的品质办学至关重要。

第二，师资队伍水平的隐性非均衡。教师队伍是义务教育均衡发展的第一资源，可以通过教师学历合格率、高一级学历比例、教师职称比例、年龄结构、性别结构等一系列指标加以客观描述，但尚有不少涉及教师队伍质量水平的描述性指标，难以用量化的数据加以表征，包括教师育人理念、教科研水平、教师敬业精神、自我提升与学习意识、教师综合能力等。在一定程度上，具有隐性特征的教师队伍指标，更关涉教师队伍质量。例如教师的育人理念，它对教学行动具有关键的指导作用，会对教育教学实践产生不同影响。教育理念先进，能运用现代先进教学资源进行教育活动，教学效果会较好。因此，涉及教师队伍质量水平的大量质性难量化指标，很难用现有表现义务教育均衡发展水平的指标加以客观描述，但它们是教师身上实质存在的隐性非均衡因素，在学校、城乡、区域之间会有明显的不同。

第三，教学设施品质的隐性非均衡。近年来，伴随各地义务教育经费投入的不断加大，学校办学硬件条件稳步改善，基于量化指标的学校教育设施条件差距逐渐缩小，不少地区已经实现量化指标层面的配置均衡，如生均计算机台数、生均实验仪器设备数、生均图书册数等。然而，"办学条件均衡不等同于办学水平均衡"，除了基于数量的设施指标均衡外,还需要关注更深层次的设施质量水平,包括关注相关设施的质量性能指标,如图书指标除了生均册数外,还需要关注图书的丰富性、覆盖面、学生喜爱度、新书率、正版率等隐性指标;关注相关设施的课程开发水平,对师生有积极作用的教育设施往往与课程紧密相关,相关教学设施若未进行课程化的开发与使用,即便是有,其教育作用也微乎其微;关注相关设施的日常利用率,设施利用率的高低与教学效能具有直接相关性,提高教学设施的利用率在一定程度上可以弥补数量上的不足;还需要关注拓展性教学设施的情况,如心理咨询室、个性化教室装备情况等。教学设施的隐性不均衡,与学生的个性化培育和适性教育具有更大的相关性。

(二)知名学校与普通学校的隐性非均衡

知名学校是具有较高知名度,办学质量受到社会认可的学校,是家长口碑中的"好学校"。普通学校则是相对知名度一般的学校。伴随义务教育的均衡化,知名学校与普通学校的可量化教育资源指标的差距日益缩小,但具有一定隐蔽性的教育资源仍具有非均衡性。其主要原因是名校的"光环效应",从而衍生出多种不同类型教育资源的非对称集聚,主要体现在生源分配、教师待遇、非常规教育资源等方面,这些资源与普通学校所获得资源相比存在隐性非均衡。

第一,生源质量的隐性非均衡。名校因过去的教学质量好而更受家长的欢迎,成为家长需要激烈竞争择校的对象。家长选择公办的名校,往往需要通过购买学区房而让孩子获得进名校的机会。家长若选择私立名校,则需要孩子通过层层面试选拔,不论是高价购买学区房还是通过私立学校选拔,其结果是名校有机会获得更好的生源质量。客观上,义务教育办学质量与生源质量具有较高的相关性,生源的隐性不均衡,会对义务教育办学过程与结果的不均衡产生重大影响。

第二,名校更有机会获得额外的非常规教育资源。省、市级重点学校,尤其是名校,由于其自身的光环效应与资源稀缺性,有更多机会进行无形资产的"转换",为学校的发展争取更多外部发展条件,例如有更多机会获得社会性捐赠,有更多机会获得政府资源的倾斜性支持等。而普通学校往往只有基本的办学经费,鲜有额外的外部资源。名校与普通学校之间的非常规教育资源的隐性非均衡,会导致名校更具有相对竞争力。

第三,名校更有机会获得优质办学资源。基于名校光环的资源集聚效应,名校更容易招聘到好教师。相关研究显示,教师数量、质量、专业发展机会依旧有利于优势学校,优质师资的分布依旧向高级别学校、城区学校和经济发达县(区)的学校倾斜,校际师资数量与质量不均衡的状况并未根本改善。[①] 这也导致师资很难在义务教育学校之间实现公平配置,其他办学资源获得的隐性不均衡同样如此。

二、群体之间的隐性非均衡

义务教育资源在不同群体中也体现隐性非均衡,流动人口随迁子女、"老少边穷"地区学生等弱势群体,在资源竞争与分配中因多种主客观原因而居于处境不利地位,对他们的入学机会、教育过程及教育结果产生较多的负面影响。不同学生出身家庭背景和家庭环境的不同,呈现出一定的阶层差别,对学生的就读机会与学业表现同样具有差异化的影响。

(一)流动人口随迁子女入学的隐性不均衡

近年来,在流动人口子女入学"两为主"政策基础上,国家配套实施了"两纳入",即将常住人口全部纳入区域教育发展规划,将随迁子女全

---

① 苏娜,黄崴.区域义务教育校际均衡发展现状与改进.教育发展研究,2010(2).

部纳入财政保障范围①，为进一步保障随迁子女义务教育权利提供了制度保障。

　　尽管国家制定有"两为主""两纳入"政策，但流动人口子女在流入地接受义务教育仍然存在不少隐性的不合理与不均衡。

　　第一，不同城市执行松紧程度不同的入学政策。政策的出台并不等于问题的解决。"两为主"政策实施，给流入地政府和公办学校资源造成了较大的压力，不设条件地全盘接受流动人口子女，使得地方政府财政不堪重负，流入地政府还需要全面考虑本地的多元利益需求，如财政支撑困难、教育质量下滑等问题。因此，各城市普遍制定了具有地方性的流动人口子女入学政策，也致使不同城市的政策宽严不一。在对北京、上海、杭州、武汉四大城市的比较中，北京比其他三个城市要严格得多，提高了流动人口子女就学的入学难度（见表5-12）。总体上，各地政策的松紧程度，会导致随迁子女在不同地区接受义务教育的机会不均衡，在入学政策较严苛的地区可能会有更多适龄随迁子女不能及时进入中小学就读。

表 5-12　四大城市义务教育阶段流动人口随迁子女入学政策比较

城 市		北京	上海	杭州	武汉
文件名称		关于 2018 年义务教育阶段入学工作的意见	关于来沪人员随迁子女就读本市各级各类学校实施意见的通知	流动人口随迁子女在杭州市区接受学前教育和义务教育管理办法	进一步规范 2018 年义务教育阶段新生入学管理工作的通知
就读条件	儿童	满 6 周岁	适龄儿童	年满 6 周岁；持有效浙江居住证	年满 6 周岁

　　① 教育部.刘利民在 2012 年全国教育工作会议上的讲话.(2012-02-22).http://www.moe.gov.cn/jyb_xwfb/moe_176/201202/t20120222_130772.html.

续表

城　市		北京	上海	杭州	武汉
就读条件	家长	在同一区连续单独承租并实际居住3年以上且在住房租赁监管平台登记备案、夫妻一方在该区合法稳定就业3年以上等条件；其父母或其他法定监护人持本人在京务工就业证明、在京实际居住证明、全家户口簿、北京市居住证（或有效期内居住登记卡）、户籍所在地街道办事处或乡镇人民政府出具的在当地没有监护条件的证明等相关材料	持《上海市居住证》且参加本市职工社会保险满6个月，或持《上海市居住证》且连续3年在街镇社区事务受理服务中心办妥灵活就业登记	办理居住登记并连续居住半年以上，且符合有合法稳定就业（连续缴纳社会保险满一年以上，且在市区连续就业或创业满一年以上）、合法稳定住所（购房或在杭州市区租住满一年以上）	持武汉市居住证、就业证明（或经营许可证）
	其他	坚持免试、就近，确保每一个适龄儿童少年接受义务教育	—	解决符合条件的随迁子女义务教育就学以公办学校为主，独立设置的随迁子女学校为辅。公办中小学要充分挖掘潜力，尽力接受符合条件的随迁子女就学	—
时间		2018-04-26	2018-02-07	2017-08-04	2018-04-09
机构		北京市教育委员会	上海市人民政府办公厅	杭州市人民政府办公厅	武汉市教育局

　　第二，随迁子女就读学校的隐性融入难。一方面，流动人口随迁子女就读的连续性差、转学多、学习状况不稳定、父母学业支持相对较弱等因素，使得随迁子女就读面临更多的融入困难，需要花费更多的精力。另一方面，不同流入地公办学校对待随迁子女的态度也不尽一致，相对越好的公立学校越可能遭遇融入难。一项基于广州市的调查显示，一些市、区级学校校长、教师觉得随迁子女生源质量较差、家庭背景复杂、教

学效果不明显,且学生难于管理。持此种态度的多为经济较发达县区的城乡接合部学校。而另一些学校,特别是未评级别学校的校长与教师则反映,很欢迎外来务工人员子女学生入学,因为"很多流动人口随迁子女学生十分珍惜与当地孩子一起进入公办学校读书的机会,学习较为用功"。这些多为经济发展水平较低的城乡接合部学校。[①] 隐性的融入难,会给随迁子女带来不利的学习环境和更多的学习障碍。

(二)"老少边穷"地区学生就学的隐性不均衡

"老少边穷"地区是指革命老区、民族地区、边疆地区和欠发达地区。生活在"老少边穷"地区的义务教育学龄儿童、少年,其就学通常会面临更多的不利条件,无形之中对这些学生的成长产生诸多障碍,义务教育均衡发展的重点还更多在"有学上"的阶段。

第一,艰苦的自然环境导致交通落后。由于历史传统、自然环境、地理位置以及现实基础等众多原因,"老少边穷"地区的自然条件相对恶劣、生产落后、交通闭塞,学生普遍居住较为分散,不仅与外界交流比较困难,也影响学校的网点布局,增加学生上学的难度。在"老少边穷"地区相对较多的西部地区,一方面,学校布局成本高,其建设和运行成本相当于内地同等规模学校的 3—5 倍,甚至更多。[②] 另一方面,财政资金有限,不得不采取集中办学模式,才能更好发挥有限资源的更多教育价值。由此,也使不少学生出现别样的"上学难",上学往返需要步行十几公里甚至更长。调查显示,不论家长、教师还是行政人员,都认为学生上学路程远是民族学生辍学和失学最突出的原因。[③] 花费在上学、放学途中的时间和精力,严重影响这些孩子的学习和生活,可以用"起早摸黑"来概

---

① 苏娜,黄崴.区域义务教育校际均衡发展现状与改进.教育发展研究,2010(2).
② 邓泽军.统筹推进西部城乡义务教育均衡研究.北京:人民出版社,2016:145.
③ 邓泽军.统筹推进西部城乡义务教育均衡研究.北京:人民出版社,2016:155.

括很多山区义务教育阶段的走读学生。[①]

第二，文化差异导致不重视义务教育。区域环境文化影响人们对义务教育的态度。老少边穷地区，大部分以农业为主，不少仍保留农耕文明的生活模式。农耕文明依赖土地，不需要太多科技含量，但对劳动力的需求量较大。由于缺乏对外部的了解，很多家长思想观念保守，以及靠天吃饭的生活模式，不少地区人们看待教育普遍关注能否带来短期实惠，没能充分认识到义务教育是对孩子、对家庭未来的人力资本投资，学龄儿童入学率低、辍学率高的问题还存在不少。

（三）学生家庭背景的隐性不均衡

不同学生成长在不同的家庭背景。所谓的家庭背景指孩子父母辈在社会分层中所处的社会经济地位，包括家庭收入、家长工作性质、家长学历水平和家庭资产等多个指标，也包括家长对孩子教育的观念、教育期望、教育方法等。法国学者布迪厄用"家庭文化资本"来描述家庭背景的差异，并认为家庭是文化再生产与社会再生产的核心环节，阶层对儿童的成长影响深远。

不同的家庭背景，对儿童的照料时间具有显著差别。2017 年一项针对中国 29 个省份收集到的 12471 个家庭，包括 30591 名不小于 3 岁家庭成员的时间利用信息的调研显示，母亲学历越高，其未成年子女被照料的时间越长，而且儿童照料的构成和提供者越优化；与母亲学历为小学及以下相比，母亲学历为大专及以上的儿童，照料时间高出 1 倍，教育照料时间高出 3.3 倍，父亲提供的儿童照料时间高出 2.1 倍（见图 5-1）；贫困家庭儿童尤其是男孩，学习时间明显更短，贫困家庭面临较大可能陷入下代"贫困陷阱"的风险。[②] 有较高学历的家庭，更加重视子女教

---

① 王颖,杨润勇.新一轮农村中小学布局调整后的负面效应.教育理论与实践,2008(12).
② 杜凤莲,王文斌,董晓媛.时间都去哪儿了？中国时间利用调查研究报告.北京:中国社会科学出版社,2018:191.

育的重要性,愿意花更多的时间投入子女教育,有利于子女获得更多的家庭教育资源支持,因此有更大可能得到更好的发展。

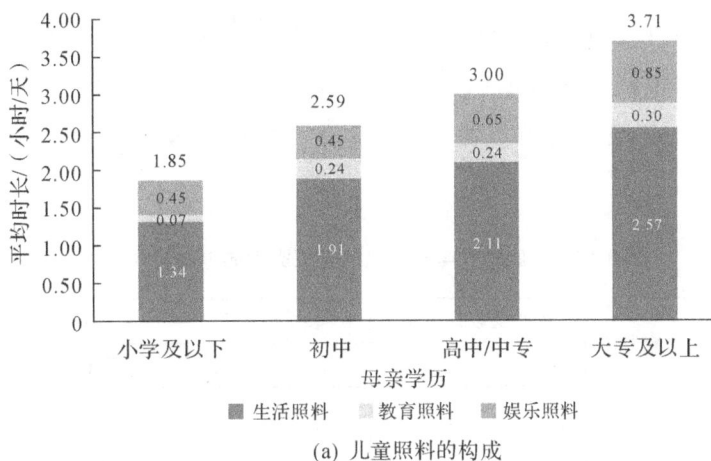

(a) 儿童照料的构成

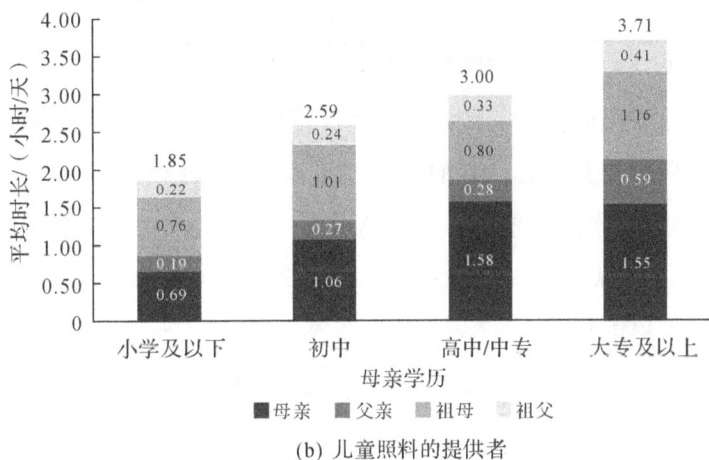

(b) 儿童照料的提供者

图 5-1 2017 年中国不同学历母亲的儿童照料时间分布

家庭背景对学生的身心发展具有深刻的影响。家庭是孩子成长最早接触的社会环境,也是持续时间最长的生活环境,家长是学生成长的第一任教师。家庭所处的社会阶层,与学生的发展具有相关性。处于较高社会阶层的家庭对子女的教育更容易符合学校教育的要求;而处于较低社会阶层家庭的孩子在学校教育中则往往表现出文化资本上的弱势,家庭文化资本的差异也会进而造成孩子在学业成就方面的差异。[①] 有实证研究也发现,家庭收入、父母亲受教育程度、父母亲职业领域及职业状态与子女初中就读学校的等级之间存在较强的相关关系,即在初中教育阶段,家庭社会经济地位对孩子进入不同类型学校就读产生很大影响,家庭社会经济地位越高,子女越有可能进入较好的初中(见表5-13)。[②]

表5-13　家庭背景与子女就读学校类别的等级相关分析

相关系数	家庭收入	家长受教育程度		家长职业领域		家长职业状态(层级)	
		父亲	母亲	父亲	母亲	父亲	母亲
Kendall's Tau-b	0.365***	0.366***	0.477***	0.398***	0.348***	0.393***	0.396***
Spearman	0.425***	0.431***	0.551***	0.465***	0.401***	0.453***	0.441***

来源:王善迈.经济变革与教育发展.北京:北京师范大学出版社,2014:251.

有优势资源的家庭,还会通过择校帮助子女获得更多优质教育资源。择校是指放弃政府已有的教育安排而自行选择其他学校就读的行为。研究显示,家庭背景对择校行为有重大影响,例如父亲的受教育程度和职业、家庭人均收入、户口类型均会影响到该家庭子女的择校行为。父亲受教育程度越低,其子女不论是在公私立教育之间还是在公办学校内部择校的比例都明显更低。家庭人均收入越高,子女择校的比例也越高。[③] 尽管择校不是优势家庭的独特专利,但优势家庭有更多的教育选择自由和资本优势。而弱势家庭受经济能力、社会关系、户口政策等的限制,在择校竞争中往往不具有竞争力。

上述研究也清晰表明,处于处境不利或社会阶层较低的家庭儿童,

---

① 邓泽军.统筹推进西部城乡义务教育均衡研究.北京:人民出版社,2016:161.
② 王善迈.经济变革与教育发展.北京:北京师范大学出版社,2014:254.
③ 文东茅.我国城市义务教育阶段的择校及其对弱势群体的影响.北京大学教育评论,2006(2).

其义务教育的发展机会更少,影响了教育的公平性。

第四节　资源非均衡配置的多维效应

2017 年,我国国家财政性教育经费总额为 34207.75 亿元,比 2016 年的 31396.25 亿元增长 8.95％,国家财政性教育经费占国内生产总值比例为 4.14％。[①] 教育投入持续增加,各级学校的办学条件持续改善,正在从"有学上"向"上好学"加快转变。但也要看到,各类义务教育资源在不同层面的配置,还存在诸多的显性与隐性不均衡,对于个人、群体、社会的发展具有不可忽视的长期影响,并产生多方面超越义务教育范畴的外延效应。

一、非均衡配置的长尾效应

当代新经济学的长尾理论,最早在 2004 年由美国人克里斯·安德森提出。作为一种新型的分析经济行为的模式,长尾理论最早用于描述诸如亚马逊、谷歌等互联网公司的商业和经济模式。该理论的基本观点是,只要存储和流通的渠道足够大,需求不旺或销量不佳的产品所共同占据的市场份额,可以和主流产品所占据的市场份额相匹敌甚至更大,即众多小市场可汇聚出与主流大市场相匹敌的能量(见图 5-2)[②]。安德森认为,只要有需求市场存在,长尾曲线就会在三个条件成立的情况下出现:多样性、不平等性、存在某种网络效应,如声誉或言语交际效应,它们会将质量的差别成倍地放大。该理论的创新之处是它积极关注需求

[①] 教育部.2017 年全国教育经费执行情况统计公告.(2018-11-01).http://www.moe.gov.cn/jyb_sjzl/sjzl_jfzxgg/.

[②] 吴青劼,洪涛,马骏.长尾理论综述.周口师范学院学报,2010(1).

曲线的尾部,即关注个性化、零散的、小量的需求,强调不忽视每一个个体,从个体差异化入手找准市场定位。该理论新颖的视角一经提出,便引起学术界的广泛关注。

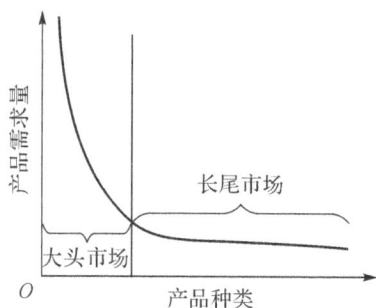

图 5-2　长尾理论的长尾曲线

　　义务教育的属性特征符合长尾曲线成立的条件。第一,义务教育具备多样性,它面向每个适龄儿童、少年,而每个儿童、少年的需求不同,且不同的中小学提供有差别的教育。第二,具有不平等性,义务教育资源分布还存在不均衡的现实,在区域之间、城乡之间、人群之间、学校之间还需要进一步公平配置,不同学校的办学质量存在差异。第三,义务教育质量会因为学校品牌或家长口碑,而出现办学质量的放大。

　　义务教育的不均衡发展,需要加深对义务教育长尾效应的认识。首先,不能忽视"尾部"学生,不能忽视非主流个体的需求。当前义务教育资源的均衡配置,重点还在关注长尾"头部",即义务教育服务的主流学生,包括身体健康、心智健全,并在其户籍所在地就近入学的儿童,他们是主要投入资源的群体,但对长尾的"尾部",即非主流学生的多元化教育需求的关注仍存不足。这些非主流学生包括老少边穷地区学生、流动人口随迁子女、特殊教育儿童、智力超常儿童等。

　　其次,长尾效应表明弱者的需求不应该被忽视,虽然人们总是更关心拥有更多需求的顾客。2017 年,我国义务教育阶段特殊学校在校生人数共约 57.88 万人,而 6—14 岁的残障儿童约有 246 万人,特殊学生入学率远低于普通义务教育学生的入学率;在办学条件方面,特殊教育学校的生均实验室面积为 0.31 平方米,而普通中小学该指标为 0.44 平方米;特殊教育学校生均图书为 16.47 本,而普通中小学为 26.64 本;在危房面积方面,特殊教育学校生均为 0.15 平方米,而普通中小学为 0.066 平方米。特殊教育学校的资源均衡配置,要明显低于全国平均水平。

因此,未来质量导向的义务教育资源要均衡配置,更需要关注有差异化需求的各类群体,让义务教育真正公平而有质量地惠及每一个学生。

二、非均衡配置的长期效应

义务教育资源的非均衡配置,通过受教育过程的"中介转换"即人力资源开发的程度,不论是对个体还是社会,都会产生持续且延后的长期效应。不仅关乎个体的良好发展,也关乎社会的可持续发展与竞争力,甚至关乎国运兴衰与民族未来。

首先,义务教育资源的非均衡配置是影响适龄儿童、少年受教育过程公平和结果公平的核心因素。适龄儿童、少年在得不到优质资源均衡配置的薄弱学校就读,办学条件差、办学经费少、教师水平低、学校管理不到位等,不利于学生素养与能力的全面发展,甚至因资源缺乏而失学或辍学。相较于优质学校的学生,薄弱学校的学生发展机会更少,学习品质相对更低,各方面的能力会相对弱,特别是在中考、高考等影响他们终身发展的选拔性考试中处于不利的地位。有研究显示,1978—1998年北京大学生源中农村学生的比例约占 30%,而 2000—2011 年只有

10%的农村子弟考入北京大学。[①] 另有研究显示,获得更多的义务教育资源投入,对个体具有积极收益,一方面在整体层面可缓解我国城乡居民收入差距,是实现城乡收入帕累托改进的有效手段;另一方面在义务教育尤其是初中阶段获得更多教育资源,对其收入的积极作用更加显著。[②] 类似研究也发现,教育水平差异是中国城乡收入差距最重要的影响因素,城市偏向的教育经费投入政策是城乡教育水平、城乡收入差距扩大的重要决定因素。[③] 可以说,教育资源的不均衡配置,致使在不同学校就读的学生产生差异化的成长命运,并在他们未来的学习、工作和生活中持续产生影响。

其次,义务教育的非均衡关系国家与社会的繁荣与稳定。义务教育属于公共物品或准公共物品,具有很强的正外部性,国民接受良好的义务教育能使社会和个体均受益。义务教育资源的非均衡配置,对经济发展、民生改善、社会公平与正义存在长期的不利影响。[④] 反过来,只有实现义务教育均衡发展,切实保障每个适龄儿童、少年的受教育权,过程公平地接受教育,才能防止新文盲产生,让每个儿童都有公平发展机会,方能整体提高国民素质,从而把沉重的人口负担转化为促进经济发展的第一资源。义务教育资源的不均衡配置,动摇教育公平,动摇社会公平的基石,不利于社会的公平与正义,不利于培养大批量的高素质国民,影响国家的长治久安与持续繁荣。

此外,一个地区义务教育的质量与均衡水平,还与所在城市的综合竞争力、社会服务水平、房价高低、资本吸引力、人口流入与吸引力、居民幸福感等方面,具有显著关联性。

---

① 于丹.中国城乡代际教育流动差异及其变迁.未来与发展,2018(11).
② 李昕,关会娟.各级教育投入、劳动力转移与城乡居民收入差距.统计研究,2018(3).
③ 陈斌开,张鹏飞,杨汝岱.政府教育投入、人力资本投资与中国城乡收入差距.管理世界,2010(1).
④ 胡祖才.努力推进基本公共教育服务均等化.教育研究,2010(9).

三、非均衡配置的代际传递效应

义务教育资源的非均衡配置,不仅影响这一代教育对象,还会通过家庭文化资本及其转化等途径,对他们的下一代产生代际传递效应,对下一代的教育表现产生差异化影响。这一具有阶层特征的社会再生产现象,会加深社会分化鸿沟,影响社会的阶层流动。

义务教育的非均衡配置导致家庭文化资本的差异。资源的不均衡配置,使所教育的这一代出现差异化的发展结果对这一代产生非均衡的长期效应,特别是学历与能力的差异,以及收入水平、职业类型等的差别。这些差别也是家庭文化资本的重要组成部分,是父母教育下一代的重要影响因素。

不同的家庭文化资本还会对下一代产生不同的代际影响。有研究发现,贫困家庭受预算限制,对孩子的早期教育投入较少,使得其子女在义务教育阶段获得的人力资本存量较低,并进一步导致其高等教育参与率较低,从而进一步影响子女未来的收入。[1] 相关研究表明,家庭内部对青少年学业表现的影响取决于内生性家庭资源的多寡。若家长本身的文化资本较高,则家庭内部社会资本对青少年的学业表现会有更多促进作用;若家长本身的文化资本较低,则家庭内部社会资本对青少年的学业表现的促进作用相对有限。[2] 高文化资本的家庭,对子女的教育期待、教育理念和提供的教育帮扶,更具有指导意义,也更有条件调动更多的教育资源促进子女成长。相反,低文化资本的家庭,则很难在子女知识教育中进行"雪中送炭",子女可获得的由家庭支持的资源相对更少,一些家庭甚至出现对教育的误解,如有相当一部分人仍持有"子女教育

---

[1] 杨娟,赖德胜,邱牧远.如何通过教育缓解收入不平等?.经济研究,2015(9).

[2] 田丰,静永超.家庭阶层地位、社会资本与青少年学业表现.复旦学报(社会科学版),2018(6).

都是学校的事情"这类错误观念。在义务教育资源配置薄弱的地区,父母一代受教育水平有限,他们在子女受教育过程中所能提供的帮助也相对不足,甚至由于外出谋生而出现"缺席",子女则成为留守儿童。需要特别指出的是,从性别的角度看,亟须强化父亲在子女成长过程中的角色定位与责任意识。

总体上,义务教育资源的非均衡分布,影响的不仅仅是一代人,还会产生代际传递效应。若一个家庭未能有其他机会给子女教育创造更多的条件,那么该家庭的社会阶层流动机会更少。这也警示政策制定者,应当给予家庭教育资源薄弱的学生更多的外部教育资源支持,真正使每一个学生都有机会获得相对公平的义务教育。

第五节　影响资源非均衡配置的政策因素

义务教育资源的配置政策,受到政府政策观念的影响,这反映社会经济发展水平对教育的制约作用。政府对义务教育资源配置的观念并不是固定不变的,而是动态变迁的。改革开放以来,我国义务教育资源的非均衡配置,是政策观念、政策执行与政策评估等多重因子,以及国家义务教育基本状况等要素综合作用的结果。

一、长期非公平导向的政策观念

我国义务教育资源配置先后经历"效率优先、兼顾公平""更注重公平""公平而有质量"三个阶段。在不同阶段,实施差异化的义务教育资源配置政策。从发展线索来看,资源配置的"城市中心"导向,始终发挥隐性的配置主导作用,是义务教育资源配置的重要不公平因素。

（一）对教育功能的片面理解

教育功能是指人的有意识教育活动对社会和个体发展所产生的各种影响和作用。从不同的视角出发，对教育的功能会有不同的理解。但概而言之，教育的功能不外乎社会功能和个体功能两大方面。教育的社会功能主要指教育对社会的反向促进作用；个体功能主要指教育促进个体的社会化和个性化，增强个体能力成长的作用。

教育的首要功能，是促进个体的社会化和个性化，并通过人的培养来实现其影响社会发展的功能。但在部分政府决策者心中，优质教育资源是吸引流动人口、吸引人才集聚与改变城市空间布局、促进城市建设的重要工具，因此教育的社会功能超过其对个体发展的功能，被赋予特殊的重要功能。在这种解读下，教育服务社会经济发展的功能被扩大，其促进社会公平与人的培养的功能被压缩，从而导致义务教育发展的"城市中心"取向。"城市中心"的教育取向意味着城市义务教育和农村义务教育在主政者的心中具有不同的重要性，决定了两者在义务教育发展中受到不同的重视程度。由此，义务教育资源的配置向城市集中，加剧了城乡义务教育资源的非均衡配置。

（二）对教育质量的误读

教育质量是一个十分丰富的概念。一方面，教育质量的内涵应当是生动而丰富的，不应仅关注单一的分数指标，剥夺教育的鲜活性和生动性，使教育远离生活世界，变成"干巴巴的、没有水分的教育"，而应与儿童的生长经验相匹配，关切人的情感与心灵的成长。另一方面，教育质量的内涵应当是动态演进的，应呼应新时代家庭不断增长的对多样化优质教育的追求，与社会经济发展水平之间相互着力、相互促进，最终形成社会经济发展水平与教育人力资源开发水平之间的相互支撑。

教育质量常被简单误读为"分数"。义务教育发展中出现的择校、大班额、校外辅导火热和学生课业负担过重等问题,不仅引起社会广泛关注,也成为党的十九大报告与2017年中央经济工作会议中提到的重要议题,这些问题反映了义务教育供给侧的质量有待提升,也隐隐折射出背后家长与社会对教育质量观念的误读原因。正是家长对"分数"的极其重视催动"唯分数论"发酵,正是家长对高质量学校的追逐,导致择校、大班额、校外辅导火热和学生课业负担过重。进一步深入思考则可能发现,在这种压力所催生的一系列"唯分数"的教育质量观的背后,是长期以来学生升学考核机制的应试导向。由于缺乏对义务教育学生综合素质全面评价的正确观念和机制,才导致家长不得不追逐能让孩子考高分的学校。

(三)对学校建设取向的功利化

学校基本建设成为驱动区域经济发展的利器。学校基本建设的品质标准是反映教育取向的重要"显示器"。在义务教育"以县为主"的管理体制下,县域义务教育学校的建设经费主要来自该县教育性财政经费投入,该经费由县级教育局负责配置。但新区或开发区的学校建设与其他地区的建设标准并不一样,新区建设是推动城市发展的主要抓手,新区管委会为了促进新区发展,往往对配套学校进行超出常规的建设投入,这使新区学校拥有不同于一般学校的投入渠道。新区大手笔投入配套学校建设的目的主要有三方面:一是建设好新区学校,可以提高新区品位,推高新区的房产价值;二是建设优质的新区教育品牌,可以吸引人口流入与人才集聚,在城市人口分布格局中获得相对竞争优势,促进人口集聚;三是新区学校的优质化,可以带动其他领域的众多消费,提高新区经济的繁荣程度。此类案例在城市建设中屡见不鲜,浙江东部某开发区一所36班的公办初中,总投资估算3.4亿元;相比之下,该市其他地区同规模学校的投资额度往往只有它的一半,甚至都不到一半。

相比之下,农村学校的建设因未能有较好经济贡献而被人为忽视。

农村学校投入依赖公共财政经费的统筹投入,并没有作为建设主体如"新区建设管理委员会"的投入,因此农村学校的建设标准往往较低。中西部部分地区的情况更为严重,有调研显示部分县在学校基建方面重城市而轻农村,如内蒙古乌拉特前旗 2004 年在危改资金的投放上,城市学校占 83％,农村学校占 17％。事实上,它颠倒了"校安工程"解危与发展的位置,舍本求末,同时也存在"钓鱼工程"的心态。① 近年来,部分中西部连片特困地区由于财政筹措能力较差,农村地区的教学设施仍较为落后。

事实上,学校建设品质是影响学生教育质量的重要因素。有研究指出,在控制家庭、学生自我期望等相关因素后,教师任职资格、是否骨干教师、生均图书册数、生均计算机台数等资源投入对学生学业成绩产生显著影响。② 总而言之,义务教育"城市中心"取向导致农村学校建设条件不如城市学校,可能是影响农村义务教育质量相对较低的一个重要相关因素。

二、资源配置政策执行的偏离

教育政策执行是一种实践性、综合性、具体性和灵活性比较强的教育实践过程。③ 由于教育政策执行是一个十分复杂的过程,在其执行过程中存在偏差是在所难免的。教育政策执行偏离是指各种消极因素的相互作用,使教育政策执行主体或客体有意干扰教育政策对相关利益的调整和分配,致使教育政策目标不能圆满实现甚至完全落空的不良情形出现。④ 义务教育政策实施的偏离可以分为客观与主观两类,客观指社

---

① 郭建如.西部民族贫困地区农村义务教育财政、资源配置与效益研究.北京:民族出版社,2010:359.

② 胡咏梅.教育资源投入对学生学业成绩的影响力评价.教育学报,2010(6).

③ 孙绵涛.教育政策学.武汉:武汉工业大学出版社,1997:145.

④ 衣华亮,李北群.教育政策执行偏离的利益分析.教育理论与实践,2010(16).

会经济发展水平所制约的教育发展条件限制带来的偏差,主观指执行者理念与认识上的偏差。其中因政策执行的主观偏离,带来义务教育资源配置的非均衡尤为值得关注。

教育政策本身是一个不断完善和调整的行动过程,本身存在"试误",因此可以用"失效规律曲线"来解释政策执行。在政策执行早期,由于政策改变了执行者的惯性思维,执行者对新政策持观望或抵触情绪,使新政策的失效率较高;在政策执行中期,由于执行主体获得了一定的经验,在与政策客体的互动中形成了将政策执行融入工作中的方法,使执行效率提高;在政策执行后期,政策进入损耗阶段,由于利益集团的压力、行政机构的惰性等,政策调整的阻力增大,使政策失效的可能性又逐渐增大。打破失效律的一个重要原则是政策本身根据环境的变化进行调整,寻求各方利益博弈的平衡点,不断提高政策执行的实效。义务教育资源配置政策执行过程中出现的主观执行偏差,主要有政策选择性执行、政策替换、政策不作为等。

(一)政策选择性执行

政策选择性执行,也称政策遗漏,是指教育政策执行主体在执行过程中,受到固有社会经济条件、教育环境影响、利益群体的压力等,对教育政策中易于执行的部分进行落实,而对难以落实的部分则采取观望或拖的态度,迟迟不愿意执行,等待教育政策生命周期的结束。如2016年5月,国务院发布《关于统筹推进县域内城乡义务教育一体化改革发展的若干意见》(国发〔2016〕40号),其政策核心是实现"四个统一",即加快推进县域内城乡义务教育学校建设标准统一、教师编制标准统一、生均公用经费基准定额统一、基本装备配置标准统一。但在实际实施中,部分县域选择推进较为容易实现的"生均公用经费基准定额"与"基本装备配置标准"统一,而对另两项标准"义务教育学校建设标准统一""教师编制标准统一"则选择推迟实施。

义务教育资源均衡配置政策的选择性执行，影响了教育公平，也不利于义务教育资源的均衡配置落地，成为义务教育资源配置公共政策执行过程中需要特别加以注意的政策难题。

（二）政策替换

按照公共选择理论，教育政策执行主体的社会职责是有限的，同样存在"经济人"的缺陷。由于教育政策执行主体的趋利性和占有性以及对教育政策的受益程度不同，教育政策执行人员可能会通过成本与收益分析法，有意识地过滤和选择"教育利益"。

在义务教育资源均衡配置政策执行中，一种情况是政策主体在执行政策时往往以自身的利益损益值作为重要的决策参数。如果预期的成本低于收益，那么义务教育资源配置政策的完整、有效、及时执行是自然而然的。相反，如果预期的成本高于收益，那么执行指令的下级就会产生相对被剥夺感，可能会要求变换政策内容，以期向他们所预定的方向发展。"如果决策与他所期望的东西不相符合或在他看来是无法实施时，他将反对这种毫无活力的东西或者试图改变既定措施的内容。"[①]作为主要的教育政策执行主体，部分地方政府特别是县级地方政府，在义务教育资源均衡配置政策执行上的"经济人"缺陷较为明显。

从 2006 年以来的义务教育资源配置政策看，由于教育资源的总量不足，不少地方政府在实现城乡义务教育均衡发展中捉襟见肘，倾向于在有限的义务教育资源中划拨主要部分投入城市义务教育，投入能够带来更多"收益"的学校，选择重点打造城市优质义务教育资源来替换城乡义务教育资源的均衡配置。这种资源配置的思路，体现了在资源总量不足时期的"有所取舍"，打造"窗口学校"和"示范学校"即这种思路的典型体现。

---

① ［法］夏尔·德巴什.行政科学.上海：上海译文出版社，2000：113.

政策执行偏离的另一种情况是政策理解的偏差。在义务教育资源的均衡配置中,常常出现"为平等而平等"的政策实施情况。简单地将配置公平理解为教育资源的平均化配置,甚至采取"削峰填谷"的做法,来实现义务教育资源的绝对均衡配置,而不是根据人口与区域的变化趋势先导性地对资源进行合理配置。平均主义的义务教育资源配置,一方面导致在教育向城镇集聚的冲击下,出现一部分学校教育资源的闲置,一部分学校教育资源不足的结构性不均衡;另一方面为平等而追求的平等,往往是一种低水平发展的平等,是抹杀学校差异性和发展空间的平等,是以降低教育效率为代价的平等。韩国、日本在推行"平准化"政策后,义务教育逐步丧失应有的效率,足见"为平等而平等"并非教育公平的真正内涵,也非常容易导致另一种形态的教育资源的非均衡配置。

(三)政策不作为

政策不作为,也称为象征性合作。它是指公共权力主体不按照政策法规来实施行政行为导致政策虚化或者不执行,从而不能实现政策目标的行为过程。[①] 政策自身有一些缺陷、公共权力私化、政策异化等因素,都有可能导致政策不作为。

政策不作为在义务教育资源均衡配置政策上有不同表现形式。政策不作为的一种表现形式是对政策的反应过慢,虽然是"慢作为",实质是不作为。比如东部县域对于义务教育阶段留守儿童的关爱保护,目前政策执行主要以妇联、民政推动为主,作为政策主要相关方的教育部门普遍存在对该政策的慢作为、积极性不高等现象。

另一种表现形式是对政策实质性的不执行。例如 2011 年之前,国家几乎缺乏对义务教育均衡发展的评估考核,虽然 2011 年之后国家逐渐建立起对义务教育均衡发展的考核制度,尤其是在均衡县的督查评估

---

① 江明生.政策执行不作为的原因探析.湖南社会科学,2007(4).

中建立了"校际均衡系数"指标,要求县域之内该均衡系数不能超过
0.3。① 但在一定程度上,均衡系数的考核中仍然包含一定程度的人为
操作,比如通过行政命令实施集团化办学,来提高城区学校的均衡指标,
通过人为的"假操作"实现达标,实际仍然是校际均衡的不达标。这反映
部分县域在推进义务教育优质均衡发展中的"象征性合作"的政策态度,
其实质就是政策不作为。

---

① 教育部.县域义务教育均衡发展督导评估暂行办法(教督〔2012〕3 号).2012-01-20.

第六章　统筹视野下的义务教育资源均衡配置

统筹配置义务教育资源，对我国义务教育均衡优质发展具有十分重要的价值，需要建立正确的统筹导向。教育是社会大系统的子系统，教育特别是义务教育的发展客观上依附于社会整体发展，本质上，社会给予义务教育发展所需的各类办学资源，对国家义务教育实施起到根本性的保障与支撑作用。

义务教育资源的优质性、可统筹性、存量性与增量性以及对资源的充分利用度与辐射度，从根本上关系到义务教育的公平与质量，关系到社会公平。长期以来中国存在义务教育资源配置不均衡的问题，对各类资源的分配中更为关注可量化的人、财、物资源的分配，而对资源的可统筹性关注十分欠缺，忽视了不少具有可统筹性的义务教育资源，忽视了可统筹资源的辐射效应。

第一节　资源统筹配置的基本导向与结构要素

加大义务教育资源的科学统筹，是破解义务教育发展不均衡问题的根本之路。统筹的核心是保障义务教育的各类资源实现相对正义的公平均衡配置。

一、统筹配置的基本导向

统筹视野下的义务教育资源，或义务教育资源统筹，涉及义务教育的各类办学资源在学校之间、群体之间、城乡之间、区域之间、东中西部之间的整体筹划和合理配置。它关注"统筹"的基本导向，指引更加公平、更具质量的义务教育均衡发展，旨在夯实教育强国建设的基石。

义务教育的资源统筹，要体现"公平优先，质量导向"立场。一方面，要着眼于公平，特别是义务教育阶段的资源统筹，大力突出其作为公共产品的定位，强调义务教育的正外部性。大力推进均衡发展，努力确保让每一个义务教育学龄儿童、少年享受更为公平的教育。另一方面，统筹也要着眼于持续提高质量，在实现"人人有学上"的基础上，不断提高小学和初中的教育质量，不断提升各类资源可发挥的教育效能，这是实现义务教育高水平均衡发展的核心任务，是从根本上实现"上好学"的发展要求。

因此，统筹义务教育资源，是在促进义务教育实现公平优质发展的价值导向下，合理运用系统观、协同论、运筹学、资源经济学等领域的改革思维，通过资源动员、资源整合、资源优化配置和资源高效利用等多元途径，实现资源更为高效配置、到位、使用与维系的体制机制。统筹视野下的义务教育资源均衡，体现统筹的四大方向性。

第一，统筹要体现全局性。发展义务教育，合理配置各类义务教育资源，不能把资源配置的政策思考点限制在区域内部，也不能限制在教育体系内部，应具有"跳出区域看区域""跳出教育看教育"的全局思维。深入认识教育的"基础性、全局性、先导性"地位，认识义务教育在整个教育体系中的"重中之重"地位，站在更大的全局视野思考义务教育的资源配置，特别是重视国家和省域层面的跨区域义务教育资源统筹，重视更多外部资源流入义务教育。

第二,统筹要体现针对性。利益相关者在不同发展阶段,在义务教育资源的均衡配置方面会面临迥然不同的资源需求。应重视实事求是的需求分析,突出抓重点、补短板、强弱项的统筹立场,加强资源均衡配置的"问题导向"和"急迫需求导向",聚焦资源需求的关键瓶颈与主要矛盾,通过实施"对症下药"式资源倾斜配置,帮助配置对象清除在义务教育发展中的主要障碍,通过破解资源配置的"木桶效应",补齐短板,从而提升各类资源的综合效能。

第三,统筹要体现可行性。要重视资源统筹均衡配置方案"因地制宜"、"因校制宜"的深入分析,特别是加强对相关限制性条件的全面分析,加强在成本可接受、资源可统筹、实践可落地、统筹有效果等方面的分析与研判,重视创新思维与创新实践,结合多方面条件的实际可能性,努力为服务对象提供切实可行的资源统筹配置方案,提高统筹配置的可实践性。

第四,统筹要体现最优性。资源统筹要考虑教育的"大绩效"与"小绩效",以教育综合绩效为导向,重视义务教育均衡发展的渐进性、动态性、阶段性特点,重视各类教育资源之间的有机协调,重视不同学校之间资源的协调发展。坚持统筹兼顾,弹好资源"钢琴"的优美旋律,处理好城乡并重、软硬件并重、改革与发展并重之间的关系,促进城乡协调发展和向乡村倾斜,努力实现各类资源的最优配置。

二、统筹配置的结构要素

统筹视野下的义务教育资源,包括非常丰富的结构要素,含统筹目标、统筹主体、统筹对象、统筹要素、统筹途径、统筹绩效等多维内容,彼此构成一个统筹体系(见图 6-1)。

义务教育资源的统筹目标是实现义务教育更高水平的均衡发展。2006 年修订的义务教育法明确提出"促进义务教育均衡发展"的思想,

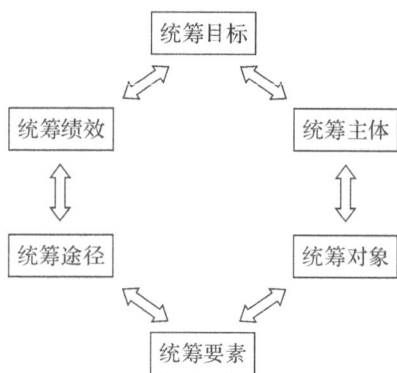

图 6-1   义务教育资源统筹的结构要素

并成为中国共产党十七大、十八大和十九大报告中关于义务教育改革的基本主线。实现均衡发展也是中国社会和谐的基石。义务教育具有很强的公益性、普惠性与公平性特征，义务教育的均衡程度，不仅关系千家万户，涉及群众根本利益，而且关系社会的公平正义与稳定发展。毋庸置疑，统筹视野下的义务教育资源均衡配置，必须坚持公平价值导向，需要把实现义务教育均衡发展作为坚定的统筹目标。从发展阶段来看，可进一步划分为初步均衡、基本均衡和高位均衡等不同层级。

义务教育资源均衡配置的统筹主体是政府与社会多元一体。对资源的统筹，必须有主体，即"谁来统筹"的问题，实际上是关于决策和决策实施过程的所有权问题。[①] 伴随社会的进步，政府不再是义务教育资源的唯一统筹主体和资源供应来源。要在党的坚强领导下，全面贯彻党的教育方针，积极推进义务教育均衡发展治理能力的现代化，通过积极发挥社会与市场的力量，让更多利益相关者如社会法人、非营利组织、民办教育机构、自然人等广泛参与义务教育资源统筹，建立多元主体协商合作的一体化决策机制，共同推动义务教育资源的合理统筹，实现不同利

①　丁元竹.对统筹发展的标准、主体及若干政策问题的思考.唯实,2004(10).

益群体冲突目标的最大程度协调，从而实现共赢，更高质量地推进义务教育的均衡发展。

义务教育资源的统筹对象，主要是区县级、市级、省级和中央级政府投入的各类义务教育资源，不仅关注各类资源在县域内学校之间的均衡配置，也关注各类资源在省级政府统筹协调下的省内跨县域、中央政府统筹协调下的跨省域的统筹配置，关注面向流动人口子女等特殊群体的倾斜性配置。当前义务教育发展不均衡的重点领域仍然是学校之间、城乡之间、群体之间和东、中、西部之间的不均衡，一方面，县域范围内实现义务教育均衡发展仍然是需要率先解决的改革事项，改革核心是解决县域学校和城乡之间资源的非均衡配置。另一方面，虽然义务教育办学已经形成"以县为主"的基本格局，但为推动义务教育更高水平的均衡发展，加强区域之间省级和中央级的统筹，加大资源"转移"配置，落实"弱势补偿"机制，对于加强全国"一盘棋"的公平统筹，缩小跨地区差距具有十分突出的意义，也是有效解决薄弱区县义务教育均衡发展资源不足的可行方式。

义务教育资源均衡配置的统筹要素，包括有利于促进义务教育均衡发展的全部要素，重点是教师队伍、办学经费、办学条件等要素的统筹。服务义务教育均衡发展的各类办学资源均应纳入统筹的范围，并应当结合各学校具体的办学实际开展通盘制约性要素分析，从而有选择性地加强瓶颈性资源要素的统筹力度。有些办学要素对一些学校来说没有制约其均衡发展，但对另外一些学校来说则有可能在很大程度上影响其均衡发展，因此需要加以区分对待。同时，教师队伍、办学经费、办学条件等要素，对所有义务教育学校的均衡发展都具有十分重要的基础性作用，它们是学校实现均衡发展的外部人力、财力和物力保障，因此它们是重点统筹要素。

义务教育资源均衡配置的统筹途径，主要是政策规范、资源交流、资源倾斜性注入和资源的高效使用。统筹途径是解决义务教育均衡的方法与路径,涉及资源的标准化、资源的交换性,以及对弱势对象的倾斜性统筹等多方面。其一,通过制定科学合理的政策规范,如建立"义务教育学校办学标准",能够为资源统筹建立具有可操作性的指导标准与统筹力度的参照系,确保小学、初中各类办学资源达到合格标准,守住办学均衡的"底线"。建立"义务教育学校管理标准",通过建立具有指导性的管理规范,对于更好保障学生的平等权益,更好促进学生的全面发展,更好引领教师的专业成长,整体提升教育教学水平,对促进营造美丽的育人环境和建立现代学校制度等方面,具有重要的指导价值。其二,资源交流的核心主要是师资队伍的流动包括校长的流动,目标是促进教师人力资源在不同学校之间实现更为合理的配置。此外,临时性聘用的人力资源,非人力性资源如图书资源、教育设施资源等,也是资源统筹交流的其他重要资源。其三,资源倾斜性注入,聚焦具体义务教育学校的"办学短板",强调"弱势补偿"机制,通过专项倾斜性注入相应资源,对薄弱对象实施针对性的"抬谷",从而加速学校的发展。其四,推动相应义务教育办学资源更为高效地使用,旨在提高相应资源的服务效能,通过更高频的资源使用,降低资源的闲置率与空转率,从而让优质资源惠及更多学生。

义务教育资源均衡配置的统筹绩效,主要评价统筹主体推动义务教育均衡发展的方案成效。依据统筹目标,制定科学的评估指标体系和评测方法,对具体统筹方案开展深入的评估与分析,总结改革经验,并为下一步的统筹优化提供宝贵的改革经验。

第二节 统筹视野下义务教育资源的再分析

义务教育的均衡发展,是中国基础教育发展的综合性战略目标,极富系统性、复杂性、动态性、艰巨性与因地而异性。从资源要素的角度看,广泛涉及各类资源,其资源类型、条目与形态极其丰富,并在不同区域、不同时期呈现出复杂多元的特征。

具体而言,不同资源根据统筹的活性与惰性,可分为可统筹资源和不可统筹资源两个类别。根据资源的累积性与消耗性,可分为存量资源与增量资源。根据资源向周边的辐射强度与范围,可分为低辐射资源与高辐射资源。

一、可统筹资源与不可统筹资源

义务教育资源的均衡配置统筹,是跨越时间和空间的多维统筹与多态统筹,具有系统性强、关联度高、复杂程度大等基本特征。具体而言,统筹是历史性、现实性与未来性的全盘考虑,不仅需要考虑各地区各级义务教育的发展历史与现实挑战,也需要考虑未来更高水平的均衡发展。统筹是教育内部与教育外部各类资源要素之间的全盘考虑,不仅需要充分考虑教育的基础性、全局性与先导性,尽可能为教育特别是义务教育的优质均衡发展,统筹倾斜配置更多资源,也需要考虑社会中其他部门的协调发展需求,实现资源分配的相互兼顾而非顾此失彼。统筹还是教育系统内部各学段之间的全盘考虑与合理安排,需要充分考虑义务教育与其他教育如学前教育、普通高中教育、中等职业教育等之间各种资源的合理安排,以协调各学段教育的良好发展。

因此,统筹需要具有全面的、联系的、辩证的、发展的观点,客观合理合情地看待各类资源要素的统筹调配与分配,以尽可能发挥各类资源的综合价值。

(一)资源统筹活性的表征指标

义务教育资源可统筹程度的高低,与不同资源的属性特征具有密切关系,核心是资源的可转移性和配置权归属两大指标。不同资源在表征指标上的不同特征,本质上决定了资源的可统筹程度。

第一,资源的可转移性指标。它是指资源从一个空间、部门或机构转移到另一个空间、部门或机构的难易程度,诸如资源转移的迁移成本、附着在资源上的附带因素等,均会对资源的转移产生影响。相对而言,资源转移难度低,如迁移成本低、羁绊因素少,那么资源表现出更强的可转移性,反之亦然。

所谓的资源迁移成本,指资源在不同空间、部门转换中需要付出的交换成本。有些资源如信息、财力等资源的转移,相对迁移成本较低。以财力资源为例,它往往以货币的形式加以表征。货币的基本特征是具有高度的可流动性。在中国,依托国家健全的金融服务体系,财力资源可以依据需要与配置方向,在跨地区、跨部门之间快速、便捷地流动,在保障、生成、调整和引导义务教育均衡发展方面,可发挥十分灵活的配置作用。因此,财力资源也被称为教育资源配置中最"活"的分子。当然,若这种灵活流动性发挥不当,会对义务教育资源均衡配置产生不利作用,例如因教师工资配置不合理引发的罢课问题、教师跨区跳槽问题等。相对于财力资源,物力资源的迁移成本要高得多。有些物力资源,例如办学土地、校舍建筑资源等,基本不具备迁移的可能性。

附着在资源上的附带因素,指资源自体以外的连带要素,它们会促进或抵制资源的转移。这些要素虽不属于资源本身,但相关连带要素会客观上对资源的转移性产生重大影响。例如,义务教育教师的交流制度,其政策的出发点是有利于结合不同学校的需要实现义务教育教师资源的合理流动,特别是向薄弱学校、乡村学校倾斜。在实际执行中,非教师个体的附带因素,如原学校对该教师的稀缺性、教师配偶的居住地、子女就学、亲属照料、交通条件、人际关系等因素,会对教师的流动意愿产生正面或负面的影响。

第二,资源的配置权归属指标。它指资源的配置权归属问题,一方面指义务教育资源的行政归属层级,另一方面则指义务教育资源归属,是公有配置权还是私有配置权,两个维度均会对资源的可统筹性产生重大影响。

资源的行政归属层级,是指该资源在配置权上隶属于哪个政府行政部门管辖。我国实施义务教育"以县为主"的管理体制,义务教育主体资源由县级人民政府管辖。2006年9月新的义务教育法第七条明确规定"义务教育实行国务院领导,省、自治区、直辖市人民政府统筹规划实施,县级人民政府为主管理的体制"。因此,大部分义务教育资源由所在县域人民政府管辖,并负责本县义务教育经费的具体筹措与管理。一方面,鉴于现行的行政管理体制,基于责权利相统一的基本原则,隶属所处层级政府范围内的义务教育资源,相对容易实现均衡配置统筹,如县级政府对本县域内的人、财、物等教育资源的均衡统筹分配。跨区域的义务教育资源统筹,若无更上一级政府的协调或区域之间的合作协议,则很难实现均衡配置统筹。另一方面,上级政府对下级政府义务教育资源的配置具有重要的指导指示作用,并基于社会主义制度的优越性,甚至可以要求下级政府向其他政府提供横向的对口支援,帮助薄弱地区、欠发达地区义务教育学校,实施跨区资源的专项支援。

教育资源的配置权归属,是指义务教育资源属于公有资源还是私有资源。我国绝大部分小学和初中属于公立学校,截至2020年底,全国共有小学15.80万所,初中5.28万所,其中民办普通小学6187所,民办初中 6041 所。[①] 绝大部分义务教育资源的公有属性,以及义务教育公共物品或准公共物品的特点,有利于各类义务教育资源的跨学校、跨地区的均衡配置统筹。当然,也有部分义务教育资源属私有,包括私立学校、私人资本、家庭教育资源等,这些资源相对难以进行跨产权归属的资源均衡配置统筹。需要指出的是,在一定条件下私有配置权的教育资源同样是重要的资源统筹来源,如私人对义务教育的捐赠、设施共享等。

(二)义务教育资源的可统筹性分析

不同类型义务教育资源的均衡配置因自身属性的差异,具有不同的可统筹强度。因此,对不同义务教育资源的均衡配置统筹,应展开基于具体统筹对象的逐一分析,并开展客观合理的评价,而非一概而论(见表6-1)。以教师人力资源为例,虽然从一般意义上,有关该资源的可转移性和配置权具有基于共性的一般化特征,但是不同教师的人际差别很大,特别是资源可转移性指标中的附带因素,不同教师个体会有显著的差别,这些因素在统筹过程中往往成为统筹可实施性的最大促进或阻碍因素。

表 6-1　义务教育资源可统筹"活性"高低的评价框架

一级指标	二级指标	评估要点
资源的可转移性	迁移成本	成本高低评估
	附带因素	不同因素对统筹的促进或阻碍评价
资源的配置权归属	行政归属层级	资源的行政统筹权力大小
	公有私有属性	配置权的公私属性

不少教育资源具有利于统筹的天然优势。例如学校办学软件资源,包括学校品牌、教育信息资源等,此类资源中的不少具体要素如办学理

---

① 教育部.2020 年全国教育事业发展统计公报.(2021-08-27).http://www.moe.gov.cn/jyb_sjzl/sjzl_fztjgb/202108/t20210827_555004.html.

念、管理制度、课程资源库等资源的可转移性强,具有可复制、低成本迁移的优势,带有较少的附带因素,因此不利于转移的阻碍因素较少。资源的配置权归属相对较为明确,若资源所属行政主体积极推动,可实现跨学校、跨区域的流动。具有统筹积极因素的教育资源,是义务教育资源均衡配置统筹需要考虑的优先要素与重点要素。

也有不少教育资源属于不可或较难统筹的资源。例如校舍建筑资源、学校周边自然地理条件、家庭教育资源、社会教育资源等,这类资源具有不可转移性,或较难转移,或改变现状的社会成本较高,非教育系统一方之力可改变等特点。再如家庭教育资源,包括父母亲学历、收入水平等因素,不仅较难通过教育系统的力量给予改变,而且即便能够改变,其对教育系统的正面作用也多限于其自身子女的范围,很难产生更大范围的辐射作用。

当然,更多的教育资源处于易统筹与难统筹的中间地带。若没有政府、学校、社会等多方力量的齐心推动,发挥人的主观能动性,不少资源就成为难以统筹的教育资源。但若加强统筹意识,革新理念,创新统筹方法与途径,激活资源的内在价值,则它们能成为促进更多义务教育学校实现均衡发展的重要支撑力量。

二、存量资源与增量资源

义务教育的均衡发展,是多种资源协力综合作用的结果,需要政府和社会持续投入大量教育资源。义务教育的不均衡现状,也绝非一朝一夕资源不均衡配置的短期结果,是较长时间各种资源在不同学校、人群、区域之间累积作用的结果。义务教育要实现均衡发展,需要通过后续资源的增量投入以消除累积性资源之间的差距鸿沟。

(一)历史维的存量资源与未来维的增量资源

投入义务教育学校的各类资源,其中一部分会以存量资源的形式保存下来。不同的义务教育资源,根据资源消耗的快慢程度,可以将其划分为快速消耗性资源和耐久性资源两类。快速消耗性资源具有一定的消耗时间限制,常常只可使用一次或不可长期反复使用,因此这类资源一旦使用,其结果是耗尽枯竭,如教师的时间资源、日常办公物力资源、办学经费等。耐久性资源,则具有可长期使用的特点,其损耗相对较慢,成为学校办学的累积性资源。甚至这些资源因为持续的使用和完善改进,还会具有资源不断增值的特点,如学校品牌资源。耐久性资源和尚未消费的快速消耗性资源,最终以存量资源的形式表现出来。

所谓的存量资源是在某个时间节点上,经由历史累积的还能用的资源。存量是一个经济学的概念,它通常指某个时间点上某种类型变量所具有的数值。义务教育的存量资源,是某个时间点上教育系统或更为微观的教育主体即学校所拥有的可确指的各种教育资源的总和,它包括在该时间点上的教师总量、教学及辅助用房、体育运动场馆、教学仪器设备、图书等办学所必需的资源,①也包括该时间点上学校的办学品牌、信息资源、社会关系网络等无形资源。

存量资源是义务教育资源的现实"家底",主要包括四大方面:(1)存量资源的总量,包括某一时间点上所拥有的各类资源的总量情况,如校舍建筑面积、图书音像资料、固定资产值等指标。(2)存量资源类型的分布情况,即各类存量教育资源以何种形态存在,通常以具体的教育资源指标形式加以表述。(3)存量资源的校际分布,以学校为统计单位,对各校所拥有的各类存量资源进行量化表征。校际分布情况,也是评估不同义务教育学校校际差距的重要依据,因此具有非常重要的考评价值。(4)存量资源的区域分布,以区县、省域为统计单位,对不同地区义务教育系统所拥有的各类存量资源进行量化表征。该指标也反映一个区域

---

① 吴建涛.义务教育均衡发展路在何方:社会正义的视角.广州:世界图书出版广东有限公司,2015:76.

以往对义务教育的整体投入强度,并通过不同区域的横向比较,可用于分析区域之间的均衡差距。从存量资源的现实情况看,当前区域内校际的存量教育资源差距仍然是亟待解决的首要问题;同时,还应积极缩小区域之间尤其是东、中、西部之间的存量资源差距。

与存量资源相对应的是增量资源。所谓的增量资源,是指教育系统或更为微观的教育主体即学校下一个统计期与上一个统计期相比所新增加的不同类型资源的总量。增量资源涉及两个关键维度:(1)增量资源的增配类型,是指在哪些类型上给予了新配资源,特别是聚焦学校现有资源短板的增量资源配置,它对于解决义务教育学校的办学瓶颈问题具有积极意义。(2)增量资源的增配幅度,是指在具体类型的教育资源上给予多大幅度或强度的增配,使得教育主体获得相对更为充足的办学条件保障,缩小与参照对象之间的办学资源差距。

增量资源是义务教育资源的未来"增收"。各级学校应当更加重视学校的增量资源,其主要原因是增量资源与存量资源相比具有完全不同的功能导向,对促进义务教育均衡发展具有更大的调节作用。以学校为例,一个学校所拥有的存量资源,主要代表学校过去和当前办学条件与水平的高低;而增量资源的多少,则会本质性地影响该学校未来办学条件与水平的可改善幅度。所增量的资源还会进一步影响学校现有存量资源在未来一个时期的变化情况。因此,可以说增量资源比存量资源对学校的未来发展更具积极意义。

(二)以帕累托机制优化资源的均衡配置统筹

义务教育均衡发展的其中一个目标即实现各类教育资源的均衡配置,既要关注存量资源的优化配置,也要关注增量资源的优化配置。

存量资源的均衡配置统筹,是指通过重新分配、调剂或共享现有存量资源的方式,实现教育资源在不同学校之间、城乡之间、不同地区之间实现均衡的配置。这种配置模式,通过让存量资源流动带来相应教育资源数额的变化,从而减少不同主体之间资源的不均衡现象。本质上,对存量资源的均衡配置,实质是义务教育均衡发展的"削峰填谷"模式,它虽然可以帮助薄弱学校带来办学资源的增量,但会以牺牲优质学校、优先地区的现有发展成果为代价,带有一定程度的"劫富济贫式"平均主义倾向。其明显的弱点是,容易给优质学校、优先地区带来正当利益与现有教育质量水平的下滑,并极大地影响这些教育主体办学的积极性与主动性。

增量资源的均衡配置统筹,比较典型的有两种配置方式,一种是增量平均化的统筹,另一种是增量差别化的统筹。第一种模式名义上实现了均等化的分配公平,但并不利于薄弱学校缩小差距,甚至还会加大差距。增量差别化的统筹,则为缩小差距提供了可能,其基本的配置模式是重视不同主体现有存量资源的现实差距,在不改变优势一方存量资源优势的前提下,通过统筹增量资源在不同主体之间的合理分配,向薄弱一方给予更多增量资源,确保弱势一方获得更多增量教育资源的支持,以达到促进义务教育均衡发展的目的。

增量差别化的均衡配置统筹,其配置的政策原理是帕累托改进并实现帕累托最优。这一理念最早由意大利经济学家帕累托提出,该学派的核心观点认为,当一种变化让人们(至少一个人)的境况变得更好,同时又不会导致任何一个人的境况变得更坏,这种分配是公平、正义的,并且是处于帕累托式改进的。当这种状态达到帕累托最优状态,那么该状态中没有一个人能够在不损害其他人利益的前提下,使自身利益得到改进,也就是指人们没有共同改进各自利益的机会的状态。[①] 换言之,义务教育的增量差别化配置即实施帕累托式的改进,从而缩小义务教育的均衡差距,并朝着实现均衡的目标前进。

---

① 李绍荣.帕累托最优与一般均衡最优之差异.经济科学,2002(2).

基于帕累托机理的增量资源差别化的均衡配置统筹,对于义务教育的均衡发展具有重要意义。首先,拓展了义务教育均衡发展的聚焦视野,将关注重点从义务教育不均衡现状的藩篱中解脱出来,更为关注未来导向的均衡目标及其帕累托改进,重点关注未来增量资源的公平配置,强调通过未来新增资源来改善历史积淀下来的配置不均衡问题。其次,有利于保持优质学校和先进地区学校的发展活力,消除它们对"削峰填谷"式均衡的担忧,而创造了"造峰抬谷"新均衡的可能,让不同层次的学校都有机会得到比以往更好的发展。

三、低辐射资源与高辐射资源

义务教育的办学质量,是多种教育资源发挥资源价值与效用的综合作用结果。资源效能的辐射程度,不仅关系资源本身的价值,而且更关系资源的综合效益、关系资源对促进义务教育均衡发展的支撑能力。

(一)不同资源的差异化辐射能力

辐射的概念源于物理学,它指电磁波或微观粒子从中心体向空间的各个方向发射、传播的过程,是能量高的物体向能量低的物体传递能量的现象,也是能量传输与信息交流的过程。因此,辐射表现为从事物的中心向外界多方向、多通道输出能量或信息,同时存在双向交互,并不断向着均衡目标迈进。

义务教育资源的辐射,是通过对教育资源的开发、使用、消耗等不同方式,通过多种资源的统筹与安排,将不同资源汇聚转化为附着在师生身上的进步力量,促进义务教育办学质量的提升。

不同教育资源的辐射能力,受资源的自然属性与社会属性等多种因素的复合影响。首先,教育资源的丰盈度,它是指资源数量与类型的丰富程度。通常教育资源越丰盈,越能够为师生的成长创造良好条件;大部分教育服务需要多种教育资源统筹后形成合力,若缺乏其中部分资源,则会形成资源辐射能力的"木桶效应",大幅度降低资源的服务效能。其次,教育资源的衰减周期。大部分教育资源具有因使用而逐渐衰竭枯尽的特点,资源衰减周期越长,其可发挥作用的时间越长。也有一部分教育资源具有因使用而持续增值的特点,如人力资源、学校品牌等,不仅具有再生性,而且具有发展性。再次,教育资源的利用率,在资源既定的前提下,资源的自身价值好、开放度高、共享范围广、管理到位等因素,有利于提高资源的综合利用率,给师生带来更多的教育收益。最后,教育资源的辐射半径,受制于地理、管理与运营成本等因素,资源在多大距离范围内可供使用,往往具有一定的可变性。

教育资源的辐射能力,结合上述多重因素的影响结果,可形成两大辐射行为维度,一是辐射影响的范围,可分为小辐射范围和大辐射范围,它关心辐射的空间、人群等的范围;二是辐射强度的强弱,可分为强辐射力和弱辐射力,它关心该资源对他者的影响程度。教育资源向外的辐射,往往是上述两种辐射行为维度的具体组合,其具体辐射行为可用空间"四分图法"加以表示,如图 6-2 所示。其中:

(1)属于辐射范围小,辐射强度弱的资源;属于资源效能发挥最小的类型,这类资源具有较弱的均衡配置统筹价值。

(2)属于辐射范围小,辐射强度强的资源;虽然影响范围不大,但对受影响的他者有深度的辐射,这类资源在小区域范围的统筹价值不可小视。

(3)属于辐射范围大,辐射强度强的资源;不仅覆盖范围大,而且能够产生纵深辐射的资源,这类教育资源具有极好的统筹价值。

(4)属于辐射范围大,辐射强度弱的资源;虽然覆盖范围大,但对受影响的他者产生的辐射力较弱,这类资源具有比较弱的统筹价值。

需要指出的是,任何教育资源在属性上还具有时间维度,即在不同时间段不同资源的"服务"能力存在差别。资源输出方与接收方在时间

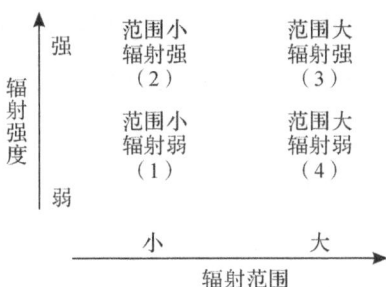

图 6-2　教育资源辐射性四分图

维度上相互匹配,那么此类资源在辐射强度和范围上能够产生良好的
"耦合作用"。反之若匹配不佳,那么对资源的辐射强度和范围会产生
"波动性"影响。例如网络实时在线教育,若教育双方因在不同时区的时
差关系,未能在教育时段上匹配,则会影响资源的辐射力。

(二)充分发挥教育资源的高辐射效应

教育资源的价值,核心是产生积极的教育成效,即更加关心是否对
受影响范围内的他者,产生积极的深度影响,促进受影响者义务教育质
量的提升。因此,非常关注通过资源动员、资源整合、资源优化配置和资
源高效使用等多元途径,最大限度提高有价值教育资源的高辐射效应。

第一,积极扩大优质教育资源的辐射范围。受制于传统的资源条块
分割机制影响,优质教育资源的辐射往往只局限于所属主体之内。一方
面,薄弱地区、薄弱学校难以获得优质教育资源的帮扶,另一方面,优质
教育资源向外提供帮扶的主观能动性也不强。

自 2005 年 5 月教育部发布《关于进一步推进义务教育均衡发展的
若干意见》(教基〔2005〕9 号)以来,促进义务教育均衡发展成为我国各
级政府义务教育改革的基本战略目标之一。扩大优质教育资源的辐射
范围,应当加大力度发挥政府的资源动员与整合功能,通过加强区域外
优质教育资源的引进与结对、区域内优质教育资源的集团化办学、城乡
结对联盟等多种形式与渠道,不断创造可能与条件,扩大优质教育资源

向薄弱地区和学校的辐射范围。以贵阳为例,优质义务教育资源比较稀缺,因此近年来积极引进北京、山东等地区的名校在贵阳办分校,而且加大力度提升区域内部优质资源的辐射力度,提出按照"五统一"即统一校舍、法人、管理、教学、招生的模式,实施强校带弱校、名校带普校等方式,抱团推动均衡发展。

第二,提升关键教育资源的辐射强度。弱辐射教育资源,其辐射性往往只限于某个范围,常具有资源不共享、辐射范围小、对象有限、影响范围小等特征,如教师未共享的常规课,往往仅辐射所授教学班;学校未共享的教育设施,仅可供本校使用等。强辐射教育资源,其辐射性往往超越资源所在的空间范围,通过开放、共享、交流等多元途径,对更大覆盖面的其他教育主体产生影响。大部分弱辐射教育资源,通过革新管理、创新资源动员与配置方式,具有成为强辐射教育资源的可能性。

薄弱学校办学品质的提升,不仅是各类教育资源的系统性作用结果,更需要抓住影响办学品质的关键教育资源。从我国学校的基本现状来看,有些学校是办学硬件条件不佳,更多的学校是办学软件能力薄弱。帮助薄弱学校实现均衡发展,要因校制宜地开展基于关键性稀缺教育资源的帮扶,加强外部关键教育资源对它们的辐射强度。

办学硬件加强经费投入是解决问题的清晰路径,而办学软件则更需要依托机制体制的创新,其中学校管理、师资队伍建设、教科研等资源,是需要向薄弱学校重点扩大辐射强度的关键教育资源。通过营造全社会鼓励与支持优质教育资源进行对外辐射示范的良好氛围,通过教育资源博览会、交流研讨会、网络直播课、名师走课示范、定向结对支教等多种平台形式,有利于扩大关键资源的辐射效果。

此外,促进教育资源的共享性、消除资源共享的外部障碍、促进资源的有序开放与流动,深度挖掘资源的潜在价值、降低资源的闲置率,发挥资源的"激活效应"、发挥资源的催化作用等,这些措施对于充分发挥教育资源的高辐射性,同样不可忽视。

第三节　提高义务教育资源配置的统筹度

义务教育资源均衡配置统筹,不仅要关注服务对象的存量资源,更要关注面向未来的增量资源。增量资源是"造峰抬谷"、消除差距的关键统筹资源。通过增量资源的增量类型和增配幅度的统筹调节,优化不同类型学校资源的"未来"增收,从而更好推进义务教育资源的均衡配置。

对义务教育学校的增量资源均衡配置统筹,既要关注均衡维度,以促进不同学校均质一体化发展为目标,强调各个学校办学的同等机会与均衡资源保障;也要关注弱势补偿,以弱势加快赶超并缩小发展差距为目标,依据帕累托原理给予倾斜性帮扶。重视不少义务教育资源具有的可复制性与可共享性,积极扩大资源的辐射广度与强度。

一、面向公平的增量资源均衡配置统筹

义务教育资源均衡配置统筹的最终目标是消除质量差距,实现各类义务教育资源的均衡配置,因此需要从系统层面推动义务教育学校关键资源的标准化配置,坚持城乡并重和软硬件并重,坚持各类学校均衡一体化的改革目标,围绕人、财、物等教育资源配置的核心内容,推进增量资源的均衡配置统筹。

(一)推进编制的统一均衡配置

师资是教育活动的第一资源,师资编制的均衡配置是义务教育均衡发展的根本人力保障。首先,要严格执行教师编制标准,并加快研制分类编制标准。全国各地应严格执行城乡统一的教职工编制标准。按照义务教育学校课程与课时标准,结合各省份实际,推动建立县域统一的

义务教育学校岗位结构比例标准。对于乡村小规模学校,有就餐、寄宿制的学校,可在编制上适当增配。

其次,配足配齐相应师资。全国各地教育行政部门与政府编制办,按照城乡统一的教职工编制标准,结合具体学校的学生规模、教育教学需要,核定相应义务教育学校的教职工编制。各地不得在有合格教师来源的情况下"有编不补",重点加强美术、音乐、体育等科目师资的足额配置。

最后,推动师资按需有序流动。按"县管校聘"模式,实行教职工编制城乡、区域动态管理,盘活编制存量,有力解决乡村教师结构性缺员和城镇师资不足问题。促进共享,提高师资的辐射效率。

(二)贯彻生均公用经费的统一定额

生均公用经费是学校日常运作的基础性办学经费,如邮电、水电、办公耗材等开支,是义务教育的重要经费资源,也是义务教育资源配置均衡程度的重要表现指标。

首先,全面坚持实施义务教育生均公用经费的公式化拨款机制。按国家统一的生均公用经费基准定额,结合县域经济水平确定不低于国家标准的拨款基准,按公式拨款。政府也要建立基准定额的适时动态调整机制,不断提高生均拨付标准。

其次,进一步完善生均公用经费的中央与地方合理分担的比例。伴随中央财政支付能力的加强,结合跨区域横向统筹调节的需要,并结合不同地区实际,确立生均公用经费基准定额所需资金中央和地方的合理分担比例。未来在此基础上,要结合国情进一步优化调整负担比例,尽可能为义务教育发展创造更好条件。

(三)更高水平推进学校标准化

义务教育学校标准化是促进义务教育均衡发展的核心配置手段,既包括学校校舍、教育设施装备等硬件的标准化,也包括学校管理、课程教学、学校文化等软件的标准化;既是促进义务教育办学均衡化的重要改革路径,也是义务教育实现可持续均衡发展的重要办学基础。在不断推进硬件标准化的同时,也要大力加强软件的标准化,避免出现"重硬轻软"的局面。

首先,严格落实学校的标准化建设。国家要尽早颁布统一的"普通中小学校建设标准"或各省份颁布本省份的建设标准,按标准均衡配建新学校。对于未达标学校,应多方协力共同创造条件,促进每一所义务教育学校尽可能达标。

其次,推进义务教育学校管理的标准化。按照教育部《义务教育学校管理标准》(教基〔2017〕9号)要求,认真组织学习,在教育教学实践中深入推动学校管理的制度化、标准化与规范化,不断提升校长领导力和教师育人水平。

需要说明的是,在推进学校标准化建设中,应结合全国不同地区差异化的实情,预留一定的灵活性与过渡期。

二、面向薄弱补偿的增量资源差别化统筹

加强面向薄弱的倾斜扶持。坚持底线达标,立足实际,尽力而为,量力而行,兜住义务教育基本公共服务的底线。实施薄弱环节优先发展策略,大力破解义务教育发展不均衡难题,未来发展不仅要关注"造峰",更需要关注"抬谷",重点向欠发达地区、薄弱学校、重点人群倾斜。

(一)增强面向薄弱地区的倾斜支持

加强资源面向薄弱地区的均衡配置统筹力度,加大力度实施差别化扶持。首先,加强中央政府的宏观统筹力度,扩大省级政府对义务教育资源均衡配置的统筹权。进一步推进财税体制改革,提高县级政府对义务教育的财政供给能力,通过"省管县"改革,加强中央、地方专项财政转

移支付等多种途径,实施"城乡统一,重在农村和中西部"的投入导向。

其次,加强专项倾斜性弱势补偿。一方面,提高经费配套,对于办学规模小、办学成本高的学校,实施成本额外补助。另一方面,对在农村工作的教师,给予专项补助。当然,薄弱学校也要加大改革创新力度,盘活存量,用好增量,不断提升义务教育均衡水平。

(二)加大面向弱势群体的倾斜帮扶

首先,加强随迁子女与留守儿童教育。简化优化随迁子女入学流程和证明要求,依托全国中小学生学籍信息管理平台,推动"两免一补"资金和生均公用经费基准定额可随学生迁移的同步流动。

其次,加强面向留守儿童的关爱。强化家庭监护主体责任,建立家庭、政府、学校和社会共同关心留守儿童安全健康成长的育人机制。加强属地县乡两级政府责任,建立台账,落实救助保护,帮助解决留守儿童实际困难。对于贫困学生,建立"一人一案",实施定向资助。

最后,加强面向特殊儿童的义务教育。推进义务教育特殊学校扩容和新建,加强普通学校随班就读,以普及特殊学生的义务教育为重点,扩大特殊教育资源的总量,提高入学率。对于确实不能到校就读的重度残疾儿童少年,提供送教上门服务。

三、提高义务教育资源配置的共享辐射力

不同义务教育资源在辐射范围、辐射强度等方面,会存在一定的差异,但不少资源特别是课程与教学、学校品牌、理念与文化、师资等,通过创新统筹配置机制,深挖资源潜力,可有效扩大优质资源的覆盖度,提高辐射力。

(一)加大依托信息化的资源辐射力

农村和偏远地区义务教育学校仍然普遍存在师资短缺、开不齐课、

开不好课、教学形式单一、教学资源和城市学校差距明显等现象,成为制约义务教育均衡发展的现实难题。伴随新一代信息技术的成熟,运用现代教育技术和互联网技术,为促进义务教育资源共享,提供了现实可行性。

首先,进一步建好促进共享的信息化基础平台。教育信息化是教育系统性变革的内生变量,加强软硬件信息基础设施建设,加强各级学校信息技术能力培训等,通过利用好现代信息技术,能够有力提高优质义务教育资源在更大范围的覆盖度。

其次,开发更多可共享的教育信息资源,推动基于网络的资源扶智。重视"互联网＋"条件下的各类教育资源开发,形成资源丰富、类型多样、广泛可复制、具有育人针对性的海量在线教育资源库,缩小区域之间、城乡之间、学校之间在教育数字化方面的鸿沟。

(二)大力推进县域内的资源共享辐射

县域及其周边的各类义务教育资源,由于地理空间临近、办学现状相似、交通联系方便、便于政府协调推动等因素,天然具有加强资源共享与辐射的优势与条件。各级政府要加强改革主导,推动各类义务教育资源的合理规划与统筹管理,通过挖掘区域内部潜力,扩大优质义务教育资源的覆盖面。

首先,加强校际资源的辐射力度。一是加强优质学校资源的动员与整合,通过以优带弱,采用名校集团化、教育共同体、学校托管、学区制管理等多种形式,加强优质学校资源的辐射度。二是加强基于"差异合作、共同发展"理念下的联盟式合作,通过共同"会诊"、相互听课、经验分享、联席会议等形式,通过教师相互派遣与跟岗学习等师资柔性流动,促进联盟学校之间的相互辐射。

其次,统筹城乡中心校在片区中的辐射作用。鼓励农村学校片区化管理,加强乡镇中心学校的核心统筹与辐射地位,推动中心校与周边小规模学校一体化办学、协同式发展、捆绑化考评。推动片区内教师资源的统筹共享,推进音、体、美和外语等师资紧张科目教师的走教机制,提升小规模学校办学质量。

最后,深入推进区域性教师轮岗交流。建立"县管校用"的聘用机制,积极引导城镇优秀教师、校长向乡村学校、薄弱学校流动,发挥名师名校长对薄弱学校的辐射带动作用。

第七章　统筹视野下公办民办义务教育资源的协调配置

民办教育是由国家机构以外的社会机构或私人,通过捐赠、出资、投资、合作等方式,面向社会依法举办的学校或其他教育机构。其办学资金主要是非国家财政性经费,办学类型可以是学历教育,也可以是非学历教育。

民办教育作为具有可供社会选择的教育资源,其价值日益凸显。自改革开放初期恢复举办民办教育以来,我国民办教育事业发展较快,办学贡献突出。民办教育已成为中国特色社会主义教育事业的重要组成部分,成为公办教育之外,创新教育竞争机制、增加教育资源供应、促进教育公平、满足人民群众多样化教育需求、提高办学活力的重要力量。

与此同时,公办民办义务教育的不公平竞争、办学矛盾等不协调问题日益突出。统筹协调好公办民办义务教育学校的共同发展,引导民办学校有序、规范、品质与个性化办学,共同提升公办民办义务教育学校的办学质量,应是政府未来加强公私教育资源统筹协调的重点领域之一。

第一节　国家鼓励民办义务教育的发展

经过多年发展,在国家"积极鼓励、大力支持、正确引导、依法管理"的方针指引下,民办教育事业从无到有,不断壮大,其中义务教育阶段的民办教育发展尤为引人关注。

一、不断加大对民办义务教育的政策支持

改革开放以来,民办义务教育在我国教育发展历程中承担越来越多的教育使命,走过了从无到有、从小到大、从弱到强的历程,完成了从"补充论"到"选择论"的历史跨越。到目前,已经形成有一定规模、类型比较多样的民办义务教育,成为社会主义基础教育事业的重要组成部分。

改革开放初期,我国的民办教育逐步恢复,成为社会主义基础教育事业的重要"补充",民办义务教育需求开始萌芽。1980 年代前后,我国的社会经济发展水平整体还不高,生产力比较落后,义务教育尚未普及。同时学龄人口众多,受教育需求十分庞大。1982 年的宪法修正案,认可个人和社会力量办学的合法地位,允许"两条腿"办教育。随后的 1984 年,改革开放后第一所私立高中即浙江安吉上墅私立高级中学创办。1985 年 5 月,国家发布《中共中央关于教育体制改革的决定》(中发〔1985〕12 号),指出"地方要鼓励和指导国家企业、社会团体和个人办学"。1986 年 4 月,我国首部义务教育法颁布,明确提出"国家实行九年义务教育制度",在全国范围内全面普及九年义务教育,有限的公共义务教育资源与人民群众庞大的受教育需求矛盾日益凸显。1987 年 7 月,原国家教委出台《关于社会力量办学的若干暂行规定》,明确提出社会力量办学是"国家办学的补充",也是首个规范民办教育的政策文件。这一时期的民办教育,绝大部分是非学历教育为主的文化补习培训机构,成为我国教育体系的重要"补充"。民办义务教育学校尚未出现,但显然已埋下强烈的需求与创办的可行性。

邓小平同志南方谈话后,民办义务教育步入较快发展期。1992 年的南方谈话,标志着我国改革进入新的阶段,并加速改革开放的进程。教育领域向民办开放的步伐全面加快,当年 6 月改革开放后第一所民办

小学光亚小学在四川省都江堰市正式登记开办。在中央政府层面,1992年10月党的十四大报告明确指出"鼓励多渠道、多形式社会集资办学和民间办学,改变国家包办教育的做法"。次年中共中央、国务院颁布《中国教育改革和发展纲要》,进一步明确"国家对社会团体和公民个人依法办学,采取积极鼓励、大力支持、正确引导、加强管理的方针"。1993年11月,中共中央《关于建立社会主义市场经济体制若干问题的决定》,明确"义务教育主要由政府投资办学,同时鼓励多渠道、多形式社会集资办学和民间办学"。1997年7月为规范民办教育,国务院颁布《社会力量办学条例》,标志着我国民办教育进入依法办学、依法管理、依法行政的新阶段。从南方谈话开始,我国大江南北新办的民办小学和初中数量不断增长。截至2001年底,全国已有民办小学4846所,民办初中1915所。[①]

21世纪之初,民办义务教育办学迎来规范化发展,政府统筹力度不断加强。伴随民办教育的快速发展,相关办学困难与问题也逐渐暴露,尤其是民办教育的法律地位与作用、内部治理等问题。由此,全国人大常委会在2002年12月颁布《中华人民共和国民办教育促进法》,明确"民办教育事业属于公益性事业""民办学校与公办学校具有同等的法律地位"等内容。该法的颁布,改变了人们对民办教育作为"补充"的思维定式,保障了民办教育的合法权益,拓展了民办教育的发展空间,规范了民办教育的运营与管理。2010年7月颁布的《中长期纲要》,对大力发展民办教育、保障法律地位、政府扶持引导与依法管理等方面,做出了众多纲领性规划,特别是充分肯定民办教育是扩大教育资源提供和促进教育事业发展的"重要增长点"。2012年6月,教育部印发《关于鼓励和引导民间资金进入教育领域促进民办教育健康发展的实施意见》(教发

---

① 教育部.2001年教育统计数据.(2018-12-03). http://www. moe. gov. cn/s78/A03/moe_560/s7382/.

〔2012〕10号〕，进一步加大鼓励民间资本进入教育领域，通过政策引导统筹扩大非政府性教育资源的渠道。在这期间，民办学校数量在继续增长的同时，一大批优质的民办小学和初中开始脱颖而出，公办民办学校之间的质量竞争日益激烈。

近年来民办教育进入分类管理的新阶段，法律明确了义务教育的非营利性。2016年11月，全国人大常委会审议通过《中华人民共和国民办教育促进法》（修订），开启了民办教育营利性学校和非营利性学校的分类管理改革，并明文规定"不得设立实施义务教育的营利性民办学校"。同年12月，国务院印发《关于鼓励社会力量兴办教育促进民办教育健康发展的若干意见》（国发〔2016〕81号），旨在进一步调动社会力量兴办教育的积极性，对义务教育这类非营利性学校，提出"各级人民政府要完善制度政策，在政府补贴、政府购买服务、基金奖励、捐资激励、土地划拨、税费减免等方面对非营利性民办学校给予扶持"。对民办义务教育的办学方向、依法管理及扶持政策等进一步明朗化。

纵观改革开放以来我国民办义务教育的发展历程，是政府从允许办学、鼓励办学到大力支持办学的发展过程。在义务教育资源配置上，呈现允许进入、规范资源法律属性，再到政府加强宏观统筹调控，为民办学校办学创造更多资源筹措、投入与所有权保护机制的过程。在公办民办关系上，不仅是我国义务教育办学思想的不断解放过程，也是民办义务教育发展壮大，公办民办义务教育共同发展的过程。

二、民办义务教育资源的持续壮大

在国家持续解放思想，宏观民办教育政策不断加大引导与规范管理下，我国民办义务教育事业得到壮大发展，教育资源总量增长较快，不少学校形成办学特色优势，资源分布的市场化特征显著。

首先，民办义务教育学校数量持续增长，在校学生数增加较快（见表

7-1)。一是民办小学数量总体有较大增长,从 2000 年的 4341 所增长到
2018 年的 6179 所;在校学生数由 2000 年的 130.8 万人增长到 2018 年
的 884.57 万人。值得注意的是,从 2000 年到 2018 年,民办小学校均规
模从 301 人增长到 1432 人,在民办小学就读的学生占全国小学生数占
比由 1.01% 增长到 8.56%。二是民办初中数量增加更加显著,从 2000
年的 1799 所增长到 2018 年的 5462 所;在校生数由 2000 年的 97.99 万
人增长到 2018 年的 636.3 万人。同样地,从 2000 年到 2018 年,民办初
中校均规模从 545 人增长到 1165 人,在民办初中就读的学生占全国初
中生数占比由 1.59% 增长到 13.68%。显然,民办学校在义务教育学位
资源提供方面有了较大的增幅,在基本公共教育中的地位与作用日益
突出。

表 7-1 我国民办小学初中学校数与学生数统计(2000—2018)

年 份	2000	2003	2006	2009	2012	2015	2018
民办小学数/所	4341	5676	6161	5496	5213	5859	6179
民办小学在校生数/万人	130.8	274.93	412.09	502.88	597.85	756.33	884.57
小学生民办占比/%	1.01	2.35	3.85	4.99	6.17	7.36	8.56
民办初中数/所	1799	3704	4561	4335	4330	4876	5462
民办初中在校生数/万人	97.99	258.85	394.4	433.99	451.41	502.93	636.3
初中生民办占比/%	1.59	3.87	6.62	7.98	9.48	11.66	13.68

来源:教育部.相应年份教育统计数据.(2019-08-08).http://www.moe.gov.cn/
jyb_sjzl/moe_560/jytjsj_2018/,

在全国部分省份,民办义务教育资源所占的比重更大。如在浙江,
作为我国民办教育发展的领先地区,民办小学初中发展迅猛,表现不俗,
民办小学初中的就读比例不断攀高。2010—2017 年,浙江民办小学在
校生数由 34.03 万人增长到 48.07 万人,占小学在校生总数比由 10.2%
上升到 13.6%;民办初中在校生数由 18.19 万人增长到 25.73 万人,占

初中在校生总数比由 11.8% 上升到 16.5%。[①] 与全国平均水平相比,民办小学和初中占比分别高出全国平均水平 5.5 和 3.5 个百分点。浙江部分市、县(市、区)民办学校就读比例还要高,2017 年温州在民办初中学生就读比例为 20.13%,同年余杭区在民办义务教育的就读比例为 22.05%。

其次,产生了不少优质义务教育民办学校,为全社会提供了更多优质义务教育资源的选择机会。民办义务教育经过多年的发展,有相当一批学校开始脱颖而出。这些学校往往具有教育理念先进、办学特色鲜明、办学目标明确、师资队伍优秀、设施设备精良、课程体系完备、教学质量出色、社会信誉良好等特点,深受社会认可。有相当一部分学校形成了优质办学品牌,并实现多地联合办学,如北京海嘉双语学校、上海世界外国语学校、浙江锦绣育才教育集团等。有一批民办学校的举办主体实现了企业证券市场上市,如海亮教育、枫叶教育、成实外教育、宇华教育、天立教育、博骏教育等。此外,还有一批是具有国际化办学背景和品牌的民办学校,如深圳哈罗公学、南京威雅公学等。也有不少学校虽然办学规模没有扩张,也没有上市,但在办学所在地得到认可,成为区域性名校。上述一大批民办学校的卓越成长,符合教育和市场规律,体现出绝大部分民办学校重视内涵建设,不断提升教育资源质量的特点。事实上,提高效率是民办教育的天然动力。民办学校也只有提高自身教育资源的品质与吸引力,方能更好立足。

再次,民办义务教育资源的分布,体现较强的市场规律性。从区域分布看,东部地区义务教育阶段民办学校的数量与在校生数最多,中部次之,西部最少。经济发达城市对优质民办教育资源的需求更为强烈,相对而言,优质民办义务教育学校较多。以浙江杭州为例,八成以上民

---

① 见浙江省教育厅相应年份浙江教育事业发展统计公报。

办学校是社会认可的优质教育资源,少量民办学校为面向进城务工人员子女的学校。具有国际化背景的民办学校,主要分布在沿海地区与省会级大城市。截至 2017 年,具有英国背景的哈罗、惠灵顿、德威、墨尔文和威雅等 25 所学校,其在中国办学的位置主要在广东、北京、上海、江苏、浙江五个地区及中西部的省会城市,如成都、重庆等。总体上,全国各地民办义务教育学校的办学定位,以社会和家长需求为目标,表现出较强的市场导向,并多数实现了较好的市场立足。

我国民办义务教育资源的不断壮大,一方面是国家政策引领的积极结果,特别是民办教育促进法等政策持续改革推动的结果,另一方面也是民办教育充分发挥体制机制优势的结果。不断扩大的民办义务教育资源,对于满足人民日益增长的"上好学"教育需要提供了更多途径。

第二节　当代公办民办义务教育资源的不协调配置

经过多年的发展,我国民办义务教育事业取得良好发展,为人民群众的多样化教育选择,增加义务教育资源供应,增强义务教育办学活力等方面做出了不少贡献。但同时,不少地区义务教育办学公办民办失衡、政府义务教育办学主体弱化、民办学校同等法律地位落实不佳、少数民办学校违规办学等问题还较为突出,亟待进一步加强统筹协调,保障义务教育发展的良好生态。

一、不协调的主要表现

义务教育公办民办学校的不协调发展问题,现象面是人们对"民进公退"或"公进民退"问题的广泛热议,认为民办占优持续增势,或认为实施"同步招生""初升高招生向公办倾斜"是打压民办学校。上述观点的实质是公办民办学校的不协调发展问题。当前我国义务教育公办民办学校在办学质量、招生规范、同业竞争、公共资源均衡配置等多个维度上存在诸多不协调。

第一，公办民办学校教育质量资源日益不协调，公办质量大幅下滑，其中初中阶段问题尤为突出。均衡发展是义务教育的根本方向，是民生之举、公平之要。然而，全国不少省份公办教育在义务教育阶段的主体性和主导性地位，近年来大幅持续弱化。且不论"量"上占比持续下降，尤其还在"质"上已经呈现传统优质公办难以与优质民办学校相竞争抗衡的结果。如在浙江，到2020年约五成以上县（市、区）已形成初中"民办优于公办"的发展结果，且差距还在继续大幅拉开，显著呈现"民强公弱"的基本走向。"能上民办绝不上公办"，尤其是初中阶段，成为浙江家长的"基本共识"。这类公办民办失衡发展的结果使公办学校特别是公办初中办学日益艰难。在农村，公办小学初中教育质量的"全面塌陷"问题则更为严重。当然，在一些地方还存在另一种公办民办学校的不协调现象，以面向城市务工人员子女为主的民办学校，办学质量普遍低于普通公办学校，政府在保障符合条件的学生"平等接受义务教育"上还要努力。上述两种不协调的结果是公办民办齐头并进、良性竞争的愿景"基本落空"，未来进一步加大改革的任务十分艰巨。

第二，作为核心资源的生源质量不协调，民办学校"生源掐尖"愈演愈烈，招生政策不公平破坏公办学校发展的基础性生态。民办小学初中普遍深刻认识到生源质量转化为升学率优势和办学优势的重要性，因此普遍希望通过招生环节，获得生源资源优势。同时，民办学校的各种"变相筛选"招生还普遍存在。虽然现行政策并不允许民办学校通过纸笔测试录取新生，但是不少民办小学通过"面谈""游戏"等方式，不少民办初中通过优质学生"私下锁定"，与校外培训机构联合"点考"或违规组织测评等方式，极力维系"掐尖招生"，以确保生源优势。相对应，现行政策要求公办学校需要严格执行统一时间的学区内招生制度。上述差异化招生政策的博弈结果是,公办学校尤其是初中大量流失优质生源,极大冲击公办学校与公办教师的育人信心,并进一步形成"马太效应",造成未来更多优质生源"逃离"公办。总之,对公办学校发展的基本生态面造成源头性破坏,导致公办学校办学日益举步维艰。

第三,地方政府对"假民办"与"纯民办"的办学支持不协调,存在同业竞争不公平。2010年前后,我国不少省份如浙江省对"国有民办"即"假民办"进行集体引导"转制",成为真正的民办学校或者回归公办,从而厘清了这些"国有民办"学校的产权属性关系。2019年9月,重庆市政府出台《进一步规范公办中小学参与举办民办学校的通知》,明确提出"公办中小学不得新参与举办民办学校"。"假民办"学校,不仅破坏了公共教育财政的分配公平,也为由社会力量举办的"纯民办"学校带来不公平的市场竞争。这类学校,由于有更多教育经费的投入保障,往往会有不计成本效益的投入来维系教育质量,对"纯民办"学校的发展会产生较大的挤出效应与竞争不公平,对公办学校则是更大的不公平。

第四,不少地区公办民办学校网点布局不协调,优质公办小学初中缺位明显,政府义务教育办学主体地位比较弱化。在新一轮城镇化背景下,不少地区人口集聚较快,存在民办小学初中布点过多、比重过高的问题。有些城区民办学校可接纳学位数近半壁江山,甚至不少超过一半,如深圳宝安区民办学校数接近50%。有些城市对公办学校投入严重不足,如湖南省耒阳市政府一方面发展公办义务教育的职责严重缺位,但另一方面向民办学校提供用地、补贴等诸多优惠条件,导致民办学校过度发展,而公办教育资源严重不足。有些城市新开区民办教育比重过高,如杭州文一西路的科创大走廊沿线,政府规划公办民办学校学位比例为1:1,该区域近年来建设九所民办义务教育学校,按规模可招小学初中生约18000人,然而该区域公办小学初中校仍按原乡镇学校网点配置,新增的高品质公办配套校为数极少。公办配置不足与质量不高的双重因素,面对两种不同性质学校巨大的办学水平差距,不少学龄儿童、少年只能"被迫"选择上民办,或迁移学籍上公办。整体上呈现一些政府举办义务教育主体意识不强,基本公共教育保障存在短板的突出问题。

二、不协调的重大冲击

义务教育公办民办教育资源的不协调发展,不仅对公办民办学校自身发展产生重大影响,而且对人民群众的教育获得感与幸福感产生巨大冲击,不利于教育公平,松动社会公平的"基石"。若未能有效统筹公办民办学校的共同发展,不仅在深层次上将危害"区域义务教育均衡发展"的改革大局,而且对家庭焦虑、学业减负、阶层固化和社会公平等方面产生多种不利影响。

首先,不利于区域和学校教育健康发展,极大破坏区域基础教育学校的办学生态,出现义务教育发展的"新不均衡"问题,即民办学校与公办学校之间的发展不均衡,它是校际不均衡的新表现形式,而且相关均衡化统筹更为复杂,难度更大。经过多年发展,2019年前后相当一部分区县的义务教育,形成了"民办学校普遍优于公办学校"的发展结果,家长竞相选择民办,民办小学招生持续火爆,尤以民办初中"高温不退"最为显眼,而不少公办小学初中则成为家长眼中的"鸡肋"。

优质教育向民办学校的"一边倒"现象,一方面,背离"区域义务教育均衡发展"的改革方向,破坏义务教育均衡根基。有研究对山西Y县的调研表明,民办学校的过多扩张,义务教育公平容易失守,"形成了公办教育和民办教育之间新的非均衡状态""扰乱了教育生态,农村学校办学困难""增加了农民的生活成本,挫伤了公众对《义务教育法》的信心"。[①]

---

① 肖军虎,王一涛,李丽君.民办中小学"非常规扩张"现象透视及对策建议——以山西省Y县为例.教育发展研究,2015(6).

另一方面,公办学校的办学处境被置于"不利"地位,优质师资和生源大量流失。公办学校优质师资被民办"挖墙脚"问题日益严峻。民办学校通过开出高薪、更为灵活的奖励机制、子女优先入学和学费减免等多种方式,从公办学校挖走大量优质师资,如江西省南昌市多所民办中学被指通过开出高薪、私下接触等方式,对抚州市公办重点高中临川一中进行"挖角"。① 尤以特级教师、市县学科带头人等高层次人才流失最为严重。不少公办名校长,被以超百万年薪、教育合伙人等形式挖走流入民办学校。学生"趋利避害",尽可能选择好学校。上述结果是公办学校被"架空",发展信心与发展动力动摇,学校办学品质与认可度加速下滑,并引发更多家长和优秀学生"逃离公办",公办学校由此陷入质量进一步恶化的"恶性循环",发展生态基本被破坏。

其次,影响人民群众的教育获得感。公办民办的不协调发展,冲击"办好人民满意的教育"的认可度,加速教育的剧场效应②,进一步加重教育的丛林法则③。优质义务教育在民办,致使全社会选择民办的竞争日益激烈,家长全体"焦虑",几乎每个学生都被"绑架"。学生不断被加码学业负担,严重的课外补习"成风",学业负担向低龄传导不断恶化,出现为入读民办小学而提前三年补习以获得面试优势等现象。

结果是,一方面儿童成为教育"剧场效应"的直接牺牲品,丧失欢乐的童年,家庭的经济负担大幅增加,并极大降低人民群众的幸福感。另一方面,不利于社会的和谐与社会阶层的合理流动,教育的竞争成为家

---

① 邓辉林.民办学校到公办学校"挖人",管得住吗.深圳特区报,2017-09-13(A02).
② 剧场效应是指在一个剧场里,大家都是坐着看戏,都能看到演员的演出。忽然,有个人站起来看戏(可能为了看得更清楚)。周围人劝他坐下,他置若罔闻。周围的人为了看到演出,于是也只能被迫站起来看戏。最终整个剧院里,所有人都站起来看戏。在当前的教育环境下,某个单点的突起会引发相关竞争者的追赶,而最终彼此之间的相对差距仍保持与以前相同的状态,同时所有参与者都为此付出了更高昂的代价。
③ 丛林法则,其核心是竞争,物竞天择、优胜劣汰、弱肉强食是其主要观点。在丛林法则教育观下,人们为获取优质教育资源,会片面强调非合作竞争的教育理念。

庭社会经济地位、学生智能和家庭投入程度等要素叠加的综合竞争,"用钱铺路"成为普遍写照,"有钱上私立,无钱上公办"成为显现中的趋势。若此类"教育拉丁美洲化"现象进一步发展,将导致中低收入群体儿童的处境更为不利与被边缘化,寒门学子更难有向上发展的机会,不利于社会阶层的合理流动。总体上,与义务教育的公平观背道而驰。

第三节　统筹推进公办民办义务教育资源的均衡协调发展

高品质义务教育是国计民生的关键领域,也是社会主义制度优越性的重要表征。义务教育公办民办的不协调发展,本质上是人民群众对优质教育的期待与优质学校总量不足、公私分布不均、政策不公的基本矛盾。推进公办民办义务教育的协调发展,需要始终坚持公平与效率统一,坚持政府主导与发挥市场机制相结合,在办好公办、规范民办、公民办公平竞争与合作、全社会协同治理等方面,需要采用"组合拳",更深层次推进义务教育公办民办学校的协调发展,更好推动义务教育的均衡化、品质化、个性化与选择性,服务义务教育事业均衡发展的大局。

一、政府统筹加强两类学校的共同发展

公办民办学校都是社会主义教育事业的重要组成部分,要加强中央和地方政府对两类不同性质教育的统筹力度,坚持"两条腿走路",推进义务教育以政府办学为主体,形成公办教育和民办教育地位平等、优势互补、互相学习、公平竞争、共同发展的格局。

第一,统筹落实政府举办义务教育的主体责任。义务教育是国家必须予以保障的公益性事业。首先,各级政府应始终把发展义务教育摆在优先保障的地位,不断提高义务教育办学质量,促进区域义务教育均衡

发展。其次,要加强中央和地方不同层级政府的统筹协调,加强省级和市级人民政府的统筹安排,落实以县为主的管理职责,将"义务教育公办民办学校均衡发展"指标,纳入区域教育事业规划及义务教育均衡发展水平评估。再次,县级政府要因地制宜,结合各地实际和发展愿景,加强办学统筹,完善网点布局,优化资源配置,确保公办义务教育的主体地位,也要防止资源浪费。总之,合理统筹公办民办义务教育的协调发展,在公办义务教育学校数量与在校生数上始终占据主体地位,且不可以发展民办教育为名推卸政府责任。中央政府对履行义务教育职责不到位的地方政府,应当依法实施问责。

第二,统筹区域内义务教育的均衡发展,努力办好每一所公办学校。公办义务教育的均衡发展,不是平均教育,也不是平庸教育,同样可以而且必须办出水平、办出特色。[①] 首先,扩资源,均配置。政府不仅要持续加大办学投入,为公办义务教育发展提供更多办学经费,也要推进城乡学校的标准化与一体化建设。政府要建立公平的政策环境,建立质量导向的义务教育资源均衡配置机制,推进师资等资源的均衡化配置。其次,重视内涵建设。要激活公办学校的内涵活力,倡导教育家办学,保障校长的办学自主权,推进学校现代化治理能力建设。要加大对薄弱学校的扶持力度,科学诊断,补足发展短板,从根本上消除"薄弱学校"。再次,进一步重视教师队伍建设。深化重绩效导向的绩效工资制改革,大幅提高优秀教师的福利待遇;有条件地方加快试点实施公办学校校长"高酬年薪制",并实施绩效导向的专业考评。

第三,政府要大力支持义务教育民办学校的发展。民办对扩大教育资源供应,增加家长和学生的教育选择权具有重要意义。在"积极鼓励、大力支持、正确引导、依法管理"的原则下,通过加强政府统筹,更有质量

---

① 张志勇.公办中小学不能成为平庸教育的代名词.人民教育,2017(2).

地推进民办教育发展,办出质量、办出特色、办出水平,满足人民群众的多样化教育选择。一方面,政府将民办学校筹办纳入地方教育事业总体规划,在土地、招生、补助和税收减免等方面整体统筹,合理布局。另一方面,加强对民办学校的支持,通过政府购买服务、助学贷款、政府补贴、基金奖励、捐资激励等制度,引导社会力量办好义务教育民办学校,办出特色与优势。经合组织国家的相关研究表明,"公平和质量可以兼顾,提高私立学校公共资助有助于降低阶层固化",利于社会阶层流动。① 此外,应当积极探索建立符合国情的"特许学校办学条例",建立公平竞争、规范化导向的特许学校办学模式。

二、政府统筹引导民办义务教育的规范化办学

民办教育的办学体制和机制不同于公办教育,体现出机制灵活、市场导向、讲求实效、反应较快等特点。一些学校也存在依法办学意识淡薄、办学思想不端正等问题。引导民办学校规范化办学,加强全社会督促问责是民办学校可持续良性发展的必然方向。

一是引导民办学校合法依规登记。依据民办教育促进法修正案,民办学校实施分类管理制度,义务教育民办学校被明确其非营利属性,这也是保障义务教育强制性、免费性、普及性的具体体现。政府要引导义务教育学校做好登记工作,引导依法修改学校章程,于 2022 年 9 月 1 日前完成分类登记。分类登记涉及民办学校的重大体制与机制调整,政府要加强引导,平稳推进分类管理。

二是全面规范民办学校招生。招生乱象是民办义务教育的突出问题。首先,要合规宣传,做到公开、诚信,招生简章和广告应报审批机关和主管部门备案,杜绝虚假宣传。其次,要合规录取,不以各类证书或学

---

① 黄河.私立学校:竞争优势与教育公平——经合组织(OECD)的研究及其启示.教育发展研究,2019(6).

习等级作为招生录取依据,不"变相筛选"招生,不与校外培训机构联合"点考"或违规组织测评等方式录取,抵制"掐尖招生"。鼓励招收贫困家庭学生,鼓励民办学校将办学结余的 10% 以上比例作为贫困家庭学生的入学补助。再次,要合规招生,严格执行政府招生计划,不得超计划招生。建立公办民办同等招生竞争环境,实施区域内同一平台、同步招生、同步录取制度。此外,要合规收费,收费必须先公示后收费,未经公示收费项目一律不得向学生收取费用。

三是规范民办学校的内部管理。引导民办学校发展重心聚焦内涵建设与品质提升,办出特色,办出活力,推进学校治理体系现代化。首先,加强民办学校法人治理,规范章程建设,加快推进依法办学、自主管理、民主监督、社会参与的现代管理制度,防范办学风险。其次,规范财经制度。理顺资产财务的管理与监控,清晰资产登记和财务收支管理,引入民间非营利组织会计制度。要引导义务教育民办学校合理定价,实施学费最高限价制度。也要引导所接受的社会捐赠缴入专项基金用于学校发展。再次,规范师资队伍建设,按规定足额提取教师培训经费,应需实施教师分级分类培训。依法建立与公办学校相平等的教师社会保障制度。

此外,要加强督促引导。各省份要积极支持建立民办学校第三方发展指导机构,负责对民办学校定期开展监督、引导与评估。若政府对民办学校有相关补助,其补助力度应与民办学校办学规范和绩效改进程度相挂钩。

三、全社会共同关心两类义务教育的协调发展

公办民办义务教育的发展,要加强全社会的协同治理,纳入社会经济发展和教育事业整体规划,加强发改、财政、社保、税务、工商、国土、规划和教育等部门的协调,努力创造公办民办协调发展的良好外部条件。

第一,加强学校党建引领。在完善公办学校党建工作的基础上,加强民办学校党的组织建设,实现党组织和工作的全覆盖。民办学校加强党的教育方针贯彻,应以提升组织能力为重点,强化思想引领,突出政治功能,全面加强党建水平,牢牢把握社会主义办学方向。党政协力,共同支持民办学校良好发展。

第二,建立公办民办学校"一视同仁"的办学环境,加强对民办学校的支持力度。落实公办民办学校的同等待遇,贯彻《中华人民共和国民办教育促进法》"民办学校与公办学校具有同等的法律地位"的精神,促进民办学校教师和受教育者,与公办学校教师和受教育者具有同等的法律地位。推进义务教育民办学校教师与公办学校教师享受同等社保、人才引进、教师培训等待遇。推进民办学校学生在升学就业、评优、医疗保险等方面与公办学校学生享有同等权利,同等享受奖助学金、困难学生资助、学费减免等各项国家和地方资助政策。对承担义务教育职责的民办学校,政府要通过资助或购买服务的形式给予差额补助。

第三,加强公办民办学校的资源互助合作。以公办民办学校共同发展、区域义务教育均衡发展为方向,协调推进公办民办学校之间的互助合作,通过互派人员,相互购买管理服务、教学资源、科研成果及品牌资源共享等多种方式,帮助薄弱一方提升办学质量。政府应对在帮扶其他学校、促进义务教育优质均衡发展中做出突出贡献的学校给予相应支持和奖励。

第四,加强跨政府部门的协同治理。多部门协力,推进区域内公办民办学校网点的合理布局。应将民办学校用地规划纳入社会事业发展总体规划,原城市规划为义务教育公共配套的地块,应归还或置换相应公建配套。坚决遏制义务教育公共配套用地被调整为举办新的民办学校。鼓励金融部门以收费权、未来经营收入、知识产权质押贷款融资等政策创新,开发适合民办学校特点的金融产品。标本兼治教育培训行业,其服务重点是学生兴趣与特长的培养,应禁止培训机构开展面向3—6周岁儿童的小学化教育,禁止开展义务教育的文化课和奥赛科目补习教育。建立培训机构教师准入制度、统一平台登记制度和随机督查制度,严禁在职教师的有偿校外培训。

第八章　质量导向的义务教育资源均衡配置的统筹机制

　　近年来,我国义务教育的均衡发展在取得辉煌成就的同时,也依然面临艰巨的挑战。尽管 81% 的县(市、区)已通过义务教育基本均衡县的督导评估认定,然而巩固提高任务仍然十分艰巨。[①] 优质义务教育资源总量还十分不足,众多学校所配的教育资源还未达标,许多地方城乡二元结构矛盾仍然突出,存在"城镇挤、乡村弱"现象;县域内校际教育差距还存在,择校问题突出;区域之间同样还有较大发展差距。同时,新型城镇化、户籍制度改革、计划生育政策调整、学生人口流动等因素,给城乡义务教育资源配置带来新的巨大挑战。如今,面向未来高位优质义务教育均衡发展,要大力推进从过去简单的"量的均衡"到"质的均衡"的跨越。高位优质义务教育的均衡发展,既具备现实基础,又面临迫切需求。因此,质量导向的义务教育资源均衡配置的统筹机制构建,既关键又迫切。

　　质量导向义务教育资源均衡配置的统筹机制,不仅需要关注理念与政策基础,也需要分别从教育系统内部纵向的视角,探讨全方位协调的资源统筹保障机制;需要从社会各界横向的视角,探讨全社会协调的资源统筹保障机制。

---

① 都文.督导均衡发展,办好义务教育.人民日报,2018-03-02(18).

第一节 构建统筹的新政策价值观

质量导向义务教育资源均衡配置的统筹机制创新,需要建立在公共管理理念的创新以及公共政策演进的基础上。需要从公共管理理念的发展,以及我国 20 世纪末以来基本公共服务均等化和义务教育均衡发展的政策演进和未来改革方向,分析义务教育资源统筹机制的创新理念、目标和政策基础。

一、新公共管理的理念创新

质量导向义务教育资源的均衡配置统筹,亟须构建创新的机制。创新机制需要创新理念的指引与支撑。质量导向义务教育资源的均衡配置统筹机制创新,首先建立在公共管理理念不断创新的基础之上。改革开放以来,我国的经济体制从计划经济体制逐步过渡到社会主义市场经济体制。与经济体制改革相对应,我国公共事业的管理理念也逐步采取公共管理的理论和观点,推进公共服务体系的建设。公共管理理论的核心观点之一是根据物品的属性确定公共服务的边界。公共管理理论主要依据三条基本原则,即效用可分割性、消费竞争性和受益排他性,将物品按属性区分为私人物品、公共物品和准公共物品三大类。效用可分割性是指物品是否可以被分割成独立的单位,实现谁支付、谁受益。消费竞争性根据边际生产成本是否为零来衡量。也就是说,如果增加一个消费者,该物品的边际生产成本为零,则消费无竞争性,否则消费就具备竞争性。受益排他性是指物品的消费是否能够实现排除其他消费者。私人物品通常可以实现受益排他性,而公共物品的消费不能实现排他,或实现排他在技术上不可行或排他的成本太高。

私人物品是指具备完全的效用可分割性、消费竞争性和受益排他性的物品，比如食品等。例如，私人物品比如苹果可以被分成多种形式的独立单位，谁购买、谁受益。苹果的消费，每增加一个消费单位，边际生产成本都会增加，即具备消费的竞争性；而一个苹果被一个人享用之后，其他人就无法享有，即受益的排他性。公共物品是指具备完全的效用不可分割性、消费非竞争性和受益非排他性的物品，比如国防、外交和公共安全。例如，一个国家提供某种国防物品或服务，该国所有公民共同享有、无法分割，即效用的不可分割性。增加一个公民消费该国防物品或服务，边际生产成本为零，即消费的非竞争性。而且国家无法排除任何公民享有该国防物品或服务，或者排除的成本过高，即受益的非排他性。

义务教育物品或服务在世界各国被普遍视为公共物品或准公共物品。教育物品的竞争性和排他性属性受到需求、规模和利益外溢的正外部性等多种因素的影响，具有一定的不确定性。教育物品在需求较小、规模不大的情况下，消费的竞争性和受益的排他性并不明显。一旦遇到教育物品的需求大增、规模大幅度提升的情况，消费的竞争性和受益的排他性同时显现。更为重要的是，教育投资收益分析结果显示，任何阶段的教育投资在私人收益之外，同时具备一定的社会收益。也就是说，教育物品具有典型的利益外溢的正外部性特征。各个阶段中，义务教育阶段投资的社会收益率最高，而且远远超过私人收益率。因此，根据谁收益、谁承担的原则，义务教育由公共财政承担的理念被世界各国所普遍接受。

然而在公共管理理论中，公共提供不等于公共生产。公共提供仅仅是指公共或准公共物品和服务由公共财政负担，公共生产是指公共或准公共物品和服务由公共组织提供。义务教育的公共生产是指由公立中小学提供义务教育服务。而公共财政负担义务教育，也可以采用公立、民办和社区等多元提供形式。20世纪后期以来，公共管理理论既采纳并强调 3E 的管理原则,即"效率、效益和经济性"(efficiency,effectiveness,economy),也采纳突出需求差异化和个性化的服务理念。创新的管理原则和服务理念,更加强调公共和准公共物品的有效提供需要依法突破公共和市场的边界。

我国经历经济快速增长和社会急剧转型双重变革的阶段后,面临经济发展方式转变的迫切需求,以及应对生态环境恶化和能源资源短缺引发的严峻挑战,需要加快推进覆盖全体社会成员的基本公共服务体系,逐步实现基本公共服务均等化,以应对社会成员基本公共需求全面迅速增长的挑战。义务教育尤其是优质义务教育的均衡发展,势必以促进城乡、区域和人群基本公共服务均等化为主线,需要政府保障全民基本生存发展需求的制度性安排。2017 年 1 月,国务院印发《"十三五"推进基本公共服务均等化规划》(国发〔2017〕9 号),提出了我国基本公共服务均等化的制度框架(见图 8-1),其中国家提供基本公共教育,满足学有所教的需求位列第一。

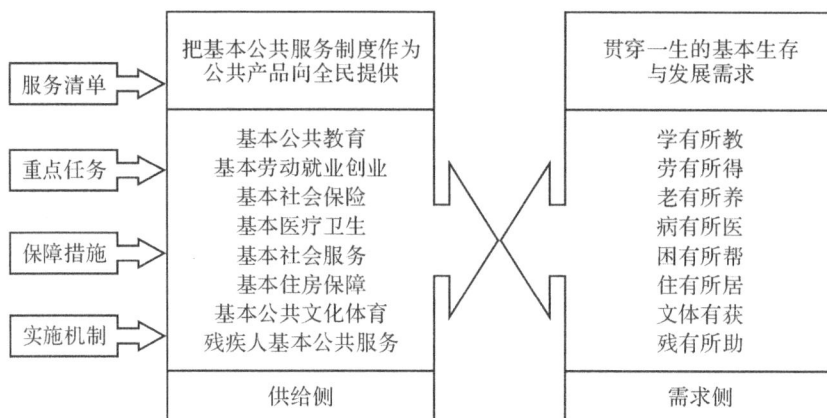

图 8-1　国家基本公共服务制度框架

来源:国务院."十三五"推进基本公共服务均等化规划(国发〔2017〕9 号).2017-01-23.

位列"十三五"国家基本公共服务清单之首的免费义务教育,其有效提供需要在充分发挥公共财政资源配置的主体作用的同时,积极引入市场机制;需要推动义务教育服务要素的自由流动;也需要鼓励和扶持市场力量、社区组织、非政府组织和家庭的共同参与。在21世纪的中国,义务教育发展不仅是个人与家庭生存发展的最基本条件,也是国家经济社会建设的基础与关键。

二、新公共政策的改革演进

20世纪末以来,党和国家陆续推出的政策,逐步为我国完善质量导向的义务教育资源均衡配置统筹机制奠定了理念、目标与政策基础。统筹的相关理念、目标与政策,集中体现在以"基本公共服务均等化"为核心的系列政策文件中,并在"义务教育均衡发展"的相关政策文件中同样有反映。在此,对国家相关政策中涉及义务教育资源均衡配置统筹的背景、具体理念与发展目标等展开分类分析。

基本公共教育服务还面临很大的均等化压力。改革开放以来,社会经济高速发展,我国综合国力和国际地位迅速提升,人民生活明显改善。进入21世纪初期,我国基本公共服务体系建设在社会经济发展的基础上取得了显著成效。在公共服务体系中的教育领域,在城乡全面实施免费义务教育,逐步完善公共教育体系,国民平均受教育年限有了明显进步并已达9年。但是包括基础教育在内的基本公共服务供给不足、发展不平衡的矛盾仍然十分突出。首先,基本公共服务的规模和质量难以满足人民群众日益增长的需求;其次,农村、贫困地区和针对社会弱势群体的基本公共服务尚未得到充分保障;最后,城乡区域间基本公共服务制度设计不衔接,管理条块分割,资源配置不合理,服务提供主体和提供方式比较单一,基层政府财力与事权不匹配,以及监督问责缺位等问题较为突出。

基本公共教育服务均等化成为政策目标。2005年10月,党的十六届五中全会通过《中共中央关于制定国民经济和社会发展第十一个五年规划的建议》，首次提出"按照公共服务均等化原则，加大对欠发达地区的支持力度，加快革命老区、民族地区、边疆地区和贫困地区经济社会发展"。此后，基本公共服务均等化成为我国公共服务发展与建设的主要政策目标与内容，并在后续规划中均有相应体现。

"十二五"期间，我国进入全面建设小康社会的关键时期，建立健全基本公共服务体系，促进基本公共服务均等化，是构建社会主义和谐社会、维护社会公平正义的迫切需要，是全面建设服务型政府的内在要求，对于切实保障人民群众的利益，对于加快经济发展方式转变，都具有十分重要的意义。2012年7月，国务院印发《国家基本公共服务体系"十二五"规划》（国发〔2012〕29号），阐明国家基本公共服务的制度安排，明确了基本范围、标准和工作重点，引导公共资源配置。该规划中将基本公共服务界定为"建立在一定社会共识基础上，由政府主导提供的，与经济社会发展水平和阶段相适应，旨在保障全体公民生存和发展基本需求的公共服务"。基本公共服务的范围，"一般包括保障基本民生需求的教育、就业、社会保障、医疗卫生、计划生育、住房保障、文化体育等领域的公共服务，广义上还包括与人民生活环境紧密关联的交通、通信、公用设施、环境保护等领域的公共服务，以及保障安全需要的公共安全、消费安全和国防安全等领域的公共服务"。基本公共服务均等化的内涵是"全体公民都能公平可及地获得大致均等的基本公共服务，其核心是机会均等，而不是简单的平均化和无差异化"。《国家基本公共服务体系"十二五"规划》明确了政府公共服务提供的基本理念，即"享有基本公共服务属于公民的权利，提供基本公共服务是政府的职责"。

"十三五"时期，我国发展仍处于加快构建基本公共服务体系的关键时期。从需求看，工业化、信息化、城镇化、市场化、国际化深入发展，城乡居民收入水平不断提高，消费结构加快转型升级，各类公共服务需求日趋旺盛。我国重视教育的历史文化传统与"二胎"放开政策的影响之下,教育服务的需求尤其突出。从供给看,经济继续保持平稳较快发展,财政收入不断增加,基本公共服务的财政保障能力进一步加强。从体制环境看,有利于科学发展的体制机制加快建立,教育、卫生、文化等社会事业改革深入推进,建立健全基本公共服务体系的体制条件不断完善。截至2015年,义务教育均衡发展深入推进,九年义务教育巩固率达到93%,流动人口随迁子女在流入地公办学校就读的比例超过80%。然而,我国基本公共服务还存在供给规模不足、部分服务存在覆盖盲区、服务质量有待提升、城乡区域间资源配置不均衡、服务水平差异较大、体制机制创新滞后、社会力量参与不足等问题。

2017年1月,国务院印发《"十三五"推进基本公共服务均等化规划》(国发〔2017〕9号),将基本公共服务界定为"由政府主导、保障全体公民生存和发展基本需要、与经济社会发展水平相适应的公共服务"。基本公共服务均等化的内涵是指"全体公民都能公平可及地获得大致均等的基本公共服务,其核心是促进机会均等,重点是保障人民群众得到基本公共服务的机会,而不是简单的平均化"。基本公共服务均等化建设的必要性和意义在于"享有基本公共服务是公民的基本权利,保障人人享有基本公共服务是政府的重要职责。推进基本公共服务均等化,是全面建成小康社会的应有之义,对于促进社会公平正义、增进人民福祉、增强全体人民在共建共享发展中的获得感、实现中华民族伟大复兴的中国梦,都具有十分重要的意义"。

尽管国家高度重视基本公共教育均等化,但仍然压力不小,需要加强系统性的资源统筹。正因为义务教育基本均衡发展目标的落实压力较大,相应的系统性资源统筹机制尤为必要与迫切。为了实现基本公共教育的发展目标,国家专编了《"十三五"国家基本公共教育服务清单》,其中涉及义务教育部分包括三大项基本公共服务(见表8-1)。每个项目均明确服务对象、服务指导标准、支出责任、牵头负责单位等。支出责任是指各项目的筹资主体及承担责任,而牵头负责单位是指国家层面的主要负责单位,具体落实由地方各级人民政府及有关部门、单位按职责分工负责。

表 8-1 "十三五"国家基本公共教育服务清单(义务教育部分)

服务项目	服务对象	服务指导标准	支出责任	牵头负责单位
免费义务教育	义务教育学生	对城乡义务教育学生免除学杂费,免费提供教科书;统一城乡义务教育学校生均公用经费基准定额	中央和地方财政按比例分担	财政部、教育部
农村义务教育学生营养改善	贫困地区农村义务教育学生	在集中连片特困地区开展国家试点,中央财政为试点地区学生提供每生每年800元的营养膳食补助,鼓励各地因地制宜开展地方试点	国家试点县学生营养膳食补助所需资金由中央财政承担;地方试点县学生营养膳食补助所需资金由地方财政承担,中央财政给予奖励性补助	教育部、财政部
寄宿生生活补助	义务教育家庭经济困难寄宿学生	小学生每生每年1000元,初中生每生每年1250元	中央和地方财政按 5∶5 比例共同分担	财政部、教育部

来源:国务院."十三五"推进基本公共服务均等化规划(国发〔2017〕9号).2017-01-23.

三、建立公平优先、质量导向、适度超前、渐进优化的政策价值观

质量导向的义务教育资源均衡配置的统筹政策,是多维度的复杂统筹,要重视"一盘棋"谋划。义务教育属于公共物品或准公共物品,具有很强的正外部性特征,是政府有责任提供的基本公共服务。要重视统筹的"一盘棋"顶层谋划,"一盘棋"部署推进义务教育资源的均衡配置工作,合理划分各级政府义务教育资源配置统筹的事权与支出责任,强化中央、省级、地方和社会的相互协同与分担责任,加大统筹力度,体现对不同地区差别化的统筹方式。在国家日益强调社会公平、教育强国建设

的背景下,其统筹政策既要加强中央政府层级的资源配置统筹,也要加强地方政府层级的资源配置统筹,还要加强全社会共同关心义务教育均衡发展的资源配置统筹,表现出一定的跨政府层级性、跨部门性、跨地区性与跨行业性等特点。统筹政策需要努力为义务教育更高质量的发展,创造更好的内外部条件。

　　质量导向的义务教育资源均衡配置统筹属于公共政策,其政策价值观应成为中央和地方政府统筹制定义务教育资源均衡配置政策的共识基础。所谓的政策价值观,是指公共政策主体对公共政策价值物、公共政策价值关系、公共政策价值创造活动及其结果的反映,以及由此形成的较为稳定的心理取向、评判标准和行为定式。① 具体而言,政策价值观往往是抽象观念的集合,并在具体政策方案中表现出相应的政策理念与价值判断;同时,它是政策制定者与决策者所形成的共同偏好、愿望和目标,并通过政策方案及其实施,最终对社会资源的提取和分配产生重大作用。

　　科学合理的义务教育资源均衡配置统筹的政策价值观,具有重要的功能作用。首先,它有利于对政策主体产生积极影响,使其充分认识到义务教育的重要性,并形成需要提高义务教育资源均衡配置统筹水平的观念。事实上,政策制定主体的观念与行为,受一定的理论、理念、信仰、认知、情感与态度的支配与影响,义务教育资源均衡配置统筹的共同"政策价值观"能够对政策主体产生价值取向引领、思想约束、行为调节等作用,促进统筹政策的理性化。其次,影响政策的制定过程与政策文本本身。不同的政策价值观,在统筹政策问题的认定、统筹政策目标的提出、统筹政策方案的选择、统筹政策文本的执行、统筹政策成效的评估等方面,会有差异化的认知与决策。共同的"政策价值观",有利于义务教育

---

① 梁丽芝.公共政策价值观的构成、功能及整合.衡阳师范学院学报,2003(2).

资源均衡配置统筹相关的政策理念、目标与实施的一致化。再次,对政策目标团队产生影响。义务教育资源均衡配置统筹的政策价值观,会对政策目标团体的政策行为产生引导与支配作用,目标团体对相关统筹政策的态度、感情、认知等要素,不仅影响他们对统筹政策的系统认知,而且会影响他们对统筹政策执行的能力和态度。

质量导向的义务教育资源均衡配置统筹政策的价值观,在资源"一盘棋"整体考虑的大局观下,既要符合国情,也要重视多种观念的有机结合,形成观念体系。一方面,要在资源统筹"一盘棋"视野下全面结合中国国情,关照不同地区义务教育均衡发展的现实水平,建立适合我国教育发展水平与未来方向的政策价值观,尽可能地为每个公民提供公平而有质量的义务教育。另一方面,需要统筹加强不同主体的"政策价值共识",在"一盘棋"框架下建立"组合拳"式的共同政策价值观。推动多种政策价值观的有机整合,共同发挥不同观念的相互促进、相互制约作用,不断提高义务教育资源均衡配置的质量水平。

第一,坚持公平优先。教育公平是社会公平的重要基础,保障适龄儿童、少年公平受教育的基本人权,让每个儿童在人生起点阶段得到公平的发展机会,一方面是落实教育公平成为实现社会公平的起点,另一方面也是社会公平在教育领域的延伸与体现。同时,义务教育公平是现代国家教育发展的基本价值追求,已成为国家政治生活、公民发展权的基本主题和原则。[①] 在我国,坚持义务教育发展公平优先,不仅是国家社会主义建设更高阶段的客观要求,也是社会主义确保先进性的必然发展方向,是保障义务教育均衡发展的基石与前置条件。

公平优先作为义务教育资源均衡配置统筹政策的首要价值取向,核心是统筹保障资源的均衡配置。首先,保障资源配置的标准化与规范

---

① 张珏,张振助.中国义务教育公平推进实证研究.北京:教育科学出版社,2011:44.

化,应当在学校建设标准、师资队伍标准、课程实施标准等方面建立更具统一标准、更易规范操作水平的配置政策,落实公平统筹配置的量化基石。其次,重视弱势补偿理念,公平统筹配置应突出面向贫困地区、弱势群体学校的加倍力度的倾斜性精准帮扶,扩大补偿性投入,保障大体一致的基本公共教育服务。再次,在公平优先的基础上也要兼顾效率。守住公平优先,重视充分挖掘资源的效率潜能,努力促进资源的最优配置效率,尽最大可能实现公平与效率的有机结合。

第二,坚持质量导向。除了保障公平外,全面提高义务教育质量,努力实现所有适龄儿童、少年"上好学",亦即质量导向是我国义务教育均衡发展的另一大基本价值取向。就资源配置的质量导向来说,首先,它超越一般意义的资源平均配置,超越"一刀切"的初步均衡模式,指向更高层级的教育公平,更深层次聚焦学生的个性化、多样化学习需求,努力落实适恰教育。其次,它更为突出多元发展,在保障每所学校基础性办学质量基本相同的前提下,重视每所学校有特色的内涵式发展,办出特色与水平,是区域义务教育发展从办学条件的基本均衡向特色优质高位均衡发展。

质量导向是义务教育均衡发展新的资源配置观,从以往重视"资源量化的均衡"转向重视"办学质量的均衡",重视学校办学品牌与内涵的特色优质。一方面,重点在每所学校"基础办学质量的均衡",大力消除县域内的校际办学差距,并不断缩小跨区域的办学差距。另一方面,重点在每所学校"办出特色",以发展学生核心素养为核心,更好推动素质教育,重视德智体美劳全面发展和生动活泼主动发展,促进学校的内涵特色建设。

第三,坚持适度超前。教育在国民经济社会建设中具有明显的先导性、基础性与全局性作用,全面建设社会主义现代化国家,实现中华民族伟大复兴的中国梦,都必须坚持优先发展教育,办好人民满意的教育。

义务教育是我国教育发展的重中之重,不仅要坚持均衡发展,更需要促进义务教育资源的适度超前均衡配置,旨在夯实人力资源强国建设的基础教育基石,符合中国最广大人民的根本利益。不少义务教育资源如教育用地要提前预留,学校建筑等资源则具有长期可用的特点,对此类资源的配置也需要有适度超前意识,留足未来发展空间。

适度超前统筹均衡配置义务教育资源,在观念上必须坚持教育发展要适度超前社会经济发展,在行动上坚持高标准配置资源,长谋远虑,适度超前布局。一方面,经济社会发展规划要优先落实教育规划,适度超前做好区域教育发展规划,按照区域社会发展与人口的趋势,充分预留办学用地,完善义务教育学校布局规划,避免再次出现城市挤、班额大等义务教育旧问题。另一方面,严格执行中小学校相关设计规范和建设标准,重视质量引领与长远发展,合理超前设计,适度提高建设标准。此外,要不断提高师资队伍质量,努力创造条件高标准配置师资。

第四,坚持渐进优化。我国幅员辽阔,人口众多,各地区教育发展的外部环境和教育自身的发展水平差异很大,推进义务教育公平不可能实现统一步调。[①] 一个区域义务教育资源均衡配置并不是也不可能"一步到位",而是均衡配置水平的动态完善过程,应体现"分类指导,有序推进"。推进义务教育资源的均衡配置统筹,要结合我国国情与可统筹各类资源的供应能力,以不断缩小差距为目标,尽最大可能实现义务教育资源的均衡配置,它具有明显的"不均衡→接近均衡→新的不均衡→接近新的均衡"的过程性特征,因此需要因地因时制宜地选择发展路径,实施动态渐进的优化。

渐进优化统筹均衡配置义务教育资源,要树立持续提升质量的发展观,重视义务教育资源均衡配置统筹的动态性,提高均衡配置统筹的针

---

① 张珏、张振助.中国义务教育公平推进实证研究.北京:教育科学出版社,2011:51.

对性与适用性。一方面,既要尽力而为,又要量力而行。始终坚持不断提高均衡的质量标准,根据不同阶段的发展目标与区域资源供应能力,区分轻重缓急,确立优先顺序,统筹兼顾,尽可能为义务教育均衡发展提供更多资源支撑。另一方面,既要因地制宜,也要因时制宜。分类指导,有序推进,充分考虑不同地区城乡融合发展阶段和区域差异性,结合地方实情,充分发挥地方积极性,选择适宜发展路径;结合发展阶段,梯次推进,不断动态调整优化。

第二节　构建全方位协调的资源统筹优化机制

质量导向的义务教育资源均衡配置统筹,在教育系统内部需要全方位推进,制定并落实全周期、全范围和全要素的资源均衡配置。

一、教育全周期的资源统筹机制

教育全周期的资源统筹配置机制主要指覆盖学前教育、义务教育、高中教育到高等教育,乃至终身教育在内的整个教育大周期的资源统筹均衡配置机制。全周期的资源统筹均衡配置机制,其重要性在于它是连接义务教育输入和输出的衔接和协调机制。义务教育的发展不应该是一个孤立教育阶段的发展,而是也应该是国家教育体系的重要一环。

义务教育的质量不仅仅取决于义务教育阶段本身的提升,也受到输入阶段和输出阶段的所相衔接教育的影响。义务教育的输入阶段即学前教育阶段。学前教育的质量直接关乎义务教育阶段小学的生源质量。学前教育的布局与办学质量,以及小学招生入学政策的制定,直接影响义务教育阶段小学的布局、学位供给和教育质量的均衡发展。义务教育阶段之内也涉及小学、初中和九年一贯制学校的布局、学位供给以及招生的规划和协调。义务教育阶段的输出更加复杂,既包括普通高中,也包括职业高中。普通高中和职业高中的发展定位、学位供给都以初中教育为基础。义务教育整体的质量对于高等教育的影响不仅体现在基本知识和技能的准备,更加重要的是行为品质和习惯培养。在知识日新月异和信息技术突飞猛进的时代,终身教育日趋重要并需求激增。义务教育核心要素之一的教师专业发展,亦需要结合终身教育的理念来拓展推进。在现实中,人们对幼升小、小升初和初升高的招生政策、招生规模的高度关注直接反映了学前教育、义务教育和高中教育阶段之间的密切联系。而我国现行的流动人口随迁子女高中和高等教育招生政策,也直接将义务教育阶段与高等教育阶段联系在一起。

既然整个教育系统中各个教育阶段是相互依赖、相互影响的关系,那么它们之间的协调发展就需要建立全周期的资源均衡配置统筹机制,并应由教育行政部门负统筹协调的主体责任。我国现行教育管理体制,实行义务教育以县为主的管理机制,因此需要加强县级及以上政府的全周期的资源配置统筹协调。2016 年 5 月,国务院印发《关于统筹推进县域内城乡义务教育一体化改革发展的若干意见》(国发〔2016〕40 号),强调"各地要深化义务教育治理结构改革,切实提高政府教育治理能力",并明确提出在实行以县为主管理体制基础上,进一步加强省级政府统筹。县级和省级教育主管部门内部的职能,大多数依然采用根据教育阶段和活动性质(业务、基建、人事、财务等)进行划分,造成不同教育阶段的管理分属不同的职能部门。各个职能部门分工不同,与上级主管部门的联系也局限于相同职能部门,相互之间缺乏统筹与协调机制,可以说全周期的协调还十分薄弱。

因此,要建立教育全周期的资源均衡配置统筹机制。首先,要加强教育事业发展规划中各类教育之间的统筹协调。在规模与结构、质量与效益之间实现统筹协调,重点在人才培养学制、招生录取机制、办学规模结构、教育资源布局结构等方面,形成相互支撑、彼此有机协调的良好教育生态,为全周期的资源均衡配置统筹奠定扎实的宏观规划基石。

其次,建立不同层级教育行政部门共同参与的定期联席会议机制。聚焦不同阶段教育在发展过程中可能会出现的不协调问题,共同展开相关研讨、政策研制与优化协调改革方案,提高跨教育阶段各类资源的统筹协调,更好地服务学生全教育周期的培养。

此外,全周期的资源均衡配置统筹,也要加强政府跨部门之间的协调统筹工作,特别是户籍、人事、交通、自然资源规划等多个政府部门的参与配合,尽力所能为学生不同教育阶段的成长创造良好条件。

二、空间全范围的资源统筹机制

覆盖空间各区域的全范围资源统筹均衡配置机制,主要指覆盖全部区域的义务教育均衡发展的资源统筹机制。我国已基本解决"有学上"的问题,但是满足广大民众"上好学"的普遍需求依然面临挑战。不同空间区域之间义务教育的均衡发展问题,将是我国长期艰巨的攻坚任务。

优质义务教育资源在空间之间的分布不均衡,体现在城乡差异、东中西部差异,以及贫困地区义务教育发展落后等方面。首先,区域内部的城乡差异还十分普遍。尽管全国大部分县域已达到"基本均衡",但城乡之间仍然存在不小差距,需要进一步推进城乡义务教育的"高位均衡",空间"乡村弱"的短板仍然突出存在。其次,东中西部之间义务教育均衡水平差距仍然明显。我国幅员辽阔,不同地区社会经济文化发展水平相差较大,地方政府对义务教育发展的资源保障能力相差较大,中西部地区与东部发达地区义务教育均衡差异仍然较大。再次,优质义务教育资源空间分布的不均衡,还体现在贫困地区优质义务教育资源严重不足,不少贫困地区有限的教育经费仅能满足教育"人头费",各类教育资源缺口巨大,办学环境、基础设施、师资水平相对落后的问题还十分普遍。

　　义务教育的均衡发展,需要系统推进空间全范围的均衡发展,推进全范围资源的均衡配置统筹。义务教育的均衡发展,不仅要实现县域范围内义务教育的均衡发展,努力解决城乡发展差距,解决农村学校薄弱的发展问题,也要关注区域之间义务教育的均衡发展,缩小东中西之间的发展差距,大幅度提升中西部地区特别是"老少边穷"地区义务教育的均衡发展,努力实践让教育公平惠及每一个适龄儿童、少年。

　　因此,要全面推进空间全范围的资源均衡配置统筹。首先,实现县域空间范围内的均衡发展。围绕乡村义务教育的均衡短板,聚焦薄弱学校,县级政府要更大力度增量补足面向乡村地区义务教育的资源均衡配置,提升办学条件,实施乡村教师专项补助。同时,建立城乡义务教育发展的一体化机制,推进乡村学校办学条件、师资配置、生均预算经费标准的一体化,破解城乡义务教育不均衡的发展难题,重点解决乡村办学条件艰苦、师资短缺、生均经费不高等问题。

　　其次,中央政府要加大对中西部地区义务教育"抬谷"发展的均衡配置统筹力度。从质量来看,中西部地区义务教育的均衡发展水平与东部地区仍然有较大的发展差距,是长期投入不足、自然条件较差、社会经济文化水平较为落后等因素长期综合作用的结果。围绕"全面建成小康社会"的战略目标,结合中西部地区的发展实际,要加强中央政府对中西部地区义务教育的均衡配置统筹力度,应当推进义务教育资源投入主要以中央政府为主、地方为辅的统筹,推动义务教育资源保障的全国"一盘棋",从而从根本上保障中西部地区具有同等条件支撑义务教育资源的均衡统筹配置。

　　再次,中央和省级人民政府要加强面向贫困地区义务教育均衡发展的扶持统筹力度。一方面,贫困地区是义务教育均衡发展的"谷地",多数地区由于自然条件艰苦,经济和社会发展水平相对滞后,义务教育发展呈现基础十分薄弱的客观实情。另一方面,贫困地区义务教育实现均衡发展,提高贫困地区学生义务教育质量,也是国家大力推进教育公平的应有之义。因此,要加强中央和省级政府面向贫困地区的义务教育资源均衡配置的统筹力度,完善中央统筹、省负总责、县抓落实的资源统筹管理体制,加大以转移支付为主的倾斜性投入,推动教育资源从基础设施建设到学生资助,从基础理念到具体举措一脉相承地向贫困地区、贫困家庭倾斜,有效落实精准扶贫。

三、资源全要素的资源统筹机制

教育系统内的资源配置不仅仅需要各级教育阶段之间与各类区域之间的协调统筹,还需要注意教育要素之间的协调统筹。教育活动的要素主要是人、财和物三大类。三类要素之间的资源配置不是相互独立,而是相互依存和影响的关系。要重视系统论、协调论与控制论,大力加强不同类型资源的全要素统筹。

(一)人力资源统筹:学生和教师

人这一要素在教育活动中有两大突出主体,即教育服务对象即学生和教育服务提供者即教师。教育服务对象,学生必然是义务教育资源均衡配置统筹机制的立足点和聚焦点,需要关注不同学生本身条件的多元化和需求的差异性。学生是教育主体之一,教育服务的个性化和差异化是现代教育理念的核心观点。高位优质的教育均衡发展目标,必须认识到教育对象的多元化,以及他们的教育需求和服务的差异性,并提供针对不同教育对象的精准服务。

第一,加强面向弱势学生的统筹协调。学生群体中需要特殊教育服务的对象包括贫困儿童、农村儿童,尤其是农村留守儿童、流动人口随迁子女、特殊困难儿童等,可以统称为教育弱势群体。城乡学生群体的整体差异虽然在县域内城乡义务教育一体化的政策和措施中有所体现,但是针对教育弱势群体的特定服务缺乏系统性和明确定位。面向贫困地区的教育资源均衡配置统筹，所聚焦的地区主要是农村，因而未能覆盖全部的贫困儿童，比如城镇贫困儿童、贫困的流动人口随迁子女、城镇的特殊困难儿童等。因此，针对教育弱势群体本身特征和需求的差异，需要构建有针对性的资源均衡配置统筹机制。根据我国现行公共服务体系的建制，应由县级政府为主，省级和中央政府为辅，建立固定的特殊困难儿童发展统筹机构，统筹协调本地区特殊困难儿童的确认和分类服务的提供与监控评估。

现阶段困难重大、需求迫切的特殊困难儿童的界定和确认，需要教育部门以外的多个政府和福利机构的协助。2014年12月，国务院办公厅印发《国家贫困地区儿童发展规划（2014—2020年）》（国办发〔2014〕67号），将特殊困难儿童界定为孤儿、艾滋病病毒感染儿童、残疾儿童、流浪儿童、农村留守儿童五种。从儿童发展和教育均衡的角度看，这些特殊困难儿童的服务不应局限于贫困地区，而应是全国范围内的全覆盖。这些特殊儿童需要的教育服务也存在显著差异，宜有特殊困难儿童发展统筹机构根据具体需求，协调政府、学校和社会机构为他们提供综合服务。比如，孤儿的教养模式需要适合孤儿的身心发育，采用收养、寄养和社会助养等多种模式，对义务教育阶段的孤儿寄宿生全面纳入生活补助范围。残疾儿童要根据残疾情况和程度，提供普通学校随班教育、独立班级或者特殊教育学校等多种形式的教育服务。在加强农村寄宿制学校建设的基础上，进一步完善留守儿童的全社会关爱服务体系，注重留守儿童的心理健康和亲情关爱，强化家庭和其他监护人的监护责任与能力，加强村委会和社会机构对留守儿童的结对关爱服务等。完善现有流浪儿童救助保护制度，探索建立流浪儿童的预防、发现、帮扶和监测机制。将儿童保护纳入村委会和社区管理服务职能，动员家庭、学校、公安、医院和其他社会组织参与儿童保护、救助和监测工作。

特殊困难儿童发展统筹机构应被赋予协调学校、社区、福利机构、公安、医院、康复机构和其他社会组织的权力与职责。该机构也应有权利影响包括教育、医疗卫生、社会福利等公共经费分配的话语权。尤其是，该机构应该具备权力和职责监督特殊困难儿童的生均公用经费标准、特殊困难儿童各类学杂费减免和生活补助的执行力度，以及特殊教育教师的各项倾斜支持政策的落实。

第二，加强面向教师的统筹协调。教师始终是教育均衡发展的关键要素之一。无论是国家的教育优先发展和科教兴国战略，还是教育部门出台的相关教育均衡发展政策，教师队伍建设都是关键要素、任务和措施。质量导向的义务教育资源均衡配置统筹机制，必然包括优质的教师队伍建设及其师资均衡配置统筹。优质教师的统筹均衡配置包括不同学校和区域之间的统筹，其中县域城乡学校之间的均衡统筹是现阶段的改革核心；跨区域统筹是重要不可或缺事项，如老、少、边、穷、岛等贫困地区学校的教师支援和扶持等。

优质教师的均衡配置统筹主要有两种机制：一是补充培养，二是跨校流动。两类统筹机制的理念截然不同，彼此相互补充方能从不同角度推动优质教师的均衡配置。一方面，优质教师均衡配置统筹的首要方式是薄弱学校教师的补充，即聘任和培养。薄弱地区学校教师的聘任培养是一个系统工程，涉及合格教师招聘、教师专业培养、职称评聘、待遇福利等各个环节，目的是在薄弱地区学校建立一支留得住的高素质教师队伍。因此，薄弱地区学校的教师补充机制需要省级人民政府的均衡配置统筹规划。比如面向农村学校、"老少边穷岛"等贫困地区学校、薄弱学校的教师聘任，需要省级人民政府统筹高校采用多种形式定向培养一批高校毕业生，或者授权地方政府和师范院校加强本地化的"免费师范生"培养。结合乡村教育实际，还可以考虑定向培养一些能够承担多门学科教学任务的全科教师。中央财政应设立薄弱地区学校教师专项计划予以适当支持。此外,省级和地方政府在薄弱地区学校教师的生活待遇、职称职务评聘、教师专业能力培训等方面,实施倾斜性的优待政策。

另一方面,适当流动是统筹分配优质教师资源的另一种机制。首先,教育主管部门应根据《"十三五"推进基本公共服务均等化规划》(国发〔2017〕9号)的要求,落实县域内义务教育公办学校校长、教师交流轮岗制度。国务院印发的《关于统筹推进县域内城乡义务教育一体化改革发展的若干意见》(国发〔2016〕40号),同样鼓励推动城乡教师交流,并要求"城镇学校和优质学校教师每学年到乡村学校交流轮岗的比例不低于符合交流条件教师总数的10%,其中骨干教师不低于交流轮岗教师总数的20%"。教育主管部门还可以在乡镇范围内重点推动中心学校教师到村小学、教学点交流轮岗。省级和地方政府要鼓励城镇退休的特级、高级教师到农村支教讲学。全面推进义务教育教师队伍"县管校聘"管理体制改革,为组织城市教师到乡村学校任教提供制度保障。师资流动的重点是优秀校长和骨干教师,途径和方式多种多样,包括跨校竞聘、学校联盟、对口支援、教师走教等。

(二)教育经费统筹:全面落实保障

教育经费的统筹是质量导向义务教育资源均衡配置的根本。自2006年实施农村义务教育经费保障机制以来,义务教育逐步纳入公共财政保障范围。到2008年9月,我国已经全面实现城乡免费义务教育。

随着新型城镇化和户籍制度改革不断推进,义务教育学生流动性加大。现行城乡义务教育经费保障机制面临新的挑战,即各地和各部门政策不统一,经费可携带性不强,资源配置不够均衡等。针对这些问题,2015年11月国务院颁布《关于进一步完善城乡义务教育经费保障机制的通知》(国发〔2015〕67号),提出统一城乡义务教育"两免一补"政策、统一城乡义务教育学校生均公用经费基准定额、巩固完善农村地区义务教育学校校舍安全保障长效机制、落实城乡义务教育教师工资等一系列政策，积极推进全国义务教育的均衡化发展。提高义务教育经费投入的均衡质量，已成为未来义务教育改革发展的重大议题。

质量导向的义务教育经费均衡配置统筹，在体制上未来需要采取以中央政府和省级政府统筹为主，以县执行为主的统筹新体制。在具体机制上需要在两个方面突破现行制约。一方面，一些特定项目经费在管理上需要采取"省级政府"为主的统筹机制。如流动人口随迁子女的义务教育经费的可携带部分、跨区域优秀校长和教师的对口支援经费、特殊困难儿童教育经费等，都需要加强省级政府层面的统筹安排，以提高经费支持的力度和协调。另一方面，在经费统筹管理权限上，要进一步完善财权与事权的统一，推进各级政府部门获得与教育事业职责相匹配的经费统筹权。只有在事权和财权相匹配的制度安排之下，各教育主管部门才能真正具备统筹安排相应教育事务的能力。具体而言：

首先，加强以中央政府统筹为主的资源配置改革。进一步深入推进义务教育均衡发展的全国"一盘棋"，着力解决不少地区因财税薄弱导致的义务教育投入不足问题，推进建立全国统一的中央和地方分项目、按比例分担的城乡义务教育经费保障机制，并以中央政府为主的经费负担机制。近年来我国政府新实践的"生均公用经费基准定额所需资金由中央和地方按比例分担，西部地区及中部地区比照实施西部大开发政策的县为 8：2，中部其他地区为 6：4，东部地区为 5：5"，即这方面的有益探索。

其次，要加强省级和县级政府的经费统筹管理力度。以省域内县际义务教育均衡发展为导向，加强省级政府在省内的经费统筹责任，完善省内转移支付制度，提高针对省域内财力薄弱县域的转移支付力度，提高面向困难地区的支持力度。县级人民政府要按照义务教育"以县为主"的管理体制，加强县域内教育经费的均衡配置统筹安排，一方面要落实对艰苦边远贫困地区和薄弱学校的倾斜力度，保障规模较小学校的正常运转;另一方面加强学校经费使用的预算管理和绩效管理,提高经费使用效益。

再次,要加强政府面向贫困地区和特殊群体的经费统筹力度。一方面,要加强面向农村义务教育的倾斜,重点向革命老区、民族地区、边疆地区、贫困地区等的倾斜。另一方面,加强流动人口随迁子女义务教育经费的可携带性,切实强化"流入地就学"和民办学校就读学生的义务教育经费的保障水平。

(三)物力资源统筹:线下+线上

进入21世纪以来,我国义务教育资源中的物力资源统筹,已经从前期的基础设施和装备统筹拓展到数字化在线教育资源等的统筹。

第一,学校办学基础设施和装备的统筹。2016年5月,国务院出台《关于统筹推进县域内城乡义务教育一体化改革发展的若干意见》(国发〔2016〕40号),明确提出加快推进县域内城乡义务教育学校建设标准的统一与基本装备配置标准的统一。该意见还要求加强乡村完全小学、初中或九年一贯制学校、寄宿制学校的标准化建设,并要求推动乡村小规模学校(含教学点)达到相应的配建要求。参照《县域义务教育均衡发展督导评估暂行办法》(教督〔2012〕3号)和《县域义务教育优质均衡发展督导评估办法》(教督〔2017〕6号),相关统筹应加速推进县域内城乡义务教育学校在生均教学及辅助用房面积、生均体育运动场馆面积、生均教学仪器设备值、每百名学生拥有网络多媒体教室数、配备音乐美术专用教室数量和面积等方面的均衡达标。全国各地要尽早因地制宜适时逐步推进县域内城乡学校建设标准的统一。

第二,数字化在线教育资源的统筹。各地均需要人力推进农村和贫困地区义务教育学校的信息化建设。结合国家实施"宽带中国"战略和贫困村的信息化工作,下一步要继续积极推进乡村地区和贫困地区中小学的宽带网络接入工作。新建、改扩建中小学和薄弱学校改造项目,须将校内信息基础设施的建设列入重点建设内容。也要加强教师信息技术应用能力的培训,充分发挥国家智慧教育公共服务平台的强大在线教育功能,扩大优质数字教育资源的共享与辐射范围,有力地提升农村学校的教学质量。在系统管理层面,相关教育部门应尽快完善全国中小学生学籍信息管理系统的建设和数据共享,建立以居住地学龄人口为基准的义务教育管理和公共服务机制。县级教育部门要做好数据的采集和日常管理工作。只有不断完善电子学籍信息的管理与共享,才能及时掌握学生流动状况,推动"两免一补"资金和生均公用经费基准定额资金,可随学生的流动而及时协同流转。

质量导向义务教育物力资源均衡配置的统筹机制构建,尤其需要重视物力资源的规划、使用和共享机制。

首先,物力资源统筹机制应特别重视科学规划。鉴于物力资源的建设周期长,投入使用后可调整空间较小等因素,有效地规划能最大程度发挥物力资源的效能。科学合理规划是避免出现"边建设、边闲置"和重复建设等不合理问题的有效机制,有利于切实提高义务教育资源的使用效益。

其次,物力资源投入发挥最大成效取决于它的适时投入和充分使用。物力资源不合时宜、不合主体的错时或错位投入,会降低物力资源本可发挥的效用价值。因此,义务教育物力资源均衡配置统筹,必须重视投入使用的效率和效益的监测,动态优化物力资源的配置,以最大限度发挥作用。

最后,需要重视物力资源的共享机制。义务教育是社会经济发展的核心,中小学也应该成为社会经济活动的中心。在保障学校教育活动的基础上,义务教育的各类物质资源应该最大限度地在学校之间、学校与社会之间实现共享,既促进中小学对社会生产力发展的贡献,也可促进学校与社会之间的联系。

第三节　构建全社会协调的资源统筹保障机制

教育发展是社会经济发展的一部分,教育服务是国家基本公共服务中不可或缺的重点内容。义务教育的均衡发展也需要社会经济发展各个部门、社会各界的全面参与和支持。教育活动并非孤立于教育系统内部,而是涉及政府、社会、企业、非政府机构和家庭等广泛组织与个人。教育优先发展和科教兴国不仅仅是国家的重大发展战略,更应该得到全社会的高度认同。质量导向的义务教育资源均衡配置统筹,需要建立全社会协调共建的保障机制。

一、加强政府跨部门的资源统筹力

质量导向的义务教育资源均衡配置统筹,要构建和完善政府跨部门之间的资源协调,突出义务教育发展的"更高质量"。义务教育均衡发展的资源统筹,不少资源的提供与服务保障,需要政府不同部门之间的统筹协调,需要其他政府部门的密切配合与服务支持,旨在保障相关资源可有序、有效并有质量地流入。

首先,优先保障学校办学基础设施的建设。需要统筹协调发展与改革、财政、自然资源与规划、住建、交通和教育等部门,把学校基本建设纳入区域经济社会发展的总体规划。按照学校基本建设项目的实施计划,落实教育用地的联审联批制度,落实教育基本建设投资和财政专项资金的优先到位,住房城乡建设部门要发挥对教育设施建设工作的监管作用,自然资源与规划、住建、消防、人防等部门则要积极落实教育项目建设行政事业性和服务性收费等各种规费的减免政策。通过加强多部门的统筹,全面保障义务教育学校的基础设施建设。

其次,统筹建立有利于城乡教师合理配置与有序流动的机制。重视优质师资的均衡化配置,教育部门要加强与同级财政、编制、人力资源社会保障等部门的统筹协调,不断提升师资的均衡配置水平。县级教育行政部门在核定编制总额内,应依据各校实际,统筹合理安排教职工编制和岗位数量,积极探索"县管校聘"的人事改革,实行动态管理,全区统筹使用。统筹推进校长教师的交流轮岗,促进师资在城乡、学校之间的常态化流动。统筹推进教师职称改革,扩大面向乡村学校中高级职称教师的比例。

再次,统筹加强义务教育优质均衡发展资金的保障。加强发改、财政和教育等部门之间的协调,尽最大可能充分保障义务教育均衡发展的需求资金。一方面,持续落实中央政府对教育经费的"三个增长"要求,建立健全教育经费稳定增长的机制,确保教育经费投入与社会经济发展水平相适应。另一方面,加强弱势补偿,不断推进"城乡统一、重在农村"的经费统筹机制,加强财政资金面向乡村学校、乡村教师的补助强度。

最后,也要加强政府对教育资源保障水平的督导考评。探索建立优质义务教育均衡发展"监测、预防、发现、报告、干预"的反应机制,推动建立教育部门为基础、社会监督为保障、上级政府监督为补充的绩效监测机制。将优质义务教育均衡发展纳入经济社会竞争力评估指标和政府领导人的业绩考核指标,动员家庭、社区、学校及其他社会组织参与监督工作,提高政府保障教育资源的执行力。

二、增强社会多渠道投入的资源统筹力

质量导向的义务教育资源均衡配置统筹,要鼓励更多社会力量积极参与义务教育的多元服务供给,共同办好公益性事业。提高资源效用和服务质量,降低社会综合运营成本,为办好人民满意的教育提供更多选择。

首先,要积极引导更多社会主体参与义务教育供给。义务教育均衡发展所面临的主要矛盾是优质教育资源供给不足与人民群众日益增长的教育需求之间的矛盾。要化解这一矛盾,必须进行义务教育供给侧改革,通过优质资源扩容增加供应量。应当创新供给模式,调动不同社会主体办教育的积极性,建立政府、市场、社会、公民等多元主体协同治理与资源协同供给的机制,有利于政府兜住底线,并为人民群众提供更多优质资源。特别是在民办教育分类管理的背景下,鼓励社区、社会团体、公益组织、企业和自然人等,在符合国家政策的前提下采取多种形式参与到义务教育的办学活动中来。

其次,要创新社会力量多渠道参与资源供给的运作机制。义务教育办学不仅包括投资办校,也包括学校发展规划研制、学校发展咨询、教师专业培训、后勤服务保障等众多内容,应积极鼓励社会力量多种途径合法合规参与义务教育活动。一是鼓励和引导社会力量捐资或出资办学,政府完善财政、税收、金融和土地等方面的优惠政策,结合地方需求适当增加民办义务教育供应。二是鼓励和支持各级政府采取向社会力量购买基本公共教育服务,扩大优质教育资源的供给能力。其中适宜市场化方式提供的项目,允许交给具备良好信誉和实力的群体组织、社会组织和企业承担。三是探索在学校设立教育基金,接受社会捐赠,用于学校发展的必要支出如优秀师生的奖励等。四是积极探索机关、企事业组织、社会团体和其他社会组织结对帮扶薄弱学校的有效办法,扩大社会资源对相关学校的专项帮扶力度。同时,政府相关部门应加强过程管理,依法行使监管权力。

三、提升学校用好资源的资源统筹力

义务教育的各类资源,不仅要关注可以提供的资源类型与数量,也要关注这些教育资源的合理利用度,重视物尽其用,尽最大可能发挥资

源的效能,减少资源因不合理配置导致的浪费现象。质量导向的义务教育资源均衡配置统筹,要以义务教育学校为核心,构建多方联动机制,重点提高学校对各类教育资源的综合利用效率。

提升校长领导资源均衡配置的统筹力是关键,旨在为学校发展提供更多办学活力,创造更好办学价值。校长领导资源的统筹力,包括价值领导力、课程领导力、教学领导力、技术领导力、空间领导力等十分丰富的内容,作为校长既需要全面统筹,又需要在各个分项资源上,不断提升对资源的统筹能力,提高相应资源对学校的服务价值。以空间领导为例,要求校长深入认知校园空间建设需求,通过规划和支配使用学校空间,使空间的"点、线、面、体"能促进学生的优质学习、教师有效教学、学校高效管理、教育品质提升及学校社区共融等教育目的的达成。[①] 通过加强校长的资源领导,以最终实现多种教育资源在所在学校实现最佳配置为目标,从而最大程度支撑学校的卓越发展。

首先,创建以学校为核心的义务教育资源供需发布平台。依托信息化、大数据与物联网等技术,以学校为单位,建立各类资源的共建、共享与使用的撮合平台,提高各类资源的透明化水平,建立具有可操作性的资源调剂机制,提高不同教育资源与学校真实需求的匹配度,降低资源的富余闲置或使用不当等造成的浪费。鼓励学校积极开展校际合作,通过学校之间结对、帮扶、爱心捐助等多种形式,提高资源的可获得性、共享性与流转性。

其次,加强学校对外部资源的整合能力。学校要加强外部教育资源的获得意识与整合意识,特别是要善于利用信息技术获得相关优质教学资源,不断提高外部资源对本校办学的支撑力度。加强学校与公安、卫生、医疗和健康机构、福利机构、家庭、社区和公益组织之间的信息沟通

---

① 邵兴江.校长空间领导力:亟待提升的重要领导力.中小学管理,2016(3).

和共享,确保有利于儿童发展相关的关键资源与问题能及时发现、追踪和监测,能及时预警资源的短板,从而提高资源增补的响应速度与保障水平。

再次,要积极提高学校已有教育资源的利用率水平。义务教育学校要建立清晰的资源账目,做好相关资源登记与使用管理。要加强教育资源的维护与使用相关的培训,通过加强内部管理,围绕师生成长需求,加强不同资源的有效利用,积极引导师生用好现有资源,最大程度挖掘资源价值。学校要有意识地定期开展义务教育资源利用水平的内部绩效评估,并不断提升资源的利用绩效。

结　语

　　我国正处在"新型城镇化"深入发展的关键时期,处在迈向国家治理体系和治理能力现代化的重要时期。新时代对义务教育均衡发展提出了新要求,已迈向质量导向的义务教育资源均衡配置的新阶段。加大义务教育资源的均衡配置统筹,既是发挥我国社会主义制度优势性的重要体现,也是深入推进教育公平与更好促进义务教育均衡发展的客观要求。

　　质量导向的义务教育资源均衡配置统筹,其实质是各类义务教育资源在区域、城乡、学校、人群之间,对各类教育利益的重新分配与更为合理的安排,公平与质量并重,旨在让每位适龄儿童、少年都有机会享受优质均衡的基本公共教育服务,并指向"办好人民满意的教育"目标的全面实现。需要以新发展理念为引领,深化改革创新机制,建立适合中国国情的义务教育资源均衡配置统筹的新理念与新机制。

一、迈入质量导向的义务教育资源均衡配置统筹的新阶段

　　实现义务教育均衡发展是党和国家的重大战略主题,是民生之举、公平之要和强国之基。面向新时代我国教育主要矛盾的转变,人民群众对优质义务教育资源的需求更加强烈,义务教育的改革发展已由普惠式基本均衡转向多样化优质均衡,其资源均衡配置统筹则由量化导向转向质量导向。

量化导向的资源均衡配置,更重视可量化教育资源在统计学意义上的公平分配,特别是校舍、教学设备、师资编制等显性义务教育资源的均衡配置。其资源配置的政策可操作性强,对推进义务教育发展的基本均衡具有重要意义,但容易忽视更具本位和价值意义的教育质量。

质量导向的资源均衡配置,更重视结合真实需求与资源效能的公平而有质量的配置,特别是重视学校品牌、教师能力等隐性义务教育资源的均衡配置。重视资源存量、资源增量与资源效力,因地制宜、因时制宜地合理配置资源,突出教育质量的动态性、内涵性与多元性。

二、建立质量导向的义务教育资源均衡配置的新统筹观

质量导向的义务教育资源均衡配置统筹,是一种新的资源配置统筹观。超越以往资源配置的划一化与同质化,以质量均衡为根本立场,强调适配性与发展性。重视资源配置的相对性,重视深度融合国情、地情、校情与师生需求,倡导在不同地区、不同阶段建立能体现因地制宜、因时制宜特征的资源配置方式,分类指导,重视资源配置的协同性、动态性、阶段性与发展性,有序引导各地构建适宜自我发展水平的"动态优化、渐进均衡"的义务教育资源均衡配置统筹政策。

质量导向的义务教育资源均衡配置统筹,是面向复杂配置环境的"一盘棋"统筹,要建立"公平优先、质量导向、适度超前、渐进优化"的政策价值观。坚持把公平作为首要价值,努力确保有限教育资源面向全体国民实现公平均衡的配置,并加强面向弱势群体的公平补偿。体现质量为本,聚焦师生需求与学校内涵发展,推进不同学校办学质量的均衡。体现超前眼光,资源配置适度超前布局,体现一定的未来发展性。强调逐步动态优化,量力而行,不断提高均衡配置标准,持续促进质量提升。

质量导向的义务教育资源均衡配置统筹,要加强资源配置统筹的供给侧改革,扩大统筹来源,完善配置结构。坚持教育优先发展战略,不断

提高经费投入强度，不断扩大财政性教育资源配置来源，在适度加大中央政府的义务教育支出责任同时，统筹加强县级政府的办学资源投入。加强公办民办教育的协调统筹，充分发挥市场机制作用，支持民办义务教育在扩大教育资源、提供多元选择方面的重要作用。大力优化教育资源配置结构，执行城乡统一并重在农村的配置导向，向中西部及贫困边远地区倾斜，补足发展短板，还应建立透明、公平、效能为导向的义务教育资源均衡配置统筹的决策程序。

质量导向的义务教育资源均衡配置统筹，要革新对义务教育资源配置的新认识。义务教育发展的不均衡，既有可量化指标的显性非均衡，也有较难量化指标的隐性非均衡。资源非均衡配置不仅导致教育不公平，而且还产生"长尾效应""长期效应""代际传递效应"。基于义务教育资源的可统筹性与不可统筹性、存量资源与增量资源、低辐射资源与高辐射资源等属性，应建立差异化的资源配置统筹方式。

三、加强质量导向的义务教育资源均衡配置的政策实践

坚持义务教育是教育投入的重中之重，始终不渝坚持政府在义务教育资源均衡配置统筹的主体地位与责任，加强党的领导，重视中央政府和地方政府的统筹主导作用，不断改革创新体制机制，推动各类义务教育资源公平而更有质量的配置，在系统层面因地制宜并因时制宜地动态调整，持续优化资源配置的总体规划、配置数量、规格类型，以及配置方式、路径与措施，力所能及、尽其所能努力扩大优质资源的覆盖面，不断提升义务教育的基本公共服务水平。

加强各类义务教育资源均衡配置的政策统筹度。提升义务教育的跨区域统筹、城乡统筹、全要素统筹和学校内外统筹，资源配置进一步向困难地区和薄弱环节倾斜。要为政府间财政转移支付性统筹与区域内教育资源的"一盘棋"统筹创造良好条件，处理好中央与地方两级政府的

权责关系;按"放管服"改革导向,扩大省级政府的教育经费统筹权,加大省内的均衡统筹力度;加强县级政府发改、财政、自然资源与规划、教育等部门之间的协调,统筹县域义务教育资源的有序规划与高效配置。落实可持续发展观,加强资源的近期与中长期统筹。

重视关键性义务教育资源均衡配置统筹的政策保障。以新公共管理理念和新公共政策为导向,继续深入推进城乡统一的教师编制、基本装备配置、生均公用经费基准和学校基本建设标准化的配置改革。对薄弱学校和弱势儿童,采取适度倾斜政策,兜住保障底线。大力办好城市薄弱学校和农村学校。加强农村教师队伍建设的保障度,探索形成"越往基层、越是艰苦,地位待遇越高"的激励机制。加大力度推进乡村小而美、小而精和小而特学校的建设。

大力提高义务教育资源均衡配置统筹的政策效能。以教育治理能力现代化为方向,加强科学管理,通过资源动员、资源整合、资源优化配置、资源共享等多种途径,提高资源利用效率,减少资源浪费,最大程度发挥不同资源可具有的教育效用。特别是:第一,更好发挥作为最宝贵且最具能动性、可再生、可增值的教师资源价值,建立稳定的教师补充机制、卓越教师专业发展机制与教师资源流动辐射机制。第二,重视大数据时代的信息技术运用,提升信息技术在促进教育公平与资源均衡配置可发挥的重要作用,建立以信息化手段提高优质资源覆盖面的新机制,探索"互联网+"条件下的资源均衡配置新模式。第三,大力激活学校层级资源的效能,以教育家办学推进学校治理现代化,以内涵发展推进学校的优质特色化,积极推进每所学校的优质发展。第四,加强政府督导问责和科学监测。围绕更加均衡与更有质量,重视发展性督导评估的"杠杆价值",建立以评促改的资源均衡配置统筹督导与监测机制,强化资源的过程性与结果性效益评价,加强区域自身的自我监测能力建设。

总之,质量导向的义务教育资源均衡配置统筹,是新时代中国义务教育资源均衡配置的新阶段。为未来更高水平实现优质均衡的义务教育,尽最大可能满足人民群众"上好学"的需求,为落实"办好人民满意的教育"提供了新的资源配置思想,也是推进义务教育均衡发展的教育治理新方向。

参考文献

一、政策文件类

1. 国家教育督导团.国家教育督导报告 2005(国教督〔2006〕18 号),
   2006-02-23.

2. 国家教育督导团.国家教育督导报告 2008(国教督〔2008〕6 号),2008-
   12-03.

3. 中华人民共和国国务院.关于进一步完善城乡义务教育经费保障机
   制的通知(国发〔2015〕67 号),2015-11-25.

4. 中华人民共和国国务院."十三五"推进基本公共服务均等化规划(国
   发〔2017〕9 号),2017-01-23.

5. 中华人民共和国国务院办公厅.转发中央编办、教育部、财政部关于
   制定中小学教职工编制标准意见的通知(国办发〔2001〕74 号),2001-
   10-11.

6. 中华人民共和国教育部.2017 年全面改善贫困地区义务教育薄弱学
   校基本办学条件工作专项督导报告,2018-05-10.

7. 中华人民共和国教育部.2000 年全国教育事业发展统计公报,2001-
   06-01.

8. 中华人民共和国教育部.2005 年全国教育事业发展统计公报,2006-07-04.

9. 中华人民共和国教育部.2017 年全国义务教育均衡发展督导评估工作报告,2018-02-08.

10. 中华人民共和国教育部.2018 年全国教育事业发展基本情况,2019-02-26.

11. 中华人民共和国教育部.2018 年全国教育事业发展统计公报,2019-07-24.

12. 中央编办.关于统一城乡中小学教职工编制标准的通知(中央编办发〔2014〕72 号),2014-11-13.

13. 中华人民共和国教育部.关于新形势下进一步做好普通中小学装备工作的意见(教基一〔2016〕3 号),2016-07-13.

14. 中华人民共和国教育部.农村义务教育投入有关情况介绍,2008-10-27.

15. 中华人民共和国教育部.县域义务教育均衡发展督导评估暂行办法(教督〔2012〕3 号),2012-01-20.

16. 中华人民共和国教育部.2020 年全国教育事业发展统计公报,2021-08-27.

17. 中华人民共和国教育部.2020 年全国教育经费执行情况统计快报,2019-10-10.

18. 温州市人民政府办公室.关于加强乡村小规模学校建设的实施意见(温政办〔2019〕28 号),2019-03-27.

19. 浙江省教育厅.浙江省义务教育标准化学校基准标准(浙教办〔2011〕63 号),2011-04-29.

20. 中共中央,国务院.关于全面深化新时代教师队伍建设改革的意见(中发〔2018〕4 号),2018-01-20.

二、著作类

1. ［法］夏尔·德巴什.行政科学.葛智强,施雪华译.上海:上海译文出版社,2000.

2. ［美］道格拉斯·C.诺斯.制度、制度变迁与经济绩效.杭行译.上海:格致出版社,2016.

3. ［希腊］柏拉图.理想国.郭斌和,张竹明译.北京:商务印书馆,1986.

4. ［德］马克思,恩格斯.马克思恩格斯全集:第1卷.北京:人民出版社,1980.

5. ［德］马克思,恩格斯.马克思恩格斯全集:第2卷.北京:人民出版社,1980.

6. ［德］马克思,恩格斯.马克思恩格斯全集:第3卷.北京:人民出版社,1995.

7. ［德］马克思.资本论:第1卷.北京:人民出版社,2004.

8. 《中国资源科学百科全书》编委会.中国资源科学百科全书.北京:中国大百科全书出版社,2000.

9. 邓小平.邓小平文选:第1卷.北京:人民出版社,1994.

10. 邓小平.邓小平文选:第2卷.北京:人民出版社,1994.

11. 邓泽军.统筹推进西部城乡义务教育均衡研究.北京:人民出版社,2016.

12. 杜凤莲,王文斌,董晓媛.时间都去哪儿了? 中国时间利用调查研究报告.北京:中国社会科学出版社,2018.

13. 范国睿.教育政策观察.上海:华东师范大学出版社,2009.

14. 范先佐.教育经济学.北京:人民教育出版社,1999.

15. 范先佐.人口流动背景下的义务教育体制改革.北京:中国社会科学出版社,2011.

16. 顾明远.教育大辞典.上海:上海教育出版社,1998.

17. 郭建如.西部民族贫困地区农村义务教育财政、资源配置与效益研究.北京:民族出版社,2010.

18. 华东师范大学编.马克思恩格斯论教育.北京:人民教育出版社,1979.

19. 江泽民.江泽民文选:第2卷.北京:人民出版社,2006.

20. 江泽民.江泽民文选:第3卷.北京:人民出版社,2006.

21. 教育部财务司.中国教育经费统计年鉴2004.北京:中国统计出版社,2005.

22. 教育部发展规划司.教育规划理论与实践.北京:中国大百科全书出版社,2006.

23. 教育部发展规划司.中国教育统计年鉴2005.北京:人民教育出版社,2006.

24. 教育部师范教育司.毛泽东同志论教育工作.北京:人民教育出版社,1995.

25. 教育部.2008年全国教育事业发展简明统计分析.北京:教育部发展规划司,2009.

26. 李其龙,孙祖复.联邦德国教育改革.北京:人民教育出版社,1991.

27. 李其龙,孙祖复.战后德国教育研究.南昌:江西教育出版社,1995.

28. 柳海民,周霖.义务教育均衡发展的理论与对策研究.长春:东北师范大学出版社,2007.

29. 邵兴江.学校建筑:教育意蕴与文化价值.北京:教育科学出版社,2012.

30. 邵兴江.中国教育战略研究.杭州:浙江教育出版社,2014.

31. 石绍宾.城乡基础教育均等化供给研究.北京:经济科学出版社,2008.

32. 孙绵涛.教育政策学.武汉:武汉工业大学出版社,1997.

33. 唐明钊.教育资源系统研究.成都:西南交通大学出版社,2014.

34. 托尼.人人接受中等教育.瞿葆奎.教育学文集·英国教育改革.北京:人民教育出版社,1993.

35. 王善迈.教育经济学简明教程.北京:高等教育出版社,2000.

36. 王善迈.经济变革与教育发展:教育资源配置研究.北京:北京师范大学出版社,2014.

37. 吴建涛.义务教育均衡发展路在何方:社会正义的视角.广州:世界图书出版广东有限公司,2015.

38. 吴华.从差距合作到差异合作:宁波市江东区学校合作的创新实践.济南:山东教育出版社,2010.

39. 姚永强.乡村振兴背景下中国农村教育发展.北京:科学文献出版社,2021.

40. 杨东平,黄胜利,邓峰.中国教育发展报告.北京:社会科学文献出版社,2014.

41. 杨东平.中国教育公平的理想与现实.北京:北京大学出版社,2006.

42. 袁振国.缩小差距:中国教育政策的重大命题.北京:人民教育出版社,2005.

43. 张珏,张振助.中国义务教育公平推进实证研究.北京:教育科学出版社,2011.

44. 张可创,李其龙.德国基础教育.广州:广东教育出版社,2005.

45. 周谷平.全民优质教育均衡发展的区域探索:基于宁波市江东区的实践.济南:山东教育出版社,2010.

46. 周谷平,吴华.西部地区教育均衡发展的资源统筹和制度创新研究.杭州:浙江大学出版社,2012.

47. 周守军.县域义务教育均衡发展研究.北京:光明日报出版社,2013.

48. 中共中央宣传部.习近平新时代中国特色社会主义思想学习纲要.
    北京:学习出版社,2019.

   三、论文类

1. 安雪慧.县域内城乡义务教育教师资源配置差异和政策建议.教育发
   展研究,2013(8).

2. 白亮,万明钢.城乡义务教育一体化发展中县域学校布局优化的原则
   与路径.教育研究,2018(5).

3. 鲍传友.中国城乡义务教育差距的政策审视.北京师范大学学报(社
   会科学版),2005(3).

4. 曹浩文.京津冀基本公共教育服务差距缩小了吗?.教育科学研究,
   2018(9).

1. 曹原,李刚.城乡教育一体化视野下的教师人事制度重建.教育科学
   研究,2011(5).

2. 曾满超,丁延庆.中国义务教育资源利用及配置不均衡研究.教育与
   经济,2005(2).

3. 陈斌开,张鹏飞,杨汝岱.政府教育投入、人力资本投资与中国城乡收
   入差距.管理世界,2010(1).

4. 陈法宝,叶园.美国教师专业发展学校建设的成效及启示.教育导刊,
   2017(6).

5. 陈海威.中国基本公共服务体系研究.科学社会主义,2007(3).

6. 陈晋玲.教育层次结构与经济增长关系的实证研究——基于 2000—
   2011 年面板数据分析.重庆大学学报(社会科学版)2013(5).

7. 陈学军.义务教育优质均衡发展究竟是什么?.教育发展研究,2012
   (12).

8. 成刚.促进城乡教育一体化的投入体制研究.教育科学研究,2011

(6).

9. 迟福林.城乡基本公共服务均等化与城乡一体化.农村工作通讯，2008(24).

10. 褚宏启.城乡教育一体化:体系重构与制度创新.教育研究,2009(11).

11. 崔慧广.县域基本公共教育服务均等化:分析框架、评价指标与测算方法.教育理论与实践,2014(31).

12. 崔盛.从教育经费投入上统筹城乡义务教育.中国教育学会教育经济学分会论文集,2008.

13. 丁元竹.对统筹发展的标准、主体及若干政策问题的思考.唯实,2004(10).

14. 范先佐.义务教育均衡发展改革的若干反思.教育研究与实验,2016(3).

15. 冯建军.义务教育均衡发展方式的转变.中国教育学刊,2012(3).

16. 冯建军.义务教育优质均衡发展的理论研究.全球教育展望,2013(1).

17. 冯宇,胡咏梅.我国农村义务教育办学条件省际差异及特殊地区差异研究.北京师范大学学报(社会科学版),2011(6).

18. 高蓓,沈悦,李萍.教育对东西部经济增长影响的差异.西安交通大学学报(社会科学版),2009(1).

19. 高洋.新公共管理视角下我国基础教育公平问题研究.天津:天津大学硕士学位论文,2007.

20. 郭清扬.义务教育均衡发展与农村薄弱学校建设.华中师范大学学报(人文社会科学版),2013(1).

21. 韩笑,朱德全.中国义务教育均衡发展的新时代特征与治理路径.教师教育学报,2018(4).

22. 胡娇.义务教育均衡发展关键在于教师发展——基于教育供给侧改革的研究.中国教育学刊,2016(10).

23. 胡金木.现代学校治理的制度之善.华东师范大学学报(教育科学版),2018(2).

24. 胡伶.义务教育财政问题与改进.教育发展研究,2011(5).

25. 胡阳光.外部效应视角下随迁子女义务教育经费分担机制研究.广州:广州大学硕士学位论文,2019.

26. 胡咏梅.教育资源投入对学生学业成绩的影响力评价.教育学报,2010(6).

27. 胡祖才.努力推进基本公共教育服务均等化.教育研究,2010(9).

28. 黄河.私立学校:竞争优势与教育公平——经合组织(OECD)的研究及其启示.教育发展研究,2019(6).

29. 纪德奎.乡村振兴战略与城乡义务教育一体化发展.教育研究,2018(7).

30. 江明融.实现公共服务均等化目标的政策思考.特区经济,2006(8).

31. 江明生.政策执行不作为的原因探析.湖南社会科学,2007(4).

32. 康文彦,李德显,刘辉.义务教育均衡发展的现实困境和超越路径.教育科学论坛,2021(34).

33. 孔凡琴,邓涛.日、美、法三国基础教育师资配置均衡化的实践与经验.外国教育研究,2007(10).

34. 赖秀龙,杨杏利.论义务教育师资均衡配置政策问题的内涵与特征.教育理论与实践,2012(3).

35. 郎永杰等.2000-2009年山西省高等教育对经济增长贡献率的实证与比较研究.教育理论与实践,2011(6).

36. 雷万鹏.家庭教育需求的差异化与学校布局调整政策转型.华中师范大学学报(人文社会科学版),2012(6).

37. 雷万鹏.新生代流动人口子女教育调查与思考.华中师范大学学报（人文社会科学版）,2013(5).

38. 李海萍.改革开放40年中国基础教育公平政策的推进策略与演进逻辑.全球教育展望,2019(7).

39. 李绍荣.帕累托最优与一般均衡最优之差异.经济科学,2002(2).

40. 李晓述.关于加拿大教育公平政策及实践研究.科教导刊,2017(14).

41. 李昕,关会娟.各级教育投入、劳动力转移与城乡居民收入差距.统计研究,2018(3).

42. 李雨纯.教育财政公平视角下农民随迁子女义务教育问题研究.领导科学论坛,2018(15).

43. 李云星,李宜江.教育均衡发展的实践反思.教育发展研究,2012(6).

44. 梁丽芝.公共政策价值观的构成、功能及整合.衡阳师范学院学报,2003(2).

45. 廖英成,张克荣.安徽省财政教育支出与经济增长关系的实证研究.阜阳师范学院学报(社会科学版),2017(4).

46. 刘颂,刘全礼.学业不良儿童家庭教育资源研究.中国特殊教育,2007(6).

47. 柳海民,李子腾,金爝然.县域义务教育经费投入均衡状态及改进对策.东北师范大学学报(哲学社会科学版),2017(6).

48. 罗阳佳.上海市教委推进学区化集团化办学和新优质学校集群发展.上海教育，2015(27).

49. 马冬娟.西湖经验:以名校集团化战略构筑全域教育新格局.中小学管理,2019(3).

50. 孟繁华.试论我国基础教育集团化办学的三大模式.教育研究,2016

(10).

51. 庞丽娟,夏婧.建立城乡义务教育学校校长交流机制的政策思考.教育发展研究,2009(12).

52. 庞维国等.家庭社会经济地位与中学生学业成绩的关系研究.全球教育展望,2013(2).

53. 庞元正.论统筹兼顾.学术探索,2009(6).

54. 秦霞,周勇.江苏教育拉动区域经济增长的实证研究.江苏教育学院学报(社会科学版),2007(5).

55. 荣黎霞.发展中国家如何致力于更加公平的教育——以印度和南非为例.比较教育研究,2007(2).

56. 邵兴江.校长空间领导力:亟待提升的重要领导力.中小学管理,2016(3).

57. 盛明科.省级政府教育统筹发展的维度及其实现机制研究——以基本公共服务均等化为视域.当代教育理论与实践,2016(9).

58. 石书奇,郑玉飞.第三方助力义务教育均衡发展的可能、困境与出路.当代教育科学,2018(2).

59. 朱永坤,曲铁华."公平"的分类对我国义务教育公平问题解决的路径指引.人大复印《中小学教育》,2008(9).

60. 司晓宏,樊莲花.义务教育均衡发展监测的理性困境及其超越.教育研究,2020(11).

61. 宋光辉.不同文化程度人口对我国经济增长的贡献——我国经济增长与教育关系的一种实证分析:1981-2000.财经科学,2003(1).

62. 苏娜,黄崴.区域义务教育校际均衡发展现状与改进.教育发展研究,2010(2).

63. 孙宏愿,谭亲毅.印度初等教育普及项目述介.继续教育研究,2010(8).

64. 孙进.德国促进基础教育均衡发展的政策分析.教育发展研究,2012 (7).

65. 孙梦阳.义务教育均衡发展中政府权力配置的路径优化.社会科学 战线,2020(12).

66. 唐小俊.分配正义导向下我国义务教育的均衡发展.教育学术月刊, 2019(5).

67. 陶西平.关于集团化办学的思考.中小学管理,2014(5).

68. 田丰,静永超.家庭阶层地位、社会资本与青少年学业表现.复旦学 报(社会科学版),2018(6).

69. 田志磊,袁连生,张雪.地区间城乡义务教育公平差异研究.教育与 经济,2011(2).

70. 汪明."流动儿童"与"留守儿童"教育问题的新思考.人民教育,2007 (9).

71. 王定华.德国基础教育质量提高问题的考察与分析.中国教育学刊, 2008(1).

72. 王定华.开启新时代教师队伍建设新征程.中国教育学刊,2017 (12).

73. 王继新,施枫,吴秀圆."互联网＋"教学点:新城镇化进程中的义务 教育均衡发展实践.中国电化教育,2016(1).

74. 王俊杰.义务教育均衡发展现状及路径探析—以杭州市为例.教师 教育论坛,2017(4):66-69.

75. 王璐.国际视野下的义务教育均衡发展研究:理论基础、对象层次与 任务内容.比较教育研究,2013(2).

76. 王鹏炜,司晓宏.城乡教育一体化进程中的教师资源配置研究—— 以陕西省为例.陕西师范大学学报(哲学社会科学版),2011(1).

77. 王青.农村留守儿童教育问题研究.武汉:华中师范大学,2006.

78. 王善迈,董俊燕,赵佳音.义务教育县域内校际均衡发展评价指标体系.教育研究,2013(2).

79. 王善迈,袁连生.建立规范的义务教育财政转移支付制度.教育研究,2002(6).

80. 王树涛,毛亚庆.我国义务教育阶段公平有质量学校教育的区域均衡研究.现代教育管理,2018(2).

81. 王晓辉,刘育光.法国民族政策与教育平等.比较教育研究,2013(10).

82. 王旭辉.福建省高等教育规模与经济增长协整关系研究.长春大学学报,2014(11).

83. 王颖,杨润勇.新一轮农村中小学布局调整后的负面效应.教育理论与实践,2008(12).

84. 王玉珏.法国贫困街区小学班额减半以确保基础教育公平优质.世界教育信息,2017(21).

85. 王一涛,李丽君.民办中小学"非常规扩张"现象透视及对策建议——以山西省 Y 县为例.教育发展研究,2015(6).

86. 王元京,崔盛.论城乡义务教育投入分配方式的转变.宏观经济研究,2009(6).

87. 王元京.我国城乡义务教育差别的制度障碍分析.财经问题研究,2009(9).

88. 文东茅.我国城市义务教育阶段的择校及其对弱势群体的影响.北京大学教育评论,2006(2).

89. 邬志辉.城乡教育一体化:问题形态与制度突破.教育研究,2012(8).

90. 邬志辉.当前我国城乡义务教育一体化发展的核心问题探讨.教育发展研究,2012(17).

91. 吴春霞.中国城乡义务教育经费差距演变与影响因素研究.教育科学,2007(6).

92. 吴菡.义务教育集团化办学及其对义务教育均衡发展的影响.现代中小学教育,2018(9).

93. 吴宏超,胡玲.义务教育如何从基本均衡跨向优质均衡:基于广东省的数据分析.教育与经济,2018(4).

94. 吴华.转变公共教育资源配置路径的意义——"教育券"的政策价值分析.全球教育展望,2003(7).

95. 吴建涛.义务教育教师流动政策进展与完善路径研究——基于教育局长的问卷调查与政策文本分析.中国教育学刊,2015(4).

96. 吴青劼,洪涛,马骏.长尾理论综述.周口师范学院学报,2010(1).

97. 肖军虎,范先佐.县域城乡义务教育发展失衡的原因分析——基于对山西省四县(市)的调研.河北师范大学学报(教育科学版),2012(7).

98. 谢维和.谈"办好人民满意的教育"的政策含义.教育研究,2008(6).

99. 胥珍珍.印度普及义务教育的现状及改革策略.外国中小学教育,1997(1).

100. 徐昌和,柳爱群.质量为本:德国二十一世纪前十年基础教育改革回眸.外国中小学教育,2012(5).

101. 徐迪,马子贤.对流动人口子女义务教育政策的研究.教育教学论坛,2018(4).

102. 徐莉莉.欠发达县域农村小学校际均衡发展策略探析.教育评论,2016(11).

103. 许丽英.教育资源配置理论研究.长春:东北师范大学博士学位论文,2007.

104. 薛二勇,等.实现基本公共教育服务均等化.中国电化教育,2019

(10).

105. 杨东平.农村教育布局调整十年评价报告.北京:21世纪教育研究院,2012-11-16.

106. 杨公安.县域内义务教育资源配置低效率问题研究.西南大学博士学位论文,2012.

107. 杨娟,赖德胜,邱牧远.如何通过教育缓解收入不平等?.经济研究,2015(9).

108. 杨启亮.薄弱学校:义务教育发展中的弱势群体.教育发展研究,2010(15).

109. 杨启亮.转向"兜底":义务教育优质均衡发展的重心.教育研究,2011(4).

110. 杨威.日本教育公平分析及借鉴.教育导刊,2011(6).

111. 杨卫安,邬志辉.机制设计理论与城乡教育一体化建设.理论与改革,2012(5).

112. 杨小微.探寻区域义务教育优质均衡发展的新机制.教育发展研究,2014(24).

113. 杨小微.义务教育内涵式均衡发展路径分析.教育发展研究,2009(5).

114. 杨银付,韩民,王蕊,等.以教师资源的均衡配置促进义务教育均衡发展——城乡义务教育教师资源均衡配置的政策与制度创新.中小学管理,2008(2).

115. 姚文韵,陈飞宇.江苏高等教育对经济增长影响及发展对策研究.华东经济管理,2012(12).

116. 衣华亮,李北群.教育政策执行偏离的利益分析.教育理论与实践,2010(16).

117. 于丹.中国城乡代际教育流动差异及其变迁.未来与发展,2018

(11).

118. 于发友.义务教育均衡发展的价值追求.当代教育科学,2008(8).

119. 袁梅,罗正鹏.试论当前民族地区义务教育均衡发展的困难及其应对.教育学报,2017(2).

120. 袁梅.以新发展理念引领民族地区义务教育均衡发展.教育研究,2018(3).

121. 袁振国.教育公平的中国模式.中国教育学刊,2019(9).

122. 翟博.教育均衡发展:理论、指标及测算方法.教育研究,2006(3).

123. 翟博.均衡发展:我国义务教育发展的战略选择.教育研究,2010(1).

124. 翟博.中国基础教育均衡发展实证分析.教育研究,2007(7).

125. 张佳伟,顾月华.基本公共服务均等化视野下新型城镇化与义务教育均衡发展的区域研究.教育发展研究,2017(10).

126. 张雷,张茂聪.城乡义务教育师资配置不合理诱因及破解策略——以山东省为例.中国教育学刊,2010(1).

127. 张雷.论城乡义务教育不平等的诱因及破解策略.当代教育科学,2009(24).

128. 张丽珍."撤点并校"政策的绩效反思与优化选择.西北师大学报(社会科学版),2014(4).

129. 张爽.基础教育集团化办学的模式研究教育研究,2017(6).

130. 张旺,郭喜永.城乡一体化背景下乡村义务教育学校布局调整问题研究——以吉林省为例.教育探索,2011(11).

131. 张伟平,王继新.信息化助力农村地区义务教育均衡发展:问题、模式及建议.开放教育研究,2018(1).

132. 张兴茂,赵志亮.1990年代以来中国教育生产力发展和经济增长的关系——基于ECM模型的实证研究.吉首大学学报(社会科学版),2012(4).

133. 张源源,邬志辉.美国乡村学校布局调整的历程及其对我国的启示.外国中小学教育,2010(7).

134. 张越,常永才.缩小差距:新近加拿大联邦政府原住民教育政策的主题.全球教育展望,2013(3).

135. 张志昂.教育对上海经济增长的贡献测算.现代大学教育,2003(4).

136. 张志勇.公办中小学不能成为平庸教育的代名词.人民教育,2017(2).

137. 张卓.德国促进基础教育均衡发展的政策研究.北京交通大学硕士学位论文,2015.

138. 赵慧.推进基本公共教育服务均等化——2011年度上海市教育决策咨询委员会全体会议综述.教育发展研究,2011(1).

139. 赵修渝,黄仕川.重庆教育发展对经济增长贡献率的测算分析.重庆大学学报(社会科学版),2008(3).

140. 郑是勇.日本二战后的教育公平保障.宁波大学学报(教育科学版),2014(2).

141. 郅庭瑾,尚伟伟.新型城镇化背景下义务教育基本公共服务均等的现实困境与政策构想.华东师范大学学报(教育科学版),2015(2).

142. 中国教科院"义务教育均衡发展标准研究"课题组.义务教育均衡发展国家标准研究.教育研究,2013(5).

143. 中国教科院教育质量标准研究课题组.教育质量国家标准及其制定.教育研究,2013(6).

144. 周谷平,余源晶.近30年来政策话语对教育公平的关注——基于《教育部工作要点》的实证研究.教育研究,2012(2).

145. 周光礼.改革体制机制,推进基本公共教育服务体系现代化.人民教育,2017(19).

146. 周红玲.高等教育对经济增长的影响——以广东省为例.华南理工大学学报(社会科学版),2011(6).

四、外文文献

1. Allbright,T. N. et al. Conceptualizing equity in the implementation of California education finance reform. American Journal of Education,2019(2).

2. Ainscow, M. Moving knowledge around:Strategies for fostering equity within educational systems. Journal of Educational Change, 2012(13).

3. Blatchford,P. The class size debate:Is small better?. Maidenhead, Berkshire:Open University Press,2003.

4. Burke,S. M. , White,G. P. The influence of district characteristics on intra-district resource allocations. Journal of Education Finance, 2001(26).

5. Coleman,J. Equality and achievement in education. British Journal of Educational Studies,1993(4).

6. Darden,E. C. , Cavendish,E. Achieving resource equity within a single school district:Erasing the opportunity gap by examining school board decisions . Education and Urban Society,2012(1).

7. Department of Social Security. Opportunities for all: Tacking poverty and social exclusion. (2018-03 31). http://dera. ioe. ac. uk/ 15121. pdf.

8. Ekber, T. Measuring regional inequality of education in Turkey:an evaluation by Gini index. Procedia Social and Behavioral Sciences,

2009(1).

9. Jeong,D. , Kim,Y. , Hong,J. The inequitable distribution of public education resources across schools: Evidence from Korea. Asia Pacific Journal of Education,2013(4).

10. Knight, D. S. Are school districts allocating resources equitably? The every student succeeds act, teacher experience gaps, and equitable resource allocation . Educational Policy,2019(4).

11. OECD. Equity and quality in education: Supporting disadvantaged students and schools. Paris: OECD,2012.

12. Plewis, I. Educational inequalities and education action zones. London:Oxford University Press,2000.

13. Reimers,F. Educational opportunity and policy in Latin America. MA:Harvard University Press,2000.

14. Robert, B. D. , Vinzant, J. D. The new public service: Serving rather than steering. American Society for Public Administration, 2002(12).

15. Roe, L. J. et al. The economics and financing of education. Upper Saddle River:PrenticeHall,Inc. ,1983.

16. Ross, K. N. Needs-based resource allocation in education via formula funding of schools. Paris: International Institute for Educational Planning UNESCO,1999.

17. Stiefel, L. Determinants of school performance in New York city elementary schools: Results and implications for resource use. New York State Education Finance Research Consortium,2001.

18. Woo, M. S. Equity in educational resources at the school level in Korea. Asia Pacific Education Review, 2010(4).

五、报纸类

1. 赵秀红.70年来我国教育事业取得巨大成就.中国教育报,2009-07-25(1).

2. 邓辉林.民办学校到公办学校"挖人",管得住吗.深圳特区报,2017-09-13(A2).

3. 都文.督导均衡发展,办好义务教育.人民日报,2018-03-02(18).

4. 胡航宇.打造"小而美小而优"的村校:重庆市丰都县小规模学校建设纪实.中国教育报,2018-07-18(1).

5. 刘博智."私人定制"催生教师"无限生长".中国教育报,2015-05-19(6).

6. 倪秀.统筹城乡教育一体化的"成都速度".中国教育报,2018-10-13(4).

7. 王凯.教师发展学校突破师资培养困境.中国教育报,2017-11-30(6).

8. 杨明全,张潇.英国新愿景:实现公平的卓越教育.光明日报,2017-03-22(15).

9. 叶赋桂.全面改薄背后的公平正义价值理念.光明日报,2019-05-21(13).

10. 周清,柯昌万.优质资源最大范围高效共享.中国教育报,2014-07-04(3).

六、电子文献

1. 丁峰.袁贵仁:中国教育发展总体水平已进入世界中上行列.(2016-03-10).https://www.chinanews.com.cn/gn/2016/03-10/7792526.shtml.

2. 郭颂霞.关注甘肃免费师范生:能否成为未来的基层教育家?.(2015-

07-01). http://gs. people. com. cn/n/2015/0701/c183283-25419915. html.

3. 海南省教育厅. 我省首批教师教育改革创新实验区建设成效明显. (2014-07-30). http://www. henan. gov. cn/zwgk/system/2014/07/ 30/010488044. shtml.

4. 杭州市人民政府. 2017 年杭州市国民经济和社会发展统计公报. (2018-03-08). http://www. hangzhou. gov. cn/art/2018/5/21/art_ 805865_18193579. html.

5. 胡锦涛. 在全国优秀教师代表座谈会上的讲话. (2007-08-31). http://www. gov. cn.

6. 胡锦涛. 在全国教育工作会议上的讲话. (2010-09-08). http://www. chinanews. com. cn.

7. 胡锦涛. 在省部级主要领导干部提高构建社会主义和谐社会能力专 题研讨班上的讲话. (2005-06-26). https://www. gmw. cn/01gmrb/ 2005-06/27/content_257914. htm.

8. 教育部. 国家中长期教育改革和发展规划纲要(2010-2020). (2010- 07-29). http://old. moe. gov. cn/publicfiles/business/htmlfiles/ moe/info_list/201407/xxgk_171904. html.

9. 李克强. 2018 年政府工作报告. (2018-03-05). http://www. gov. cn/ zhuanti/2018lh/2018zfgzbg/zfgzbg. htm.

10. 习近平. 习近平同各族少年儿童代表共庆"六一"国际儿童节. (2013-05-30). http://www. gov. cn.

11. 习近平. 习近平主席在联合国"教育第一"全球倡议行动一周年纪念 活动上发表视频贺词. (2013-09-26). http://wwww. gov. cn.

12. 新华网. 习近平:加快发展职业教育,让每个人都有人生出彩机会. (2014-06-23). http://www. xinhuanet. com.

13. 习近平.习近平在北京市八一学校考察时强调:全面贯彻落实党的教育方针,努力把我国基础教育越办越好.(2016-09-09).http://www.gov.cn.

14. 习近平.习近平出席全国教育大会并发表重要讲话.(2018-09-10).http://wwww.gov.cn.

15. 浙江省教育厅.相应年份浙江教育事业发展统计公报.(2018-12-26).http://jyt.zj.gov.cn/col/col1532785/index.html,2018-12-26.

16. 中华人民共和国教育部.刘利民在2012年全国教育工作会议上的讲话.(2012-02-22).http://www.moe.gov.cn/jyb_xwfb/moe_176/201202/t20120222_130772.html,2012-02-22.

后 记

　　义务教育均衡发展是党和国家教育发展的核心战略,是民生之举、公平之要和强国之基。长期以来,我国义务教育在区域、学校、人群特别是城乡之间的资源配置还存在很大的不均衡。当前中国已进入新时代,处在迈向国家治理体系和治理能力现代化的重要时期,推进质量导向的义务教育均衡发展是时代要求,也是中国基础教育的重要战略导向。

　　在研究过程中,课题组分别赴全国东、中、西部各省份开展了区域城乡义务教育均衡发展情况的调研,获得了大量义务教育资源均衡配置统筹方面的一手数据与改革案例,使得课题组可以深入洞察全国不同经济社会水平地区对义务教育均衡发展的需求、挑战、困惑与机遇,深入了解现行义务教育资源配置政策的优势与不足,为研究奠定了扎实基础。

　　本书整体框架由周谷平、邵兴江、王爱国设计,各章研究分工如下:第一章,周谷平;第二章,王爱国、邵兴江;第三章,陈建、邵兴江;第四章,邓纯考、邵兴江;第五章,邵兴江;第六章,邵兴江;第七章,邵兴江、吴华;第八章,王莉华、邵兴江;第九章,邵兴江。最后由邵兴江、周谷平统稿。

本书研究中引用了大量政策、史料与数据。受制于研究水平，若有引用错误或研究不足，敬请读者告知并批评指正，联系邮箱 cnsxj@163.com。

邵兴江

2020 年 12 月 20 日